DR. OETKER
OBSTKUCHEN VON A-Z

DR. OETKER
OBSTKUCHEN VON A–Z

Dr. Oetker Verlag

Abkürzungen

EL	=	Esslöffel
TL	=	Teelöffel
Msp.	=	Messerspitze
Pck.	=	Packung/Päckchen
g	=	Gramm
kg	=	Kilogramm
ml	=	Milliliter
l	=	Liter
evtl.	=	eventuell
geh.	=	gehäuft
gem.	=	gemahlen
ger.	=	gerieben
gestr.	=	gestrichen
TK	=	Tiefkühlprodukt
°C	=	Grad Celsius
Ø	=	Durchmesser

Kalorien-/Nährwertangaben

E	=	Eiweiß	kJ	=	Kilojoule
F	=	Fett	kcal	=	Kilokalorien
Kh	=	Kohlenhydrate	BE	=	Broteinheiten

Bei den Nährwertangaben in den Rezepten handelt es sich um auf- bzw. abgerundete ganze Werte. Lediglich die Broteinheiten werden in 0,5er-Schritten mit einer Stelle nach dem Komma angegeben. Aufgrund von ständigen Rohstoffschwankungen und/oder Rezepturveränderungen bei Lebensmitteln, kann es zu Abweichungen kommen. Die Nährwertangaben dienen daher lediglich Ihrer Orientierung und eignen sich nur bedingt für die Berechnung eines Diätplans, zum Beispiel bei Krankheiten wie Diabetes. Bei krankheitsbedingten Diäten richten Sie sich daher bitte nach den Anweisungen Ihres Diätassistenten bzw. Ihres Arztes.

Allgemeine Hinweise

Lesen Sie bitte vor der Zubereitung – besser noch vor dem Einkauf – das Rezept einmal vollständig durch. Oft werden Arbeitsabläufe oder -zusammenhänge dann klarer.

Zutatenliste

Die Zutaten sind in der Reihenfolge ihrer Verarbeitung aufgeführt.

Arbeitsschritte

Die Arbeitsschritte sind einzeln hervorgehoben, in der Reihenfolge, in der sie von uns ausprobiert wurden.

Zubereitungszeiten

Die Zubereitungszeit ist ein Anhaltswert für die Zeit der Vorbereitung und die eigentliche Zubereitung. Sie variiert je nach Geschick und Übung. Wartezeiten, wie Abkühl- oder Kühlzeiten, Auftauzeiten sind, sofern parallel keine weitere Tätigkeit erfolgt, nicht in der Zubereitungszeit enthalten.

Backofeneinstellung und Backzeiten

Die in den Rezepten angegebenen Backtemperaturen und Backzeiten sind Richtwerte, die je nach individueller Hitzeleistung Ihres Backofens über- oder unterschritten werden können. Gegen Ende der angegebenen Backzeit sollten die Gebäcke genau beobachtet werden. Machen Sie nach Beendigung der angegebenen Backzeit eine Garprobe. Die Temperaturangaben in diesem Buch beziehen sich auf Elektrobacköfen. Die Temperatureinstellmöglichkeiten für Gasbacköfen variieren je nach Hersteller sehr stark, sodass wir keine allgemeingültigen Angaben machen können. Bitte beachten Sie deshalb bei der Einstellung des Backofens die Gebrauchsanleitung des Herstellers. Ein Backofenthermometer eignet sich dabei gut, um die Backofentemperatur im Blick zu haben.

Einschubhöhe

Hohe und halbhohe Formen werden im Allgemeinen auf dem Rost im unteren Drittel des Backofens eingeschoben, flache Formen auf dem Rost in die mittlere Einschubleiste. Blechkuchen, Klein- und Eiweißgebäck gelingen am besten in der Mitte des Backofens. Abweichungen sind möglich und von der Ausführung Ihres Backofens abhängig.

Nur frische Eier verwenden

Bei der Zubereitung von Torten oder Tortenfüllungen mit frischen Eiern, die später nicht gebacken werden, nur Eier verwenden, die nicht älter als 5 Tage sind (Legedatum beachten!). Ei bzw. Eier in eine Edelstahlschüssel geben und im heißen Wasserbad mit einem Mixer (Rührstäbe) bei mittlerer Hitze aufschlagen, bis eine Temperatur von etwa 70 °C entstanden ist. Torten innerhalb von 24 Stunden verzehren.

Vorwort

Ein duftendes Stück Kuchen – am besten noch warm vom Blech weg stibitzen. Wenn dabei noch aromatische Früchte die Hauptrolle spielen, ist der Genuss perfekt.

Rhabarber und Erdbeeren, dann Himbeeren und Kirschen sind die ersten Früchte, die frisch geerntet nur darauf warten, zwischen luftigem Biskuit, auf feinem Knetteig oder in erfrischenden Füllungen aus Quark und Sahne richtig in Szene gesetzt zu werden. Es folgen Brom-, Heidel- und Johannisbeeren, Aprikosen, Pfirsiche und Nektarinen. Äpfel, Birnen, Zwetschen & Co. laden ein zum fruchtigen Sommerfinale.

Lassen Sie sich einfach von der Fülle heimischer und exotischer Früchte inspirieren. Außerhalb der Saison schmecken dann viele Obstkuchen auch mit konservierten oder gefrorenen Früchten – und schneller gemacht sind die Kuchen so auch.

Frische Ananas, Heidelbeeren in tief dunklem Blau und aromatische Kokosraspel präsentieren sich im Ananaskuchen als perfekt kombiniertes Trio. Ideal für den spontanen Sommerausflug sind die Renekloden-Mirabellen-Teilchen – dank Quark-Öl-Teig blitzschnell zubereitet und schon im Picknickkorb. Aprikosen und Pfirsiche auf luftigem Mohnteig, dazu noch ein Extra-Aroma-Kick aus frischen Lavendelblüten machen den Aprikosen-Pfirsich-Mohnkuchen geschmacklich und optisch zum Highlight auf der Kaffeetafel. Beim guten alten Windbeutel haben wir den Brandteig in warmes Schokobraun gefärbt und die Füllung mit zarten Himbeeren gekrönt.

Alle Rezepte wurden von uns getestet und Schritt für Schritt so beschrieben, dass Sie Ihnen gut gelingen.

Wir wünschen Ihnen viel Spaß beim Backen und Genießen.

Ananaskuchen I

Erfrischend exotisch

20 Stücke

Pro Stück: E: 3 g, F: 15 g, Kh: 23 g,
kJ: 1017, kcal: 243, BE: 2,0

Für den Rührteig:

200 g	Butter oder Margarine (zimmerwarm)
150 g	Zucker
1 Pck.	Dr. Oetker Vanillin-Zucker
1 Prise	Salz
4	Eier (Größe M)
250 g	Weizenmehl
100 g	Kokosraspel
2 gestr. TL	Dr. Oetker Backin

2 EL Kokosraspel

Für den Belag:

400–500 g frische Ananasscheiben
(aus dem Kühlregal)
125 g Heidelbeeren

Zum Bestreichen:

etwa 100 g Aprikosen-Fruchtaufstrich,
fein passiert

Zum Bestreuen:

etwa 2 EL Kokosraspel

Zubereitungszeit: 35 Minuten
Backzeit: etwa 35 Minuten

1. Den Backofen vorheizen.
Ober-/Unterhitze: etwa 180 °C
Heißluft: etwa 160 °C

2. Für den Teig Butter oder Margarine mit einem Mixer (Rührstäbe) auf höchster Stufe geschmeidig rühren. Nach und nach Zucker, Vanillin-Zucker und Salz unterrühren. So lange rühren, bis eine gebundene Masse entstanden ist.

3. Die Eier nach und nach unterrühren (jedes Ei etwa ½ Minute). Mehl mit Kokosraspeln und Backpulver mischen und in 2 Portionen auf mittlerer Stufe kurz unterrühren. Den Teig auf ein Backblech (30 x 40 cm, gefettet, mit Kokosraspeln bestreut) geben und glatt streichen.

4. Für den Belag die Ananasscheiben evtl. in etwa ½ cm dicke Scheiben schneiden und auf den Teig legen. Heidelbeeren abspülen, gut trocken tupfen und in den Zwischenräumen der Ananasscheiben verteilen. Das Backblech in den vorgeheizten Backofen schieben. Den Ananaskuchen **etwa 35 Minuten backen.**

5. Das Backblech auf einen Kuchenrost stellen.

6. Zum Bestreichen den Fruchtaufstrich in einem kleinen Topf kurz erwärmen. Den noch warmen Ananaskuchen damit bestreichen, nach Belieben mit Kokosraspeln bestreuen. Ananaskuchen erkalten lassen.

Tipps: Statt der frischen Ananasscheiben können Sie auch 500 g gut abgetropfte Ananasscheiben (aus der Dose) verwenden. Nach Belieben den Ananassaft auffangen, mit Wasser auf 500 ml auffüllen und mit 2 Päckchen Tortengusspulver (ungezuckert, klar) einen Guss nach Packungsanleitung zubereiten. Den Guss auf dem erkalteten Ananaskuchen verteilen. Guss fest werden lassen.

Ananas-Schoko-Quarkkuchen I

Ohne zu backen

12 Stücke

Pro Stück: E: 10 g, F: 19 g, Kh: 47 g,
kJ: 1678, kcal: 400, BE: 4,0

Für den Boden:

150 g	Zartbitter-Schokolade (etwa 50 % Kakaoanteil)
25 g	Butter oder Margarine
150 g	Schokoladen-Reis-Flakes

Für den Belag:

10 Blatt	weiße Gelatine
500 g	Magerquark
150 g	Ananas-Joghurt
100 g	Zucker
1 Pck.	Dr. Oetker Vanillin-Zucker abgeriebene Schale von
1	Bio-Zitrone (unbehandelt, ungewachst)
2 EL	Zitronensaft
430 g	Ananasraspel (aus der Dose)
200 g	Schlagsahne (mind. 30 % Fett)

Zum Verzieren und Garnieren:

200 g	Schlagsahne (mind. 30 % Fett)
1 Pck.	Sahnesteif
2–3 EL	Schokoladen-Reis-Flakes
50 g	Zartbitter-Schokolade (etwa 50 % Kakaoanteil)

Zubereitungszeit: 25 Minuten, ohne Kühlzeit

1. Für den Boden Schokolade in kleine Stücke brechen. Zwei Drittel davon mit der Butter oder Margarine in einem Topf im Wasserbad bei schwacher Hitze unter Rühren schmelzen.

2. Den Topf aus dem Wasserbad nehmen und die restliche Zartbitter-Schokolade darin unter Rühren schmelzen.

3. Die Schokoladen-Reis-Flakes im Blitzhacker fein zerbröseln und vorsichtig unter die Schokoladenmischung rühren.

4. Einen Tortenring oder Springformrand (Ø 26 cm) auf eine mit Tortenspitze oder Backpapier belegte Tortenplatte stellen. Die Schokoladen-Reis-Flakes-Masse darin gleichmäßig verteilen und mit einem Löffel gut zu einem Boden andrücken. Den Tortenboden in den Kühlschrank stellen.

5. Für den Belag Gelatine nach Packungsanleitung einweichen. Quark mit Joghurt, Zucker, Vanillin-Zucker, Zitronenschale und -saft gut verrühren. Ananasraspel mit dem Saft aus der Dose unterrühren.

6. Eingeweichte Gelatine leicht ausdrücken und in einem kleinen Topf bei schwacher Hitze unter Rühren auflösen. Gelatine mit etwa 3 Esslöffeln von der Quark-Ananas-Masse verrühren und dann unter die restliche Quark-Ananas-Masse rühren. In den Kühlschrank stellen.

7. Sahne steif schlagen. Sobald die Masse anfängt dicklich zu werden, Sahne unterheben. Die Quarkcreme auf den Tortenboden geben und glatt streichen.

8. Die Torte zugedeckt 1–2 Stunden in den Kühlschrank stellen. Den Springformrand lösen und entfernen.

9. Zum Verzieren und Garnieren Sahne mit Sahnesteif steif schlagen und in einen Spritzbeutel mit Sterntülle füllen. Die Tortenoberfläche mit Sahnetuffs verzieren und mit Schokoladen-Reis-Flakes bestreuen.

10. Die Schokolade wie unter Punkt 1 beschrieben schmelzen. Die Schokolade in einen Gefrierbeutel füllen, eine kleine Ecke abschneiden und die Tortenoberfläche mit der Schokolade besprenkeln. Die Torte bis zum Servieren zugedeckt in den Kühlschrank stellen.

Tipps: Nehmen Sie 11–12 Blatt Gelatine, wenn Sie die Torte im Sommer zubereiten oder die Torte länger in einer warmen Umgebung steht. Die Torte lässt sich gut vorbereiten und ist im Kühlschrank 2–3 Tage haltbar.

Apfel-Holunder-Kuchen I

Traditionell
12 Stücke

Pro Stück: E: 4 g, F: 17 g, Kh: 54 g,
kJ: 1629, kcal: 390, BE: 4,5

Für den Knetteig:
> 250 g Weizenmehl
> 100 g Butter oder Margarine
> 30 g Zucker
> 1 Ei (Größe M)

Für die Streusel:
> 120 g Zwieback
> 70 g brauner Zucker
> ½ TL gem. Zimt
> 1 Msp. ger. Muskatnuss
> 120 g kalte Butter

Für die Füllung:
> 150 g Holundergelee
> 1 kg Äpfel
> 2 EL Zitronensaft
> 40 g Zucker
> ½ TL gem. Zimt
> 3 EL Weichweizengrieß

Zubereitungszeit: 35 Minuten, ohne Kühlzeit
Backzeit: etwa 52 Minuten

1. Für den Knetteig Mehl in eine Rührschüssel geben. Die restlichen Zutaten hinzufügen und mit einem Mixer (Knethaken) zunächst kurz auf niedrigster, danach auf höchster Stufe gut durcharbeiten.

2. Anschließend auf einer leicht bemehlten Arbeitsfläche kurz zu einem Teig verkneten. Den Teig in Frischhaltefolie gewickelt mindestens 30 Minuten in den Kühlschrank legen.

3. Für die Streusel in der Zwischenzeit Zwieback im Blitzhacker fein mahlen und in eine Rührschüssel geben.

4. Zucker, Zimt, Muskatnuss und in Stücke geschnittene Butter hinzufügen.

5. Die Zutaten mit dem Mixer (Rührstäbe) zunächst kurz auf niedrigster, dann auf höchster Stufe zu Streuseln von gewünschter Größe verarbeiten. Die Teigstreusel zugedeckt in den Kühlschrank stellen.

6. Den Backofen vorheizen.
Ober-/Unterhitze: etwa 200 °C
Heißluft: etwa 180 °C

7. Den Knetteig auf der leicht bemehlten Arbeitsfläche zu einer runden Platte (etwa Ø 32 cm) ausrollen. Die Teigplatte vorsichtig in eine Tarteform (Ø 28 cm, gefettet) legen, dabei einen Rand andrücken. Den Teigboden mehrmals mit einer Gabel einstechen.

8. Die Form auf dem Rost in den vorgeheizten Backofen schieben. Den Knetteigboden **etwa 12 Minuten vorbacken.**

9. Für die Füllung in der Zwischenzeit Gelee in einem kleinen Topf erwärmen. Äpfel heiß abwaschen, abtrocknen, vierteln, entkernen und in Spalten schneiden. Apfelspalten in eine Schüssel geben und sofort mit Zitronensaft beträufeln. Gelee, Zucker, Zimt und 2 Esslöffel von dem Grieß untermischen.

10. Die Form auf einen Kuchenrost stellen. Den Knetteigboden mit dem restlichen Grieß bestreuen. Zuerst die Apfel-Gelee-Mischung, dann die Streusel darauf verteilen.

11. Die Backofentemperatur um etwa 20 °C herunterschalten. Die Form wieder auf dem Rost in den heißen Backofen schieben. Den Kuchen **etwa 40 Minuten backen.**

12. Die Form auf einen Kuchenrost stellen. Kuchen in der Form erkalten lassen. Anschließend aus der Form lösen, auf eine Kuchenplatte setzen und in Stücke schneiden.

Tipps: Ersetzen Sie das Weizenmehl im Knetteig durch die gleiche Menge Dinkelmehl (Type 630). Für einen Birnen-Holunder-Kuchen nehmen Sie anstelle der Äpfel die gleiche Menge Birnen und anstelle des Holundergelees die gleiche Menge Johannisbeergelee.

Apfelkuchen, königlicher I

Fruchtig

12 Stücke

Pro Stück: E: 9 g, F: 28 g, Kh: 69 g,
kJ: 2383, kcal: 569, BE: 6,0

Für den Rührteig:

200 g Marzipan-Rohmasse
175 g Butter (zimmerwarm)
175 g Zucker
1 Pck. Dr. Oetker Vanillin-Zucker
1 Prise Salz
3 Eier (Größe M)
300 g Weizenmehl
2 gestr. TL Dr. Oetker Backin

Für den Belag:

1 kg kleine Äpfel,
z. B. Boskop
Saft von
1 Zitrone

Für die Streusel:

150 g Weizenmehl
75 g Zucker
1 Pck. Dr. Oetker Vanillin-Zucker
30 g abgezogene, gem. Mandeln
100 g Butter (zimmerwarm)

Zum Aprikotieren:

100 g Aprikosenkonfitüre
2 EL Wasser

Zubereitungszeit: 40 Minuten
Backzeit: etwa 50 Minuten

1. Den Backofen vorheizen.
Ober-/Unterhitze: etwa 180 °C
Heißluft: etwa 160 °C

2. Für den Teig Marzipan in dünne Scheiben schneiden und mit der Butter in eine Rührschüssel geben. Die Zutaten mit einem Mixer (Rührstäbe) auf höchster Stufe geschmeidig rühren. Nach und nach Zucker, Vanillin-Zucker und Salz unterrühren. So lange rühren, bis eine gebundene Masse entstanden ist.

3. Die Eier nach und nach unterrühren (jedes Ei etwa ½ Minute). Das Mehl mit Backpulver mischen und in 2 Portionen auf mittlerer Stufe kurz unterrühren. Den Teig in eine Springform (Ø 26 cm, Boden gefettet) geben und glatt streichen.

4. Für den Belag Äpfel abspülen, abtrocknen, schälen, vierteln und entkernen. Apfelviertel mehrmals längs einritzen und mit Zitronensaft bestreichen.

5. Für die Streusel Mehl in eine Rührschüssel geben. Zucker, Vanillin-Zucker, Mandeln und Butter hinzufügen. Die Zutaten mit dem Mixer (Rührstäbe) zunächst kurz auf niedrigster, dann auf höchster Stufe zu Streuseln von gewünschter Größe verarbeiten.

6. Apfelviertel kranzförmig auf den Teigboden legen und mit den Streuseln bestreuen. Die Form auf dem Rost in den vorgeheizten Backofen schieben. Den Kuchen **etwa 50 Minuten backen.**

7. Die Form auf einen Kuchenrost stellen.

8. Zum Aprikotieren Konfitüre durch ein Sieb streichen, mit Wasser in einem kleinen Topf unter Rühren etwas einkochen lassen. Die Kuchenoberfläche dick damit bestreichen. Den Kuchen erkalten lassen.

Apfelkuchen mit Schokokeksen I

Verführerisches Duo

12 Stücke

Pro Stück: E: 5 g, F: 14 g, Kh: 45 g,
kJ: 1765, kcal: 332, BE: 4,0

Für den Rührteig:
>   125 g Butter oder Margarine
>   (zimmerwarm)
>   100 g Zucker
>   3 Eier (Größe M)
>   200 g Weizenmehl
>   2 gestr. TL Dr. Oetker Backin
>   150 g Sahne-Pudding Bourbon-Vanille
>   (aus dem Kühlregal)

Für die Füllung und den Belag:
>   150 g Kekse mit Schokostückchen
>   800 g rotschalige Äpfel,
>   z. B. Gala oder Elstar

Zum Bestreichen und Bestreuen:
>   1 EL Zitronensaft
>   1 EL Zucker

Für den Guss:
>   250 ml klarer Apfelsaft
>   1 Pck. ungezuckerter Tortenguss, klar
>   20 g Zucker

Zubereitungszeit: 40 Minuten, ohne Abkühlzeit
Backzeit: etwa 60 Minuten

1. Für den Teig die Butter oder Margarine mit einem Mixer (Rührstäbe) auf höchster Stufe geschmeidig rühren. Nach und nach Zucker unterrühren. So lange rühren, bis eine gebundene Masse entstanden ist.

2. Die Eier nach und nach unterrühren (jedes Ei etwa ½ Minute). Das Mehl mit Backpulver mischen und mit dem Pudding abwechselnd in 2 Portionen auf mittlerer Stufe kurz unterrühren.

3. Den Backofen vorheizen.
Ober-/Unterhitze: etwa 180 °C
Heißluft: etwa 160 °C

4. Die Hälfte des Teiges in eine Springform (Ø 26 cm, Boden gefettet) geben und glatt streichen.

5. Für die Füllung und den Belag die Hälfte der Schokokekse auf den Teig legen. Die Äpfel heiß abwaschen, abtrocknen und mit einem Apfelausstecher das Kerngehäuse entfernen. Die Äpfel in etwa 2 mm dünne Scheiben schneiden. Ein Drittel der Äpfel auf den Schokokeksen verteilen, dabei am Rand etwa 1 cm frei lassen.

6. Den restlichen Teig auf die Apfelscheiben geben, vorsichtig glatt streichen. Zuerst mit den restlichen Schokokeksen, dann mit den restlichen Apfelscheiben belegen. Apfelscheiben sofort mit dem Zitronensaft bestreichen und mit dem Zucker bestreuen. Die Form auf dem Rost in den vorgeheizten Backofen schieben. Den Apfelkuchen **etwa 60 Minuten backen.**

7. Die Form auf einen Kuchenrost stellen. Den Kuchen etwa 15 Minuten in der Form stehen lassen, dann aus der Form lösen und auf den mit Backpapier belegten Kuchenrost setzen. Den Apfelkuchen erkalten lassen. Dann den Apfelkuchen auf eine Tortenplatte setzen.

8. Für den Guss aus Apfelsaft, Tortengusspulver und Zucker nach Packungsanleitung einen Tortenguss herstellen und auf dem Apfelkuchen verteilen. Tortenguss fest werden lassen.

Apfelkuchen ohne Ei I

Etwas Besonderes

16 Stücke

Pro Stück: E: 5 g, F: 21 g, Kh: 42 g,
kJ: 1578, kcal: 377, BE: 3,5

Zum Vorbereiten:

150 g	Butter oder Margarine
100 g	geröstete, gesalzene Pekannusskerne

Für den All-in-Teig:

375 g	Weizenmehl
3 gestr. TL	Dr. Oetker Backin
1 Pck.	Natron (5 g)
150 g	Zucker
75 ml	Buttermilch
300 g	grob geraspelte Äpfel (ohne Schale)
100 g	getrocknete Cranberrys

Für die Füllung:

300 g	rotschalige Äpfel
40 g	Zucker
1 EL	Zitronensaft
200 g	Doppelrahm-Frischkäse
200 g	Schlagsahne
1 Pck.	Sahnesteif
1 Pck.	Dr. Oetker Vanillin-Zucker
2 EL	Apfelsaft (von den Äpfeln)

Zum Garnieren und Bestäuben:

25 g	Cranberrys
etwas	Puderzucker

Zubereitungszeit: 50 Minuten, ohne Kühlzeit
Backzeit: 40–50 Minuten

1. Zum Vorbereiten Butter oder Margarine zerlassen und abkühlen lassen (die Butter soll noch flüssig sein). 75 g der Pekannusskerne in Stücke hacken. Restliche Pekannusskerne halbieren und beiseitelegen.

2. Den Backofen vorheizen.
Ober-/Unterhitze: etwa 180 °C
Heißluft: etwa 160 °C

3. Für den Teig das Mehl mit Backpulver und Natron in einer Rührschüssel mischen. Zucker, Buttermilch, zerlassene Butter oder Margarine und Apfelraspel hinzufügen. Die Zutaten mit einem Mixer (Rührstäbe) zunächst kurz auf niedrigster, dann auf höchster Stufe in etwa 2 Minuten zu einem glatten Teig verarbeiten. Gehackte Pekannusskerne und Cranberrys unter den Teig rühren.

4. Den Teig in eine Springform (Ø 26 cm, Boden gefettet) geben und glatt streichen. Die Form auf dem Rost in den vorgeheizten Backofen schieben. Den Gebäckboden **40–50 Minuten backen.**

5. Den Gebäckboden aus der Form lösen und auf einem mit Backpapier belegten Kuchenrost erkalten lassen.

6. Für die Füllung Äpfel heiß abwaschen, abtrocknen, vierteln und entkernen. Apfelviertel mit der Schale in dünne Spalten schneiden. Zucker in einem Topf karamellisieren. Apfelspalten und Zitronensaft hinzugeben, unter Rühren 2–3 Minuten dünsten lassen. Apfelspalten erkalten lassen, in einem Sieb abtropfen lassen, dabei den Saft auffangen und 2 Esslöffel davon abmessen.

7. Frischkäse mit Sahne verrühren. Sahnesteif mit Vanillin-Zucker mischen und unterrühren. Die Masse mit dem Mixer (Rührstäbe) cremig aufschlagen, den Apfelsaft unterrühren. 3 Esslöffel der Käse-Sahne-Masse abnehmen und beiseitestellen. Apfelspalten (12 Apfelspalten beiseitelegen) unter die restliche Käse-Sahne-Masse heben.

8. Den Gebäckboden einmal waagerecht durchschneiden. Den unteren Gebäckboden auf eine Tortenplatte legen. Die Apfel-Käse-Sahne-Masse daraufgeben und glatt streichen. Den oberen Gebäckboden darauflegen. Beiseitegestellte Käse-Sahne-Masse in kleinen Häufchen auf die Kuchenoberfläche geben und mit den beiseitegelegten Apfelspalten, den beiseitegelegten Pekannusskernhälften und den Cranberrys garnieren.

9. Den oberen Kuchenrand mit Puderzucker bestäuben. Den Kuchen zugedeckt etwa 60 Minuten in den Kühlschrank stellen.

Apfelkuchen, sehr fein I

Klassisch

20 Stücke

Pro Stück: E: 5 g, F: 16 g, Kh: 40 g,
kJ: 1345, kcal: 321, BE: 3,5

Für den Rührteig:

250 g	Butter oder Margarine (zimmerwarm)
250 g	Zucker
1 Pck.	Dr. Oetker Vanillin-Zucker
1 Prise	Salz
1 Pck.	Dr. Oetker Finesse Geriebene Zitronenschale
6	Eier (Größe M)
400 g	Weizenmehl
4 gestr. TL	Dr. Oetker Backin
2–4 EL	Milch

Für den Belag:

1 ½ kg	Äpfel, z. B. Elstar
50 g	zerlassene Butter
50 g	Rosinen
40 g	gestiftelte Mandeln

Zum Aprikotieren:

3–4 EL	Aprikosenkonfitüre
2 EL	Wasser

Zubereitungszeit: 40 Minuten
Backzeit: 40–50 Minuten

1. Den Backofen vorheizen.
Ober-/Unterhitze: etwa 180 °C
Heißluft: etwa 160 °C

2. Für den Teig die Butter oder Margarine mit einem Mixer (Rührstäbe) auf höchster Stufe geschmeidig rühren. Nach und nach Zucker, Vanillin-Zucker, Salz und Zitronenschale unterrühren. So lange rühren, bis eine gebundene Masse entstanden ist.

3. Eier nach und nach unterrühren (jedes Ei etwa ½ Minute). Mehl mit Backpulver mischen und abwechselnd mit der Milch in 2 Portionen auf mittlerer Stufe kurz unterrühren. Nur so viel Milch verwenden,

dass der Teig schwer reißend vom Löffel fällt. Den Teig auf ein Backblech (30 x 40 cm, gefettet) geben und glatt streichen.

4. Für den Belag Äpfel abspülen, abtrocknen, schälen, vierteln, entkernen und mehrmals der Länge nach einritzen. Apfelviertel auf den Teig legen und mit der zerlassenen Butter bestreichen. Rosinen und Mandeln daraufstreuen. Das Backblech in den vorgeheizten Backofen schieben. Den Apfelkuchen **40–50 Minuten backen.**

5. Das Backblech auf einen Kuchenrost stellen. Zum Aprikotieren Konfitüre durch ein Sieb streichen und mit Wasser in einem kleinen Topf unter Rühren zum Kochen bringen. Den heißen Kuchen sofort nach dem Backen damit bestreichen. Kuchen erkalten lassen.

Tipps: Statt der Äpfel können Sie auch 740 g abgetropfte Sauerkirschen (aus dem Glas) verwenden. Den Kuchen nur mit gehobelten Mandeln bestreuen.

Apfel-Maroni-Kuchen I

Raffiniert

12 Stücke

Pro Stück: E: 5 g, F: 19 g, Kh: 46 g,
kJ: 1598, kcal: 382, BE: 4,0

Für die Streusel:

70 g	Butter oder Margarine
100 g	Weizenmehl
80 ml	Ahornsirup
1 Msp.	gem. Zimt
30 g	gehackte Walnusskerne

Für den Belag:

250 g	Maronen (vakuumverpackt)
700 g	säuerliche Äpfel, z. B. Boskop
2 EL	Zitronensaft

Für den Rührteig:

150 g	Butter oder Margarine (zimmerwarm)
120 g	Zucker
3	Eier (Größe M)
100 ml	Apfelsaft
200 g	Weizenmehl
2 gestr. TL	Dr. Oetker Backin

Zubereitungszeit: 40 Minuten
Backzeit: etwa 40 Minuten

1. Für die Streusel Butter oder Margarine zerlassen und etwas abkühlen lassen. Mehl, Ahornsirup, Zimt und zerlassene Butter oder Margarine in eine Rührschüssel geben. Die Zutaten mit einem Mixer (Rührstäbe) zunächst kurz auf niedrigster Stufe, dann auf höchster Stufe zu Streuseln verarbeiten.

2. Die Walnusskerne unterarbeiten. Die Teigstreusel zugedeckt in den Kühlschrank stellen.

3. Für den Belag Maronen in feine Scheiben schneiden. Äpfel abspülen, abtrocknen, schälen, vierteln und entkernen. Apfelviertel in Spalten schneiden und sofort mit Zitronensaft beträufeln.

4. Den Backofen vorheizen.
Ober-/Unterhitze: etwa 180 °C
Heißluft: etwa 160 °C

5. Für den Rührteig Butter oder Margarine mit dem Mixer (Rührstäbe) auf höchster Stufe geschmeidig rühren. Nach und nach Zucker unterrühren. So lange rühren, bis eine gebundene Masse entstanden ist.

6. Die Eier nach und nach unterrühren (jedes Ei etwa ½ Minute). Apfelsaft hinzugeben. Mehl mit Backpulver mischen und kurz auf mittlerer Stufe unterrühren.

7. Den Teig in eine Springform (Ø 26 cm, Boden gefettet, mit Backpapier belegt) geben und glatt streichen. Apfelspalten und Maronenscheiben abwechselnd dachziegelartig darauflegen und leicht in den Teig drücken. Teigstreusel darauf verteilen.

8. Die Form auf dem Rost in den vorgeheizten Backofen schieben. Kuchen **etwa 40 Minuten backen.**

9. Die Form auf einen Kuchenrost stellen. Den Kuchen in der Form erkalten lassen. Dann vorsichtig aus der Form lösen und auf eine Kuchenplatte setzen. Kuchen in Stücke schneiden.

Apfel-Rosmarin-Torte I

Für Gäste – aromatisch

16 Stücke

Pro Stück: E: 4 g, F: 18 g, Kh: 30 g,
kJ: 1262, kcal: 302, BE: 2,5

Zum Vorbereiten:

400 g *Äpfel, z. B. Elstar*
25 g *brauner Zucker (Rohrzucker)*
1 ½ EL *vorbereitete Rosmarinnadeln*

Für den Rührteig:

150 g *Zartbitter-Schokolade*
(etwa 50 % Kakaoanteil)
50 ml *Speiseöl,*
z. B. Sonnenblumenöl
150 g *Butter oder Margarine*
(zimmerwarm)
120 g *Zucker*
1 Pck. *Dr. Oetker Bourbon-*
Vanille-Zucker
1 Prise *Salz*
3 *Eier (Größe M)*
200 g *Weizenmehl*
2 gestr. TL *Dr. Oetker Backin*
50 g *Semmelbrösel*

Für den Guss:

100 g *Zartbitter-Schokolade*
(etwa 50 % Kakaoanteil)
½–1 TL *Speiseöl,*
z. B. Sonnenblumenöl

Zum Garnieren:

25 g *weiße Kuvertüre oder*
Schokolade

Zubereitungszeit: 40 Minuten,
ohne Durchzieh- und Abkühlzeit
Backzeit: 40–50 Minuten

1. Zum Vorbereiten Äpfel abspülen, abtrocknen, schälen, vierteln, entkernen und in kleine Stücke schneiden. Apfelstücke mit Zucker in einen Topf geben und etwa 30 Minuten stehen lassen. Abgespülte, trocken getupfte Rosmarinnadeln fein hacken.

2. Die Apfelstücke etwa 5 Minuten bei schwacher Hitze dünsten, dabei zwischendurch umrühren, Rosmarin unterrühren. Die Apfelmasse etwa 2 Stunden ziehen lassen.

3. Für den Teig die Schokolade in kleine Stücke brechen. Zwei Drittel davon in einem Topf im Wasserbad bei schwacher Hitze unter Rühren schmelzen. Topf aus dem Wasserbad nehmen. Die restliche Schokolade darin unter Rühren schmelzen und etwas abkühlen lassen.

4. Den Backofen vorheizen.
Ober-/Unterhitze: etwa 180 °C
Heißluft: etwa 160 °C

5. Butter oder Margarine mit einem Mixer (Rührstäbe) auf höchster Stufe geschmeidig rühren. Nach und nach Zucker, Vanille-Zucker und Salz unterrühren. So lange rühren, bis eine gebundene Masse entstanden ist.

6. Die Eier nach und nach unterrühren (jedes Ei etwa ½ Minute). Mehl mit Backpulver und Semmelbröseln mischen und in 2 Portionen auf mittlerer Stufe kurz unterrühren. Die Schokolade unterrühren, die Apfelmasse unterheben.

7. Den Teig in eine Springform (Ø 26 cm, Boden gefettet) geben und glatt streichen. Die Form auf dem Rost in den vorgeheizten Backofen schieben. Die Torte **40–50 Minuten backen.**

8. Die Torte aus der Form lösen und auf einem mit Backpapier belegten Kuchenrost erkalten lassen.

9. Für den Guss Schokolade mit Speiseöl wie unter Punkt 3 beschrieben schmelzen. Die Schokolade auf die Tortenoberfläche geben, verstreichen und fest werden lassen.

10. Zum Garnieren die Kuvertüre oder Schokolade wie unter Punkt 3 beschrieben schmelzen, in ein Pergamentpapiertütchen füllen und eine kleine Ecke abschneiden. Den Tortenoberflächenrand damit verzieren. Anschließend die Kuvertüre oder Schokolade fest werden lassen.

Apfelstrudel-Törtchen I
Lauwarm genießen
12 Stück

Pro Stück: E: 4 g, F: 12 g, Kh: 31 g,
kJ: 1042, kcal: 249, BE: 2,5

Für die Füllung:
200 ml *Wasser*
50 g *Rosinen*
6 *große, feste, säuerliche Äpfel,*
z. B. Boskop, Elstar (etwa 1,2 kg)
1½ EL *Butter*
1½ EL *brauner Zucker*
1 EL *Zitronensaft*
½ gestr. TL *gem. Zimt*

Für die Strudeltörtchen:
6 Blätter *frischer Filo- oder Yufkateig*
(etwa 250 g, je Blatt etwa
30 x 30 cm, aus dem Kühlregal)
1 *Ei (Größe M)*
1 EL *Schlagsahne*

1 EL *Butter*

Für die Vanillepudding-Sahne:
200 g *Schlagsahne*
(mind. 30 % Fett)
1 Pck. *Dr. Oetker Bourbon-*
Vanille-Zucker
250 g *Sahne-Pudding Vanille-*
Geschmack (aus dem Kühlregal)

Zubereitungszeit: 35 Minuten
Backzeit: etwa 30 Minuten

1. Den Backofen vorheizen.
Ober-/Unterhitze: etwa 200 °C
Heißluft: etwa 180 °C

2. Für die Füllung Wasser zum Kochen bringen. Die Rosinen damit übergießen, etwa 10 Minuten ziehen lassen. Inzwischen die Äpfel abspülen, abtrocknen, schälen, vierteln und entkernen. Apfelviertel in kleine Stücke schneiden. Die Rosinen in einem Sieb gut abtropfen lassen, mit Küchenpapier trocken tupfen.

3. Butter in einem Topf zerlassen, Zucker einstreuen und unter Rühren darin auflösen. Den Zitronensaft und die Apfelstückchen untermischen. Apfelmasse etwa 5 Minuten bei mittlerer bis starker Hitze dünsten. Zuletzt die Rosinen untermischen und die Apfelmasse mit Zimt abschmecken.

4. Für die Strudeltörtchen die Filo- oder Yufkateigblätter aufeinanderlegen und einmal längs halbieren. Dann jede Hälfte in 4 gleich große Stücke schneiden. Die Teigstücke mit Frischhaltefolie bedecken. Das Ei mit der Sahne verschlagen, die Butter zerlassen.

5. Die Mulden einer Muffinform (für 12 Muffins) mit der zerlassenen Butter ausstreichen. Jeweils ein Teigstück in eine Mulde legen, dünn mit der Eiersahne bestreichen, ein weiteres Teigstück darauflegen und wieder mit der Eiersahne bestreichen. So jede Mulde mit je 4 Teigstücken auskleiden, dabei den Teig etwas über die Mulden stehen lassen. Die Apfelfüllung gleichmäßig darin verteilen und mit der restlichen Eiersahne beträufeln.

6. Form auf dem Rost in den vorgeheizten Backofen schieben. Die Apfelstrudel-Törtchen **etwa 30 Minuten backen.**

7. Die Form auf einen Kuchenrost stellen und die Törtchen etwas abkühlen lassen.

8. Für die Vanillepudding-Sahne in der Zwischenzeit die Sahne mit Vanille-Zucker halbsteif schlagen. Die Sahne unter den Pudding rühren. Die lauwarmen Törtchen aus den Mulden heben und mit der Vanillepudding-Sahne servieren.

Apfel-Wein-Kuchen I

Mit Alkohol

16 Stücke

Pro Stück: E: 2 g, F: 9 g, Kh: 50 g,
kJ: 1391, kcal: 332, BE: 4,0

Für den Knetteig:

> 300 g *Dinkelmehl (Type 630)*
> 150 g *Zucker*
> 1 *Eigelb (Größe M)*
> 150 g *Butter oder Margarine*
> 2 EL *kaltes Wasser*

Für die Füllung:

> 1 ½ kg *Äpfel, z. B. Boskop, Cox Orange*
> 1 l *Weißwein, z. B. Riesling*
> 70 g *Speisestärke*
> 200 g *Zucker*
> 1 *Vanilleschote*

Zum Bestäuben:

> 1 EL *Puderzucker*

Zubereitungszeit: 60 Minuten, ohne Abkühlzeit
Backzeit: etwa 85 Minuten

1. Den Backofen vorheizen.
Ober-/Unterhitze: etwa 180 °C
Heißluft: etwa 160 °C

2. Für den Teig Dinkelmehl in eine Rührschüssel geben. Zucker, Eigelb, Butter oder Margarine und kaltes Wasser hinzufügen. Die Zutaten mit einem Mixer (Knethaken) zunächst kurz auf niedrigster, dann auf höchster Stufe gut durcharbeiten. Anschließend auf einer leicht bemehlten Arbeitsfläche kurz zu einem Teig verkneten.

3. Zwei Drittel des Knetteiges auf dem Boden einer Springform (Ø 28 cm, gefettet, mit Backpapier belegt) ausrollen. Den Springformrand darumstellen. Die Form auf dem Rost in den vorgeheizten Backofen schieben. Knetteigboden **etwa 20 Minuten vorbacken.**

4. Die Form auf einen Kuchenrost stellen. Den Knetteigboden etwas abkühlen lassen. Restlichen Teig zu

einer Rolle formen, an den Rand des vorgebackenen Bodens legen und so an die Form drücken, dass ein etwa 3 cm hoher Rand entsteht.

5. Für die Füllung Äpfel abspülen, schälen, vierteln und entkernen. Apfelviertel in kleine Stücke schneiden. Etwa 100 ml Weißwein mit der Speisestärke in einer kleinen Schüssel anrühren. Restlichen Wein und Zucker in einen großen Topf geben. Die Vanilleschote längs aufschneiden und das Mark mit einem Messerrücken herausschaben. Vanillemark und -schote hinzugeben. Die Zutaten zum Kochen bringen. Angerührte Speisestärke in den von der Kochstelle genommenen Wein rühren und unter Rühren aufkochen lassen. Den Topf von der Kochstelle nehmen. Die Vanilleschote entfernen und die Apfelstücke unterrühren.

6. Die Apfel-Wein-Masse auf den vorgebackenen Knetteigboden in die Springform geben und glatt streichen. Die Form wieder auf dem Rost in den heißen Backofen schieben. Den Apfel-Wein-Kuchen **bei gleicher Backofentemperatur in etwa 65 Minuten fertig backen.**

7. Die Form auf einen Kuchenrost stellen. Den Kuchen vorsichtig vom Springformrand lösen und in der Form erkalten lassen.

8. Den Apfel-Wein-Kuchen aus der Form lösen und auf eine Tortenplatte setzen. Die Kuchenoberfläche mit Puderzucker bestäuben.

Tipp: Der Belag ist zum Ende der Backzeit noch sehr weich. Er wird beim Erkalten fest.

Apfel-Zimt-Muffins | Schnell

12 Stück

Pro Stück: E: 3 g, F: 13 g, Kh: 34 g,
kJ: 1121, kcal: 268, BE: 3,0

Zum Vorbereiten:

> 500 g Äpfel, z. B. Boskop
> 2 EL Zucker
> 1 gestr. TL gem. Zimt

Für den Teig:

> 160 g Butter (zimmerwarm)
> 120 g Zucker
> 1 Prise Salz
> 3 Eigelb (Größe M)
> 180 g Weizenmehl
> 1 gestr. TL Dr. Oetker Backin
> 3 Eiweiß (Größe M)
> 50 g Zucker

Zum Bestreuen:

> etwa
> 2½ EL Zimt-Zucker

Außerdem:

> 12 Muffin-Papierbackförmchen

Zubereitungszeit: 25 Minuten
Backzeit: etwa 25 Minuten

1. Eine Muffinform für 12 Muffins mit den Papier-backförmchen auslegen.

2. Den Backofen vorheizen.
Ober-/Unterhitze: etwa 180 °C
Heißluft: etwa 160 °C

3. Zum Vorbereiten die Äpfel abspülen, abtrocknen, schälen, vierteln und entkernen. Äpfel in kleine Stücke schneiden, mit Zucker und Zimt vermischen.

4. Für den Teig die Butter mit einem Mixer (Rührstäbe) etwa 2 Minuten schaumig schlagen. Nach und nach Zucker und Salz unterrühren. Eigelb ebenfalls nach und nach unterrühren. Mehl mit Backpulver mischen und hinzugeben (noch nicht vermischen).

5. Das Eiweiß mit Zucker steif schlagen. Zunächst die Hälfte des Eischnees zügig unter die vorbereitete Masse rühren. Den restlichen Eischnee mit einem Teigschaber vorsichtig unterheben.

6. Den Teig gleichmäßig in den Muffinmulden verteilen. Die vorbereiteten Zimt-Äpfel auf dem Teig verteilen und etwas hineindrücken. Die Muffinform auf dem Rost in den vorgeheizten Backofen schieben. Die Apfel-Zimt-Muffins **etwa 25 Minuten backen.**

7. Die Muffins aus der Form nehmen, mit Zimt-Zucker bestreuen und erkalten lassen.

Apple-Pie | Beliebt

16 Stücke

Pro Stück: E: 2 g, F: 19 g, Kh: 49 g, kJ: 1603, kcal: 383, BE: 4,5

Für den Teig:

500 g	Weizenmehl
350 g	Butter
40 g	Zucker
1 Prise	Salz
6 EL	eiskaltes Wasser
1,2 kg	säuerliche Äpfel, z. B. Boskop
250 g	brauner Zucker
1 EL	Weizenmehl
1 gestr. TL	gem. Zimt
1 gestr. TL	ger. Muskatnuss
1	Eiweiß

Zubereitungszeit: 50 Minuten, ohne Kühlzeit
Backzeit: etwa 60 Minuten

1. Für den Teig Mehl in eine Rührschüssel geben. Restliche Zutaten hinzufügen und mit einem Mixer (Knethaken) zunächst kurz auf niedrigster, dann auf höchster Stufe gut durcharbeiten. Anschließend auf einer leicht bemehlten Arbeitsfläche kurz zu einem Teig verkneten. Den Teig in Frischhaltefolie gewickelt etwa 60 Minuten in den Kühlschrank legen.

2. Die Äpfel abspülen, abtrocknen, schälen, vierteln und entkernen. Die Apfelviertel in kleine Würfel schneiden. Apfelwürfel mit Zucker, Mehl, Zimt und Muskatnuss vermischen.

3. Den Backofen vorheizen.
Ober-/Unterhitze: etwa 180 °C
Heißluft: etwa 160 °C

4. Den Teig geschmeidig kneten. 400 g davon abwiegen und beiseitelegen. Den restlichen Teig auf der leicht bemehlten Arbeitsfläche zu einer runden Platte (Ø etwa 30 cm) ausrollen. Die Teigplatte in eine Tarteform (Ø 30 cm, Boden gefettet) legen und an Boden und Rand fest drücken. Den überstehenden Teig rundherum glatt abschneiden. Die vorbereiteten Äpfel auf dem Teigboden verteilen, dabei zur Mitte hin leicht aufschichten.

5. Den beiseitegelegten Teig auf der leicht mit Mehl bestäubten Arbeitsfläche ½ cm dick ausrollen. Teig mit einem Teigrädchen in etwa 2 cm breite Streifen schneiden. Die Teigstreifen als Gitter auf die Äpfel legen. Überstehenden Teig abschneiden. Die Teigreste evtl. nochmals ausrollen und in Streifen schneiden. Das Teiggitter mit Eiweiß bestreichen. Die Form auf dem Rost in den vorgeheizten Backofen schieben. Die Pie **etwa 60 Minuten backen.**

Tipp: Statt der Äpfel kann man auch Birnen verwenden.

Aprikosen-Joghurt-Torte I
Braucht etwas Zeit
16 Stücke

Pro Stück: E: 7 g, F: 29 g, Kh: 59 g,
kJ: 2227, kcal: 532, BE: 5,0

Für den All-in-Teig:

250 g	Weizenmehl
4 gestr. TL	Dr. Oetker Backin
250 g	Zucker
120 g	Butter oder Margarine (zimmerwarm)
3	Eier (Größe L)
100 ml	Buttermilch

Für die Füllung:

920 g	abgetropfte Aprikosenhälften (aus der Dose)
100 ml	Zitronensaft (von 2 Zitronen)
300 g	Aprikosenkonfitüre
1 TL	gem. Kardamom
1	Vanilleschote
12 Blatt	weiße Gelatine
500 g	Joghurt (3,5 % Fett)
500 g	Schlagsahne (mind. 30 % Fett)

Zum Verzieren:

500 g	Schlagsahne (mind. 30 % Fett)
80 g	Zucker
2 Pck.	Sahnesteif
1 EL	Kakaopulver

Zubereitungszeit: 60 Minuten, ohne Kühlzeit
Backzeit: etwa 20 Minuten

1. Den Backofen vorheizen.
Ober-/Unterhitze: etwa 180 °C
Heißluft: etwa 160 °C

2. Für den Teig Mehl mit Backpulver in einer Rührschüssel mischen. Die restlichen Zutaten hinzufügen und mit einem Mixer (Rührstäbe) zunächst kurz auf niedrigster, dann auf höchster Stufe in etwa 2 Minuten zu einem glatten Teig verarbeiten. Den Teig in eine Springform (Ø 28 cm, Boden gefettet, mit Backpapier belegt) geben und glatt streichen. Die Form auf dem Rost in den vorgeheizten Backofen schieben. Den Tortenboden **etwa 20 Minuten backen.**

3. Die Form auf einen Kuchenrost stellen. Den Tortenboden in der Form etwas abkühlen lassen. Dann den Boden aus der Form lösen und auf dem Kuchenrost erkalten lassen. Tortenboden einmal waagerecht durchschneiden. Den unteren Boden auf eine Tortenplatte legen. Einen Tortenring darumstellen.

4. Für die Füllung Aprikosenhälften in einen Topf geben. Zitronensaft, Konfitüre und Kardamom hinzugeben. Die Vanilleschote längs aufschneiden. Das Mark mit einem Messerrücken herausschaben, Schote und Mark zu den Aprikosen geben. Aprikosen zum Kochen bringen und in etwa 5 Minuten weich dünsten.

5. In der Zwischenzeit die Gelatine nach Packungsanleitung einweichen. Die Vanilleschote aus dem Topf nehmen. Eingeweichte Gelatine leicht ausdrücken und in der Aprikosenmasse unter Rühren auflösen. 350 g der Aprikosenmasse zum Garnieren beiseitestellen.

6. Restliche Aprikosenmasse in Eiswasser stellen und unter gelegentlichem Rühren erkalten lassen, bis die Masse anfängt dicklich zu werden. Den Joghurt unterrühren.

7. Sahne steif schlagen, unter die Aprikosen-Joghurt-Masse heben. Die Hälfte der Aprikosen-Sahne-Creme auf dem unteren Boden verteilen. Den oberen Boden darauflegen. Die restliche Aprikosen-Sahne-Creme daraufgeben und glatt streichen. Die Torte zugedeckt mindestens 6 Stunden in den Kühlschrank stellen.

8. Den Tortenring vorsichtig lösen und entfernen. Die beiseitegestellte Aprikosenmasse in einem kleinen Topf bei schwacher Hitze unter vorsichtigem Rühren erwärmen. Masse auf der Tortenoberfläche verteilen, dabei einen 2–3 cm breiten Rand frei lassen.

9. Zum Verzieren Sahne mit Zucker und Sahnesteif schlagen, in einen Spritzbeutel mit Lochtülle (Ø 8 mm) füllen. Tortenrand und oberen frei gelassenen Tortenrand mit Sahnetupfen verzieren, mit Kakao bestäuben. Die Torte bis zum Servieren zugedeckt in den Kühlschrank stellen.

Aprikosen-Makronen-Tarte |

Raffiniert

12 Stücke

Pro Stück: E: 7 g, F: 15 g, Kh: 36 g,
kJ: 1277, kcal: 305, BE: 3,0

> 300 g TK-Blätterteig

Für die Vanillecreme:
> 1 Pck. Dr. Oetker Pudding-Pulver
> Vanille-Geschmack
> 500 ml Milch (3,5 % Fett)
> 1 Vanilleschote
> 2 EL Zucker

Für den Belag:
> 500 g frische Aprikosen oder
> abgetropfte Aprikosenhälften
> (aus der Dose)
> 2 EL Aprikosenkonfitüre
> 250 g Marzipan-Rohmasse
> 1 Ei (Größe M)
> 50 g Zucker

Zubereitungszeit: 55 Minuten,
ohne Auftau-, Ruhe- und Ziehzeit
Backzeit: 35–40 Minuten

1. Die Blätterteigplatten nach Packungsanleitung auftauen lassen. Die Blätterteigplatten aufeinanderlegen und auf einer leicht bemehlten Arbeitsfläche zu einer runden Platte (Ø etwa 32 cm) ausrollen. Den Rand glatt schneiden. Teig etwa 15 Minuten ruhen lassen.

2. In der Zwischenzeit den Backofen vorheizen.
Ober-/Unterhitze: etwa 200 °C
Heißluft: etwa 180 °C

3. Die Teigplatte in eine Tarteform (Ø 28 cm, gefettet, mit Wasser besprenkelt) legen, den Rand dabei andrücken. Den Teigboden mehrmals mit einer Gabel einstechen.

4. Die Form auf dem Rost in den vorgeheizten Backofen schieben. Den Blätterteigboden **etwa 20 Minuten backen.**

5. Die Form auf einen Kuchenrost stellen. Die Backofentemperatur um etwa 20 °C herunterschalten.

6. Für die Creme Pudding-Pulver mit 5 Esslöffeln von der Milch gut verrühren. Restliche Milch in einen Topf gießen. Vanilleschote längs aufschneiden und das Mark mit einem Messerrücken herausschaben. Vanilleschote und -mark in die Milch geben. Die Milch zum Kochen bringen. Den Topf von der Kochstelle nehmen. Die Vanillemilch etwa 10 Minuten ziehen lassen.

7. Den Zucker unter die Vanillemilch rühren, dann wieder zum Kochen bringen. Das angerührte Pudding-Pulver evtl. nochmals kurz durchrühren, dann in die von der Kochstelle genommene Vanillemilch rühren und unter Rühren nochmals kurz aufkochen lassen.

8. Den Topf von der Kochstele nehmen, die Vanilleschote entfernen. Die Vanillecreme auf den Blätterteigboden geben und glatt streichen.

9. Für den Belag frische Aprikosen abspülen, abtrocknen, halbieren und entsteinen. Aprikosenhälften mit der Schnittfläche nach unten auf die Vanillecreme legen. Konfitüre glatt rühren. Die Aprikosenhälften damit bestreichen.

10. Das Marzipan in dünne Scheiben schneiden und in eine Rührschüssel geben. Ei und Zucker hinzufügen. Die Zutaten mit einem Mixer (Rührstäbe) zu einer geschmeidigen Masse verrühren.

11. Die Masse in einen Spritzbeutel mit Lochtülle füllen. Ein Gittermuster auf die Aprikosenhälften spritzen.

12. Form wieder auf dem Rost in den heißen Backofen schieben. Das Makronengitter in **15–20 Minuten goldbraun backen.**

13. Die Form auf einen Kuchenrost stellen und die Aprikosen-Makronen-Tarte erkalten lassen.

Tipp: Noch schneller und unkomplizierter ist die Tarte zubereitet, wenn Sie frischen Blätterteig (250–270 g, aus dem Kühlregal) verwenden.

Aprikosen-Mandel-Kuchen I

Fruchtig – einfach
25 Stücke

Pro Stück: E: 5 g, F: 19 g, Kh: 30 g,
kJ: 1307, kcal: 312, BE: 2,5

Für den Knetteig:

50 g	Marzipan-Rohmasse
280 g	Weizenmehl
200 g	Butter oder Margarine
1 Prise	Salz
1	Eigelb (Größe M)
120 g	Zucker

Für den Belag:

1 kg	reife Aprikosen (etwa 18 Stück)
150 g	Marzipan-Rohmasse
5	Eier (Größe M)
500 g	Schlagsahne (mind. 30 % Fett)
200 ml	Milch
200 g	Zucker
36	abgezogene, ganze Mandeln

Zum Bestreichen:

2 EL	Aprikosenkonfitüre

Zubereitungszeit: 40 Minuten
Backzeit: etwa 45 Minuten

1. Den Backofen vorheizen.
Ober-/Unterhitze: etwa 180 °C
Heißluft: etwa 160 °C

2. Marzipan in dünne Scheiben schneiden, in eine Rührschüssel geben. Mehl, Butter oder Margarine, Salz, Eigelb und Zucker hinzufügen. Die Zutaten mit einem Mixer (Knethaken) zunächst kurz auf niedrigster, dann auf höchster Stufe gut durcharbeiten. Anschließend auf einer leicht bemehlten Arbeitsfläche kurz zu einem Teig verkneten.

3. Den Teig in einem tiefen Backblech oder einer Fettpfanne (30 x 40 cm, gefettet, mit Backpapier belegt) ausrollen. Dabei einen Rand andrücken.

4. Für den Belag Aprikosen abspülen, abtrocknen, halbieren und entsteinen.

5. Marzipan in dünne Scheiben schneiden und in einen hohen Rührbecher geben. Eier, Sahne, Milch und Zucker hinzufügen. Die Zutaten mit einem Pürierstab pürieren.

6. Die Hälfte des Marzipan-Sahne-Gusses auf dem Teig verteilen. Die Aprikosenhälften mit der Schnittfläche nach oben auf den Guss legen.

7. Jeweils 1 Mandel in eine Aprikosenhälfte legen. Den restlichen Marzipan-Sahne-Guss auf den Aprikosen-Mandel-Kuchen geben.

8. Das Backblech bzw. die Fettpfanne in den vorgeheizten Backofen schieben. Den Aprikosen-Mandel-Kuchen **etwa 45 Minuten backen.**

9. Das Backblech oder die Fettpfanne auf einen Kuchenrost stellen. Konfitüre in einem kleinen Topf unter Rühren bei mittlerer Hitze aufkochen lassen. Den warmen Aprikosen-Mandel-Kuchen damit bestreichen und erkalten lassen.

10. Den Aprikosen-Mandel-Kuchen in etwa 6 x 7 cm große Stücke schneiden.

Tipp: Statt der frischen Aprikosen können Sie auch 960 g abgetropfte Aprikosenhälften (aus der Dose) verwenden.

Aprikosen-Pfirsich-Mohnkuchen mit Lavendel I

Etwas Besonderes – fruchtig

20 Stücke

Pro Stück: E: 5 g, F: 13 g, Kh: 24 g, kJ: 981, kcal: 235, BE: 2,0

Für den Rührteig:

170 g	Butter oder Margarine (zimmerwarm)
125 g	Puderzucker
1 Pck.	Dr. Oetker Bourbon-Vanille-Zucker
1 Msp.	gem. Zimt
4	Eier (Größe M)
125 g	Weizenmehl
2 gestr. TL	Dr. Oetker Backin
200 g	gem. Mohn
250 g	grob geraspelte Birnen (von etwa 2 Birnen)
	Saft von
½	Zitrone

Für den Belag:

je 480 g	abgetropfte Aprikosen- und Pfirsichhälften (aus Dosen)

Für den Guss:

2 Pck.	ungezuckerter Tortenguss, klar
500 ml	
und 4 EL	Fruchtsaft (aus den Dosen)

Zum Bestreuen:

etwa 2 TL	getrocknete Lavendelblüten

Zubereitungszeit: 45 Minuten, ohne Abkühlzeit
Backzeit: etwa 25 Minuten

1. Den Backofen vorheizen.
Ober-/Unterhitze: etwa 180 °C
Heißluft: etwa 160 °C

2. Für den Teig Butter oder Margarine mit einem Mixer (Rührstäbe) auf höchster Stufe geschmeidig rühren. Nach und nach Puderzucker, Vanille-Zucker und Zimt unterrühren. So lange rühren, bis eine gebundene Masse entstanden ist.

3. Eier nach und nach unterrühren (jedes Ei etwa ½ Minute). Mehl mit Backpulver und Mohn mischen, in 2 Portionen auf mittlerer Stufe kurz unterrühren.

4. Birnen abspülen, abtrocknen, schälen, halbieren, entkernen und auf einer Haushaltreibe grob raspeln. Birnenraspel mit Zitronensaft beträufeln und unter den Teig heben.

5. Einen Backrahmen auf ein Backblech (30 x 40 cm, gefettet) stellen. Den Teig auf dem Backblech verteilen und glatt streichen.

6. Backblech in den vorgeheizten Backofen schieben und den Gebäckboden **etwa 25 Minuten backen.**

7. Das Backblech auf einen Kuchenrost stellen. Den Gebäckboden erkalten lassen.

8. Für den Belag von den Aprikosen- und Pfirsichhälften den Saft auffangen und insgesamt 500 ml und zusätzlich 4 Esslöffel Saft abmessen.

9. Die Aprikosen- und Pfirsichhälften fächerartig einschneiden, etwas auseinanderziehen und auf den Gebäckboden legen.

10. Für den Guss aus Tortengusspulver und dem abgemessenen Saft (aber ohne Zucker) einen Guss nach Packungsanleitung zubereiten. Den Guss auf den Früchten verteilen. Guss fest werden lassen.

11. Anschließend den Kuchen mit Lavendelblüten bestreuen. Den Backrahmen lösen und entfernen. Den Aprikosen-Pfirsich-Mohnkuchen in Stücke schneiden.

Tipps: Statt der Lavendelblüten können Sie auch ein Blüten-Potpourri aus z.B. Ringel-, Korn-, Rosen- und Lavendelblüten auf den Kuchen streuen. Den Blüten-Potpourri erhalten Sie in gut sortierten Lebensmittel- und Bio-Läden. Ersetzen Sie im Tortenguss die Hälfte des Fruchtsaftes durch 2 Esslöffel trockenen Weißwein, z.B. Riesling.

Bananen-Schoko-Torte I

Schokoglück

16 Stücke

Pro Stück: E: 4 g, F: 16 g, Kh: 22 g,
kJ: 1051, kcal: 251, BE: 2,0

Für den Biskuitteig:

> 3 Eier (Größe M)
> 100 g Zucker
> 1 Pck. Dr. Oetker Vanillin-Zucker
> 80 g Weizenmehl
> 1 gestr. TL Dr. Oetker Backin
> 1 Pck. Gala Schokoladen-
> Pudding-Pulver

Für die Füllung und den Belag:

> 200 g Edelbitter-Schokolade
> (etwa 55 % Kakaoanteil)
> 100 g Schlagsahne
> (mind. 30 % Fett)
> 10 g Butter
> 2 große Bananen
> 1 EL Zitronensaft
> 3 Blatt weiße Gelatine
> 400 g Schlagsahne
> (mind. 30 % Fett)
> 1 Pck. Dr. Oetker Vanillin-Zucker

> evtl. etwas Kakaopulver

Zubereitungszeit: 40 Minuten, ohne Kühlzeit
Backzeit: etwa 25 Minuten

1. Den Backofen vorheizen.
Ober-/Unterhitze: etwa 180 °C
Heißluft: etwa 160 °C

2. Für den Teig die Eier mit einem Mixer (Rührstäbe) auf höchster Stufe in 1 Minute schaumig schlagen. Zucker mit Vanillin-Zucker mischen, in 1 Minute einstreuen, dann noch etwa 2 Minuten schlagen.

3. Mehl mit Backpulver und Pudding-Pulver mischen, kurz auf niedrigster Stufe unterrühren. Den Teig in eine Springform (Ø 26 cm, Boden gefettet, mit Backpapier belegt) geben und glatt streichen. Die Form

auf dem Rost in den vorgeheizten Backofen (unteres Drittel) schieben. Den Biskuitboden **etwa 25 Minuten backen.**

4. Den Biskuitboden aus der Form lösen und auf einen mit Backpapier belegten Kuchenrost stürzen. Das mitgebackene Backpapier abziehen und den Biskuitboden erkalten lassen.

5. Für die Füllung und den Belag Schokolade in Stücke brechen, mit Sahne und Butter in einem kleinen Topf im heißen Wasserbad bei schwacher Hitze unter Rühren schmelzen. Den Topf aus dem Wasserbad nehmen.

6. Den Biskuitboden einmal waagerecht durchschneiden. Den unteren Biskuitboden auf eine Tortenplatte legen. Ein Drittel der Schokoladenmasse daraufgeben und glatt streichen. Bananen schälen und in etwa 2 cm dicke Scheiben schneiden. Bananenscheiben mit Zitronensaft bestreichen und auf den mit Schokolade bestrichenen Tortenboden legen. Die Hälfte der restlichen Schokoladenmasse darauf verteilen. Tortenboden etwa 15 Minuten in den Kühlschrank stellen.

7. Die Gelatine nach Packungsanleitung einweichen. Schlagsahne mit Vanillin-Zucker steif schlagen. Die Gelatine leicht ausdrücken und in einem kleinen Topf bei schwacher Hitze unter Rühren auflösen. Die aufgelöste Gelatine zuerst mit 2–3 Esslöffeln der Sahne verrühren, dann unter die restliche Sahne rühren. Gut die Hälfte der Sahne auf den mit Bananenscheiben belegten Tortenboden geben und glatt streichen. Den oberen Tortenboden darauflegen, leicht andrücken.

8. Restliche Sahne auf die Tortenoberfläche geben und wellenartig verstreichen. Die restliche Schokoladenmasse evtl. nochmals kurz erwärmen und mithilfe eines Teelöffels kleine Häufchen auf die Sahne geben. Die Schokoladenmasse mit dem Löffelstiel so durch die Sahne ziehen, dass ein Marmormuster entsteht. Die Torte zugedeckt etwa 2 Stunden in den Kühlschrank stellen.

9. Bananen-Schoko-Torte nach Belieben vor dem Servieren mit Kakao bestäuben.

Bananenwelle | Schmeckt auch Kindern

20 Stücke

Pro Stück: E: 7 g, F: 31 g, Kh: 43 g,
kJ: 2009, kcal: 480, BE: 6,0

Für den Rührteig:

125 g	geröstete, gesalzene Cashewkerne
250 g	Butter oder Margarine (zimmerwarm)
200 g	Zucker
1 Pck.	Dr. Oetker Vanillin-Zucker
5	Eier (Größe M)
300 g	Weizenmehl
3 gestr. TL	Dr. Oetker Backin
20 g	gesiebtes Kakaopulver
1 EL	Milch

Für den Belag:

900–1000 g	Bananen (etwa 6 Stück)
3 EL	Zitronensaft
1 EL	Zucker

Für die Buttercreme:

1 Pck.	Dr. Oetker Pudding-Pulver Vanille-Geschmack
75 g	Zucker
500 ml	Bananenmilch
250 g	Butter (zimmerwarm)

Für den Guss:

200 g	Zartbitter-Schokolade (etwa 50 % Kakaoanteil)
2 EL	Speiseöl, z. B. Sonnenblumenöl

evtl. 2 EL *gehackte Cashewkerne*

Zubereitungszeit: 45 Minuten, ohne Kühlzeit
Backzeit: etwa 40 Minuten

1. Den Backofen vorheizen.
Ober-/Unterhitze: etwa 180 °C
Heißluft: etwa 160 °C

2. Für den Teig Cashewkerne in einem Blitzhacker fein hacken. Butter oder Margarine mit einem Mixer (Rührstäbe) geschmeidig rühren. Nach und nach Zucker und Vanillin-Zucker unterrühren. So lange rühren, bis eine gebundene Masse entstanden ist.

3. Eier nach und nach unterrühren (jedes Ei etwa ½ Minute). Das Mehl mit Backpulver mischen und in 2 Portionen auf mittlerer Stufe kurz unterrühren. Cashewkerne (2 Esslöffel davon beiseitelegen) unterrühren. Zwei Drittel des Teiges auf ein Backblech (30 x 40 cm, gefettet) geben, glatt streichen. Einen Backrahmen darumstellen. Unter den restlichen Teig Kakao und Milch rühren. Den dunklen Teig gleichmäßig auf dem hellen Teig verstreichen.

4. Für den Belag Bananen schälen, längs halbieren und mit Zitronensaft bestreichen. Die Bananenhälften mit der Schnittfläche nach unten auf den dunklen Teig legen. Zucker mit den beiseitegelegten Cashewkernen mischen und auf die Bananenhälften streuen. Das Backblech in den vorgeheizten Backofen schieben. Den Kuchen **etwa 40 Minuten backen.**

5. Das Backblech auf einen Kuchenrost stellen. Den Kuchen etwa 30 Minuten abkühlen lassen, dann leicht mit Alufolie belegen und vollständig erkalten lassen.

6. Für die Buttercreme aus Pudding-Pulver, Zucker und Bananenmilch einen Pudding nach Packungsanleitung zubereiten. Den Pudding erkalten lassen (nicht kalt stellen), dabei gelegentlich umrühren. Die Butter mit dem Mixer (Rührstäbe) geschmeidig rühren, den Pudding esslöffelweise unterrühren. Dabei darauf achten, dass Butter und Pudding Zimmertemperatur haben, da die Creme sonst gerinnt. Die Buttercreme gleichmäßig auf den Kuchen streichen. Den Kuchen etwa 60 Minuten in den Kühlschrank stellen.

7. Für den Guss Schokolade in kleine Stücke brechen. Zwei Drittel davon mit dem Speiseöl in einem Topf im Wasserbad bei schwacher Hitze unter Rühren schmelzen. Den Topf aus dem Wasserbad nehmen und die Schokolade darin unter Rühren schmelzen. Die Schokolade auf die fest gewordene Buttercreme geben, zügig verstreichen und mithilfe eines Tortengarnierkamms oder einer Gabel verzieren. Nach Belieben mit gehackten Cashewkernen bestreuen. Guss fest werden lassen. Backrahmen lösen und entfernen.

Beeren-Kakao-Torte I

Schoko-fruchtig

14 Stücke

Pro Stück: E: 7 g, F: 24 g, Kh: 28 g,
kJ: 1483, kcal: 355, BE: 2,5

Für den Rührteig:

150 g	*Butter oder Margarine (zimmerwarm)*
50 g	*Zucker*
1 Pck.	*Dr. Oetker Vanillin-Zucker*
4	*Eier (Größe M)*
140 g	*Weizenmehl*
2 ½ gestr. TL	*Dr. Oetker Backin*
2 EL	*gesiebtes Kakaopulver*
etwa 180 g	*sehr dunkle Kakaokekse mit Vanillecreme-Füllung*

Für den Belag:

7 Blatt	*weiße Gelatine*
250 ml	*Dickmilch*
175 g	*Doppelrahm-Frischkäse*
3 EL	*Zitronensaft*
3 EL	*Himbeerkonfitüre*
250 g	*Schlagsahne (mind. 30 % Fett)*
je 125 g	*Brom- und Himbeeren*

Zubereitungszeit: 30 Minuten, ohne Kühlzeit
Backzeit: 30–35 Minuten

1. Den Backofen vorheizen.
Ober-/Unterhitze: etwa 200 °C
Heißluft: etwa 180 °C

2. Für den Teig Butter oder Margarine mit einem Mixer (Rührstäbe) auf höchster Stufe geschmeidig rühren. Nach und nach Zucker und Vanillin-Zucker unterrühren. So lange rühren, bis eine gebundene Masse entstanden ist.

3. Die Eier nach und nach unterrühren (jedes Ei etwa ½ Minute). Das Mehl mit Backpulver und Kakaopulver mischen und auf mittlerer Stufe kurz unterrühren. Die Kekse in kleine Stückchen brechen. Zwei Drittel davon unter den Teig heben.

4. Den Teig in eine Springform (Ø 26 cm, Boden gefettet, mit Backpapier belegt) geben und vorsichtig glatt streichen.

5. Die Form auf dem Rost in den vorgeheizten Backofen schieben und den Tortenboden **30–35 Minuten backen.**

6. Die Form auf einen Kuchenrost stellen. Den Tortenboden etwas abkühlen lassen, dann aus der Form lösen und auf dem mit Backpapier belegten Kuchenrost erkalten lassen.

7. Das Backpapier vom Tortenboden lösen. Den Tortenboden auf eine Tortenplatte setzen. Einen Tortenring oder den gesäuberten Springformrand darumstellen.

8. Für den Belag Gelatine nach Packungsanleitung einweichen. Dickmilch mit Frischkäse, Zitronensaft und Himbeerkonfitüre glatt rühren. Die Sahne steif schlagen.

9. Gelatine leicht ausdrücken und mit 1 Esslöffel der Dickmilch-Frischkäse-Masse in einem kleinen Topf unter Rühren bei schwacher Hitze auflösen.

10. Aufgelöste Gelatine zunächst mit etwa 4 Esslöffeln der Dickmilch-Frischkäse-Masse verrühren, dann unter die restliche Dickmilch-Frischkäse-Masse rühren und kurz in den Kühlschrank stellen. Sobald die Masse anfängt dicklich zu werden, Sahne unterheben.

11. Die Dickmilch-Frischkäse-Creme auf den Tortenboden geben und wellenförmig verstreichen. Die Beeren verlesen, evtl. kurz abspülen, gut abtropfen lassen und auf der Torte verteilen.

12. Die Torte zugedeckt etwa 2 Stunden in den Kühlschrank stellen.

13. Die Torte kurz vor dem Servieren mit den restlichen Keksen bestreuen.

Tipp: Ersetzen Sie die Brombeeren durch Maulbeeren.

Beeren-Karamell-Torte I

Für Gäste

16 Stücke

Pro Stück: E: 9 g, F: 28 g, Kh: 47 g,
kJ: 1989, kcal: 475, BE: 4,0

Für den Biskuitteig:

10	Eier (Größe M)
150 g	Zucker
1 Pck.	Dr. Oetker Vanillin-Zucker
130 g	Weizenmehl
1 Pck.	Gala Karamell-Pudding-Pulver

Für den Orangensirup:

1	Bio-Orange
	(unbehandelt, ungewachst)
80 g	Zucker
150 ml	Wasser

Für die Karamellcreme:

200 g	Schlagsahne
2 Pck.	Gala Karamell-Pudding-Pulver
50 g	Puderzucker
500 ml	Milch (3,5 % Fett)
1 Prise	Salz
3	Eigelb (Größe M)
50 g	Puderzucker
250 g	Butter (zimmerwarm)

Für den Rand:

200 g	Zartbitter-Kuvertüre

Zum Garnieren:

500 g	Erdbeeren
250 g	Himbeeren
je 125 g	Heidel- und Johannisbeeren

Zubereitungszeit: 80 Minuten, ohne Kühlzeit
Backzeit: etwa 45 Minuten

1. Den Backofen vorheizen.
Ober-/Unterhitze: etwa 180 °C
Heißluft: etwa 160 °C

2. Für den Teig Eier in einer Rührschüssel mit einem Mixer (Rührstäbe) auf höchster Stufe in 1 Minute schaumig schlagen. Den Zucker mit Vanillin-Zucker mischen, in 1 Minute einstreuen, dann noch etwa 4 Minuten schlagen, sodass ein elastischer Schaum entsteht. Mehl mit Pudding-Pulver mischen und kurz auf niedrigster Stufe unterrühren. Den Teig in eine Springform (Ø 28 cm, Boden gefettet, mit Backpapier belegt) geben und glatt streichen. Die Form auf dem Rost in den vorgeheizten Backofen schieben. Den Biskuitboden **etwa 45 Minuten backen.**

3. Die Form auf einen Kuchenrost stellen. Den Biskuitboden erkalten lassen. Dann den Boden aus der Form lösen und zweimal waagerecht durchschneiden. Den unteren Biskuitboden auf eine Tortenplatte legen. Einen Tortenring darumstellen.

4. Für den Sirup Orange heiß abwaschen, abtrocknen und die Schale dünn abschälen. Orange halbieren und den Saft auspressen. Zucker und Wasser in einem Topf zum Kochen bringen. Orangenschale hinzugeben und etwa 3 Minuten bei schwacher Hitze kochen lassen. Den Sirup erkalten lassen. Orangensaft unterrühren. Den unteren Biskuitboden mit einem Drittel des Sirups beträufeln.

5. Für die Creme die Sahne mit Pudding-Pulver und Puderzucker anrühren. Die Milch und Salz in einen Topf geben und zum Kochen bringen. Das angerührte Pudding-Pulver in den von der Kochstelle genommen Topf geben und unter Rühren etwa 1 Minute kochen lassen. Den Topf von der Kochstelle nehmen. Die Puddingoberfläche mit Frischhaltefolie belegen. Den Pudding bei Zimmertemperatur erkalten lassen.

6. Eigelb und Puderzucker in einer Edelstahlschüssel über dem leicht kochenden Wasserbad mit dem Mixer (Rührstäbe) in etwa 8 Minuten dick-schaumig schlagen. Die Schüssel aus dem Wasserbad nehmen und Eigelbschaum unter Rühren etwas abkühlen lassen. Dann zum Karamellpudding geben und glatt rühren.

7. Butter in eine Rührschüssel geben. Die Butter mit dem Mixer (Rührstäbe) cremig schlagen und in etwa 4 Minuten weiß-schaumig schlagen. Den Karamellpudding löffelweise zum Butterschaum in die Rührschüssel geben und mit dem Mixer (Rührstäbe) unterrühren, bis eine glatte Masse entstanden ist.

8. Knapp ein Viertel der Creme auf den unteren Boden geben und glatt streichen. Den mittleren Boden darauflegen und mit einem Drittel des Sirups beträufeln. Wieder knapp ein Viertel der Creme darauf verteilen und mit dem oberen Boden belegen. Restlichen Sirup daraufträufeln.

9. Knapp die Hälfte der restlichen Karamellcreme in einen Spritzbeutel mit Sterntülle (Ø 14 mm) füllen. Tortenoberfläche und -rand mit der restlichen Karamellcreme bestreichen und mit der Karamellcreme aus dem Spritzbeutel verzieren. Die Torte zugedeckt mindestens 3 Stunden in den Kühlschrank stellen.

10. Für den Rand Kuvertüre in kleine Stücke hacken. Zwei Drittel davon in einem Topf im Wasserbad bei schwacher Hitze unter Rühren schmelzen. Dann den Topf aus dem Wasserbad nehmen und die restliche Kuvertüre darin unter Rühren schmelzen. Die Kuvertüre dünn auf eine Marmorplatte streichen und fest werden lassen.

11. Den Tortenring lösen und entfernen. Die Kuvertüre mit einem Spachtel von der Marmorplatte grob abschaben. Die Schokoladenspäne an den Tortenrand drücken. Die Torte zugedeckt etwa 4 Stunden in den Kühlschrank stellen.

12. Zum Garnieren die Beeren vorsichtig abspülen und entstielen. Beeren auf Küchenpapier legen und vorsichtig trocken tupfen. Die Beeren auf der Torte verteilen.

Beeren-Mix auf Reiskuchen I

Raffiniert

20 Stücke

Pro Stück: E: 4 g, F: 12 g, Kh: 24 g,
kJ: 921, kcal: 220, BE: 2,0

Für den Hefeteig:

>   300 g Weizenmehl
>   ½ Pck. frische Hefe (21 g)
>   50 g Zucker
>   150 ml lauwarme Milch
>   1 Prise Salz
>   100 g zerlassene, abgekühlte Butter
>   oder Margarine

Für den Belag:

>   1 Pck. Milchreis nach klassischer Art
>   (Süße Mahlzeit)
>   250 g Schlagsahne
>   200 ml Milch (3,5 % Fett)
>   je 250 g Himbeeren und Heidelbeeren

Zum Beträufeln und Bestreuen:

>   50 g zerlassene Butter
>   25 g gehobelte Mandeln
>   40 g Zimt-Zucker

Zubereitungszeit: 40 Minuten, ohne Teiggehzeit
Backzeit: etwa 35 Minuten

1. Für den Teig das Mehl in eine Rührschüssel geben. In die Mitte eine Vertiefung drücken und die Hefe hineinbröckeln. Zucker und etwas Milch hinzufügen. Mit einem kleinen Teil des Mehls mit einer Gabel vorsichtig verrühren und etwa 10 Minuten gehen lassen.

2. Salz, Butter oder Margarine und restliche Milch hinzufügen. Die Zutaten mit einem Mixer (Knethaken) zunächst kurz auf niedrigster, dann auf höchster Stufe in etwa 5 Minuten zu einem glatten Teig verarbeiten. Den Teig mit Mehl bestäuben und zugedeckt so lange an einem warmen Ort gehen lassen, bis er sich sichtbar vergrößert hat (etwa 30 Minuten).

3. In der Zwischenzeit für den Belag den Milchreis nach Packungsanleitung (aber mit 250 g Schlagsahne und 200 ml Milch) zubereiten. Den Reis unter Rühren erkalten lassen.

4. Die Himbeeren und Heidelbeeren verlesen, kurz abspülen und auf Küchenpapier gut abtropfen lassen.

5. Den gegangenen Teig auf einer leicht bemehlten Arbeitsfläche nochmals gut durchkneten und auf einem Backblech (30 x 40 cm, gefettet, mit Backpapier belegt) ausrollen. Den Milchreis darauf verteilen, glatt streichen und mit einem Esslöffelrücken etwa 20 Vertiefungen eindrücken. Die Beerenfrüchte in die Vertiefungen geben.

6. Zum Beträufeln und Bestreuen die Zwischenräume mit der zerlassenen Butter beträufeln, zuerst mit den Mandeln, dann mit Zimt-Zucker bestreuen.

7. Den belegten Teig nochmals so lange an einem warmen Ort gehen lassen, bis er sich sichtbar vergrößert hat (etwa 15 Minuten).

8. In der Zwischenzeit den Backofen vorheizen.
Ober-/Unterhitze: etwa 180 °C
Heißluft: etwa 160 °C

9. Das Backblech in den vorgeheizten Backofen schieben. Den Kuchen **etwa 35 Minuten backen.**

10. Das Backblech auf einen Kuchenrost stellen. Den Reiskuchen erkalten lassen.

Tipp: Die Beerenfrüchte kurz vor dem Servieren mit Puderzucker bestäuben.

Beerenobst-Schnitten I

Einfach

14 Stücke

Pro Stück: E: 6 g, F: 7 g, Kh: 24 g,
kJ: 764, kcal: 182, BE: 2,0

Zum Vorbereiten für den Teig:

200 g Schoko-Biskuitzungen

Für den Belag:

150 ml Apfel- oder Orangensaft
1 Pck. ungezuckerter Tortenguss, klar
20 g Zucker
300 g ungesüßte TK-Beeren-
Mischung

Für den Teig:

100 g Weizenmehl
2 ½ gestr. TL Dr. Oetker Backin
20 g Zucker
150 g Magerquark
50 ml Milch (1,5 % Fett)
50 ml Sonnenblumenöl

Für den Guss:

100 g Magerquark
1 Pck. Dr. Oetker Bourbon-
Vanille-Zucker
1 Ei (Größe M)
1 gestr. EL Speisestärke

Zum Bestreuen:

25 g gehobelte Mandeln

Zum Bestäuben:

1–2 TL Puderzucker

Zubereitungszeit: 35 Minuten, ohne Abkühlzeit
Backzeit: etwa 25 Minuten

1. Zum Vorbereiten für den Teig 14 Biskuitzungen beiseitelegen. Restliche Biskuitzungen in einen Gefrierbeutel füllen. Den Beutel fest verschließen. Gebäck mit einer Teigrolle fein zerbröseln. Von den Bröseln 100 g für den Teig abwiegen. Die restlichen Gebäckbrösel beiseitestellen.

2. Für den Belag aus Saft, Tortengusspulver und Zucker nach Packungsanleitung einen Tortenguss herstellen. Den Topf von der Kochstelle nehmen und die TK-Beeren-Mischung unterrühren. Die Beerenmasse erkalten lassen.

3. Für den Teig das Mehl mit Backpulver in einer Rührschüssel mischen. 100 g Gebäckbrösel, Zucker, Quark, Milch und Sonnenblumenöl hinzugeben und mit einem Mixer (Knethaken) zunächst kurz auf niedrigster, dann auf höchster Stufe gut durcharbeiten.

4. Anschließend auf einer leicht bemehlten Arbeitsfläche kurz zu einem Teig verkneten. Sollte er kleben, ihn in Frischhaltefolie gewickelt eine Zeit lang in den Kühlschrank legen.

5. Den Backofen vorheizen.
Ober-/Unterhitze: etwa 180 °C
Heißluft: etwa 160 °C

6. Den Teig auf einer leicht bemehlten Arbeitsfläche zu einem Rechteck (etwa 30 x 16 cm) ausrollen. Das Teigrechteck auf ein Backblech (30 x 40 cm, mit Backpapier belegt) legen. Den Teigrand rundherum gut 2 cm hochdrücken.

7. Dann die beiseitegestellten Gebäckbrösel daraufstreuen. Die Fruchtmasse darauf verteilen und vorsichtig verstreichen.

8. Für den Guss Quark mit Vanille-Zucker, Ei und Stärke mit einem Schneebesen verrühren. Den Guss auf der Beerenmasse verteilen.

9. Die beiseitegelegten Biskuitzungen mit der Schokoladenseite nach unten an den Längsseiten des Kuchens auflegen. Die Mandeln daraufstreuen.

10. Das Backblech in den vorgeheizten Backofen schieben. Den Kuchen **etwa 25 Minuten backen.**

11. Den Kuchen mit dem Backpapier auf einen Kuchenrost ziehen und erkalten lassen.

12. Zum Servieren den Kuchen mit Puderzucker bestäuben und in Schnitten schneiden.

Birnen-Buttermilch-Torte mit Bionade I

Ohne zu backen – erfrischend

12 Stücke

Pro Stück: E: 6 g, F: 18 g, Kh: 40 g, kJ: 1463, kcal: 349, BE: 3,5

Für den Teig:

50 g	Butter
100 g	Zartbitter-Kuvertüre (etwa 50 % Kakaoanteil)
225 g	Früchte-Müsli

Für den Belag:

460 g	abgetropfte Birnenhälften (aus der Dose)
7 Blatt	weiße Gelatine
500 ml	Buttermilch
90 g	Zucker
1 Pck.	Dr. Oetker Bourbon-Vanille-Zucker
50 ml	Birnensaft (aus der Dose)
400 g	Schlagsahne (mind. 30 % Fett)

Für den Guss:

5 Blatt	weiße Gelatine
1 Flasche	Bionade Holunder (330 ml)
	abgeriebene Schale von
1	Bio-Zitrone oder -Limette (unbehandelt, ungewachst)
2 EL	Zitronen- oder Limettensaft
1 Prise	gem. Zimt
50 ml	Birnensaft (aus den Dosen)
40 g	Zucker

Zubereitungszeit: 45 Minuten, ohne Kühlzeit

1. Für den Teig Butter in einem kleinen Topf zerlassen. Kuvertüre in kleine Stücke hacken und in der Butter unter Rühren schmelzen. Müsli hinzugeben und mit der Butterkuvertüre gut verrühren.

2. Einen Tortenring oder Springformrand (Ø 26 cm) auf eine mit Tortenspitze oder Backpapier belegte Tortenplatte stellen. Die Müslimasse darin verteilen und

mithilfe eines Löffels gut zu einem Boden andrücken. Den Boden im Kühlschrank fest werden lassen.

3. Für den Belag in der Zwischenzeit von den Birnenhälften den Saft auffangen. Gelatine nach Packungsanleitung einweichen. Die Buttermilch mit Zucker und Vanille-Zucker in einer Rührschüssel verrühren. Birnensaft in einem kleinen Topf erhitzen. Gelatine ausdrücken, in dem Saft unter Rühren auflösen und unter die Buttermilchmasse rühren. Die Masse in den Kühlschrank stellen.

4. Sahne steif schlagen. Sobald die Masse anfängt dicklich zu werden, die Sahne unterheben. Buttermilch-Sahne-Creme auf den Müsliboden geben und glatt streichen.

5. Die Birnenhälften mit der Wölbung nach unten auf der Buttermilch-Sahne-Creme verteilen und leicht eindrücken. Die Torte zugedeckt etwa 3 Stunden in den Kühlschrank stellen.

6. Für den Guss Gelatine nach Packungsanleitung einweichen. Bionade mit Zitronen- oder Limettenschale, -saft und Zimt verrühren. Birnensaft in einem kleinen Topf erhitzen. Gelatine ausdrücken, in dem Saft unter Rühren auflösen, Zucker unterrühren. Gelatinemischung unter die Bionadeflüssigkeit rühren. Die Flüssigkeit vorsichtig auf die Birnenoberfläche gießen. Die Torte nochmals zugedeckt 1–2 Stunden in den Kühlschrank stellen, Guss fest werden lassen. Den Tortenring oder Springformrand lösen und entfernen.

Birnen-Heidelbeer-Tarte I

Schnell – einfach

16 Stücke

Pro Stück: E: 3 g, F: 11 g, Kh: 30 g,
kJ: 962, kcal: 230, BE: 3,0

Für den All-in-Teig:

250 g	Weizenmehl
1 EL	Hartweizengrieß
2 gestr. TL	Dr. Oetker Backin
170 g	Butter oder Margarine
	(zimmerwarm)
1 Prise	Salz
120 g	Zucker
1 Pck.	Dr. Oetker Vanillin-Zucker
125 ml	Buttermilch
3	Eier (Größe M)

Für den Belag:

100 g	TK-Heidelbeeren
460 g	abgetropfte Birnenhälften
	(aus der Dose)

Zum Bestreichen:

3 EL	Aprikosenkonfitüre
1 EL	Wasser

Zubereitungszeit: 30 Minuten
Backzeit: etwa 35 Minuten

1. Den Backofen vorheizen.
Ober-/Unterhitze: etwa 180 °C
Heißluft: etwa 160 °C

2. Für den Teig das Mehl mit Grieß und Backpulver in einer Rührschüssel mischen. Restliche Zutaten hinzufügen und mit einem Mixer (Rührstäbe) erst kurz auf niedrigster, dann auf höchster Stufe in etwa 2 Minuten zu einem glatten Teig verarbeiten.

3. Die Hälfte des Teiges in eine Tarteform (Ø 28 cm, gefettet) geben und glatt streichen. Die tiefgefrorenen Heidelbeeren gleichmäßig auf den Teig streuen. Restlichen Teig esslöffelweise darauf verteilen und glatt streichen. Jede Birnenhälfte längs halbieren, die Birnenstücke kreisförmig auf den Teig legen. Die Form auf dem Rost in den vorgeheizten Backofen schieben. Birnen-Heidelbeer-Tarte **etwa 35 Minuten backen.**

4. Die Form auf einen Kuchenrost stellen. Konfitüre und Wasser in einen kleinen Topf geben, unter Rühren aufkochen lassen und sofort auf den Kuchen streichen (stückige Konfitüre nach dem Aufkochen durch ein Sieb streichen). Die Tarte in der Form erkalten lassen.

Birnenkuchen mit Ingwerstreuseln | Herbstgenuss

12 Stücke

Pro Stück: E: 9 g, F: 34 g, Kh: 46 g,
kJ: 2214, kcal: 529, BE: 4,0

Für die Streusel:

1	*Bio-Orange*
	(unbehandelt, ungewachst)
40 g	*frischer Ingwer*
80 g	*Butter oder Margarine*
120 g	*Weizenmehl*
30 g	*flüssiger Honig*

Für den Belag:

500 g	*Birnen*
1 EL	*Zitronensaft*

Für den Teig:

200 g	*weiße Kuvertüre*
150 g	*Butter*
4	*Eiweiß (Größe M)*
1 Prise	*Salz*
70 g	*Zucker*
4	*Eigelb (Größe M)*
50 g	*flüssiger Honig*
2 EL	*Orangensaft*
200 g	*Weizenmehl*
2 gestr. TL	*Dr. Oetker Backin*
100 g	*gehackte Haselnusskerne*
100 g	*gehackte Mandeln*
80 g	*frische Preiselbeeren*

Zubereitungszeit: 45 Minuten
Backzeit: etwa 40 Minuten

1. Für die Streusel Orange heiß abwaschen, abtrocknen und die Schale fein abreiben. Orange halbieren und den Saft auspressen. 2 Esslöffel Saft abmessen und für den Teig beiseitestellen. Ingwer schälen und fein reiben. Orangenschale, Butter oder Margarine, Ingwer, Mehl und den Honig in eine Rührschüssel geben. Die Zutaten mit einem Mixer (Rührstäbe) zu Streuseln verarbeiten. Streusel zugedeckt in den Kühlschrank stellen.

2. Für den Belag die Birnen abspülen, abtrocknen, schälen, vierteln, entkernen und in Spalten schneiden. Birnenspalten sofort mit Zitronensaft beträufeln und zugedeckt beiseitestellen.

3. Für den Teig Kuvertüre in kleine Stücke hacken. Zwei Drittel davon mit der Butter in einem Topf im Wasserbad bei schwacher Hitze unter Rühren schmelzen. Den Topf aus dem Wasserbad nehmen und die restliche Kuvertüre darin unter Rühren schmelzen, etwas abkühlen lassen.

4. Den Backofen vorheizen.
Ober-/Unterhitze: etwa 180 °C
Heißluft: etwa 160 °C

5. Das Eiweiß und 1 Prise Salz steif schlagen, dabei den Zucker einrieseln lassen.

6. Eigelb und Honig in einer Rührschüssel mit dem Mixer (Rührstäbe) in etwa 5 Minuten zu einer schaumigen Masse aufschlagen.

7. Zunächst die Kuvertüre-Butter-Mischung unterrühren, dann den abgemessenen Orangensaft unterrühren.

8. Das Mehl mit Backpulver mischen und kurz auf niedrigster Stufe unterrühren.

9. Eischnee, Haselnusskerne und Mandeln vorsichtig unterheben.

10. Den Teig in eine Springform (Ø 26 cm, Boden gefettet, mit Backpapier belegt) geben, glatt streichen und mit den Birnenspalten belegen.

11. Preiselbeeren abspülen, trocken tupfen und auf den Birnenspalten verteilen. Dann die Streusel darauf verteilen.

12. Die Form auf dem Rost in den vorgeheizten Backofen schieben und den Birnenkuchen **etwa 40 Minuten backen.**

13. Die Form auf einen Kuchenrost stellen. Kuchen erkalten lassen und in Stücke schneiden.

Birnenkuchen mit Rosmarin I

Aromatisch

16 Stücke

Pro Stück: E: 4 g, F: 12 g, Kh: 36 g,
kJ: 1101, kcal: 263, BE: 3,0

Zum Vorbereiten für den Belag:

1 ½ kg	Birnen, z. B. Williams Christ
3 Stängel	Rosmarin
30 g	Butter
100 g	Zucker
50 ml	Zitronensaft
50 ml	Wasser

Für den Rührteig:

150 g	Russisch Brot (Gebäck in Buchstabenform)
175 g	Butter oder Margarine (zimmerwarm)
100 g	Zucker
1 Pck.	Dr. Oetker Vanillin-Zucker
3	Eier (Größe M)
200 g	Weizenmehl
2 ½ gestr. TL	Dr. Oetker Backin

Zum Bestreichen:

75 ml	Birnen-Rosmarin-Saft (vom Dünsten der Birnen)

Zubereitungszeit: 40 Minuten, ohne Durchziehzeit
Backzeit: etwa 35 Minuten

1. Zum Vorbereiten für den Belag die Birnen abspülen, abtrocknen, schälen, halbieren und entkernen. Rosmarin abspülen, trocken tupfen und die Nadeln von den Stängeln zupfen. Die Nadeln (etwa 2 Esslöffel) fein hacken.

2. Butter, Zucker, Zitronensaft und Wasser in einem breiten, flachen Topf zum Kochen bringen. Rosmarin unterrühren.

3. Die Birnenhälften mit der Schnittfläche nach unten nebeneinander hineinlegen und 2–3 Minuten dünsten. Die Birnen wenden und weitere 2–3 Minuten bei schwacher Hitze dünsten.

4. Den Topf von der Kochstelle nehmen und die Birnenhälften zugedeckt etwa 50 Minuten durchziehen lassen.

5. Für den Teig Russisch Brot in einen Gefrierbeutel füllen. Den Beutel fest verschließen und das Gebäck mit einer Teigrolle fein zerbröseln. Oder Russisch Brot in einem Blitzhacker zu feinen Bröseln verarbeiten.

6. Butter oder Margarine mit einem Mixer (Rührstäbe) auf höchster Stufe geschmeidig rühren. Nach und nach Zucker und Vanillin-Zucker unterrühren. So lange rühren, bis eine gebundene Masse entstanden ist.

7. Die Eier nach und nach unterrühren (jedes Ei etwa ½ Minute). Mehl mit Backpulver mischen und abwechselnd mit den Bröseln in 2 Portionen kurz unterrühren.

8. Den Backofen vorheizen.
Ober-/Unterhitze: etwa 180 °C
Heißluft: etwa 160 °C

9. Den Teig auf einem Backblech (30 x 40 cm, gefettet, bemehlt) verstreichen.

10. Die Birnen in einem Sieb abtropfen lassen, dabei den Saft auffangen und 75 ml davon abmessen.

11. Jede Birnenhälfte quer in 4 Scheiben schneiden und die Scheiben in kleinen Abständen so auf den Teig legen, dass jeweils die Birnenform erhalten bleibt.

12. Das Backblech in den vorgeheizten Backofen schieben. Den Kuchen **etwa 35 Minuten backen.**

13. Den Kuchen mit dem Backblech auf einen Kuchenrost stellen. Den abgemessen Birnen-Rosmarin-Saft in einem kleinen Topf zum Kochen bringen und etwa 5 Minuten bei mittlerer Hitze einkochen lassen.

14. Den heißen Kuchen mit dem eingekochten Saft bestreichen. Den Kuchen erkalten lassen.

Tipp: Reichen Sie zum Kuchen 200 g Schlagsahne, mit 1 Päckchen Sahnesteif und 3 Esslöffeln von dem Birnen-Rosmarin-Saft steif geschlagen.

Birnenmüsli-Torte I

Ohne zu backen – für Gäste

12 Stücke

Pro Stück: E: 5 g, F: 21 g, Kh: 36 g,
kJ: 1483, kcal: 354, BE: 3,0

Für den Teig:

120 g	Zucker
30 g	Butter
100 g	Sonnenblumenkerne
100 g	kernige Haferflocken
100 g	Zartbitter-Schokolade (etwa 50 % Kakaoanteil)
1 EL	Speiseöl

Für den Belag:

460 g	abgetropfte Birnenhälften (aus der Dose)
2 Blatt	weiße Gelatine
1 Pck.	Dr. Oetker Pudding-Pulver Vanille-Geschmack
300 ml	Birnensaft (aus der Dose)
1 TL	Zucker
1 EL	Zitronensaft
400 g	Schlagsahne (mind. 30 % Fett)
2 Pck.	Sahnesteif
1 Pck.	Dr. Oetker Vanillin-Zucker

Zubereitungszeit: 40 Minuten, ohne Kühlzeit

1. Einen Tortenring oder Springformrand (Ø 26 cm) auf eine mit Tortenspitze oder Backpapier belegte Platte stellen.

2. Für den Teig Zucker mit Butter in einer Pfanne zerlassen und leicht bräunen lassen. Sonnenblumenkerne und Haferflocken hinzugeben und unter Rühren mitbräunen lassen.

3. Drei Viertel der Müslimasse sofort in den Tortenring oder Springformrand geben und mit einer Gabel zu einem Boden andrücken. Die restliche Müslimasse auf ein Stück Backpapier geben. Müsliboden und -masse erkalten lassen.

4. Die Schokolade in kleine Stücke brechen. Zwei Drittel davon mit dem Speiseöl in einem Topf im Wasserbad bei schwacher Hitze unter Rühren schmelzen. Anschließend den Topf aus dem Wasserbad nehmen und die restliche Schokolade darin unter Rühren schmelzen.

5. Die Schokolade bis auf 2 Esslöffel mit einem Backpinsel auf den Müsliboden streichen. Schokolade fest werden lassen.

6. Für den Belag von den Birnenhälften den Saft auffangen und 300 ml davon abmessen. 2 Birnenhälften zum Garnieren beiseitelegen. Restliche Birnenhälften in kleine Würfel schneiden.

7. Die Gelatine nach Packungsanleitung einweichen. Aus Pudding-Pulver, Birnensaft und Zucker einen Pudding nach Packungsanleitung (aber mit den hier angegebenen Zutaten) zubereiten.

8. Die eingeweichte Gelatine in dem heißen Pudding unter Rühren auflösen. Birnenwürfel und Zitronensaft unterheben.

9. Den Birnenpudding unter gelegentlichem Rühren erkalten lassen. Anschließend auf den Müsliboden geben und glatt streichen.

10. Sahne mit Sahnesteif und Vanillin-Zucker steif schlagen. Die Sahne auf den Birnenpudding geben und leicht kuppelförmig verstreichen.

11. Die Torte zugedeckt etwa 60 Minuten in den Kühlschrank stellen. Den Tortenring oder Springformrand lösen und entfernen.

12. Beiseitegelegte Birnenhälften in Spalten schneiden. Die Tortenoberfläche kurz vor dem Servieren mit Birnenspalten und restlichem Müsli garnieren.

13. Die restliche aufgelöste Schokolade evtl. nochmals erwärmen. Die Torte damit besprenkeln.

Tipps: Die Torte sofort servieren, sonst löst sich das karamellisierte Müsli. Die Sonnenblumenkerne etwas klein hacken.

Birnen-Schokoladen-Kuchen I

Mit Alkohol

20 Stücke

Pro Stück: E: 6 g, F: 16 g, Kh: 36 g,
kJ: 1314, kcal: 315, BE: 3,0

Für den Belag:

20	kleine Birnen,
	z. B. Conference
250 ml	Weißwein
400 ml	Apfelsaft
	abgeriebene Schale
	und Saft von
1	Bio-Zitrone
	(unbehandelt, ungewachst)
150 g	Zucker
1	Zimtstange
½	Vanilleschote

Für den Teig:

200 g	Zartbitter-Schokolade
	(mind. 50 % Kakaoanteil)
150 g	Butter
5	Eier (Größe M)
100 g	Zucker
1 Pck.	Dr. Oetker Vanillin-Zucker
150 g	Weizenmehl
50 g	Semmelbrösel
2 gestr. TL	Dr. Oetker Backin
125 g	Crème fraîche

Zum Bestreichen:

3 EL	Apfelgelee
2 EL	Birnenflüssigkeit
	(von den Birnen)

Für die Beilage:

125 g	Crème fraîche
250 g	Speisequark (20 % Fett)
100 ml	Birnenflüssigkeit
	(von den Birnen)
1 Pck.	Sahnesteif
1 TL	Zucker

Zubereitungszeit: 60 Minuten, ohne Abkühlzeit
Backzeit: etwa 35 Minuten

1. Für den Belag die Birnen abspülen, abtrocknen, schälen und mit einem kleinen Kugelausstecher von unten (sodass der Stiel nicht entfernt wird) das Kerngehäuse entfernen. Restliche Zutaten in einem Topf zum Kochen bringen. Birnen hinzugeben, wieder zum Kochen bringen und 15–20 Minuten (je nach Reife der Birnen) bei schwacher Hitze kochen lassen. Die Birnen in der Flüssigkeit etwa 60 Minuten abkühlen lassen. Anschließend in einem Sieb abtropfen lassen und dabei die Flüssigkeit auffangen.

2. Für den Teig Schokolade in kleine Stücke brechen. Zwei Drittel davon mit der Butter in einem Topf im Wasserbad bei schwacher Hitze unter Rühren schmelzen. Den Topf aus dem Wasserbad nehmen und die restliche Schokolade darin unter Rühren schmelzen. Die Schokoladenmasse etwas abkühlen lassen.

3. Den Backofen vorheizen.
Ober-/Unterhitze: etwa 180 °C
Heißluft: etwa 160 °C

4. Die Eier in einer Rührschüssel mit einem Mixer (Rührstäbe) auf höchster Stufe in 1 Minute schaumig schlagen. Den Zucker mit Vanillin-Zucker mischen, in 1 Minute einstreuen, dann noch etwa 2 Minuten schlagen. Mehl mit Semmelbröseln und Backpulver mischen und unter die Eiercreme heben. Schokoladenmasse und Crème fraîche vorsichtig unterrühren.

5. Einen Backrahmen auf ein Backblech (30 x 40 cm, gefettet) stellen. Teig auf das Backblech geben und glatt streichen. Birnen darauf verteilen, etwas in den Teig drücken. Backblech in den vorgeheizten Backofen schieben. Kuchen **etwa 35 Minuten backen.**

6. Das Backblech auf einen Kuchenrost stellen. Zum Bestreichen Apfelgelee mit der Birnenflüssigkeit in einem kleinen Topf verrühren und aufkochen lassen. Die Kuchenoberfläche und die Birnen damit bestreichen. Den Kuchen erkalten lassen, Backrahmen lösen und entfernen.

7. Für die Beilage Crème fraîche mit Quark und Birnenflüssigkeit verrühren. Sahnesteif mit Zucker mischen und hinzugeben. Die Zutaten mit dem Mixer (Rührstäbe) cremig aufschlagen, dazu servieren.

Bitter-Sweet-Orange-Muffins I

Buffetgeeignet
12 Stück

Pro Stück: E: 5 g, F: 11 g, Kh: 31 g,
kJ: 1024, kcal: 245, BE: 2,5

Zum Vorbereiten:
> 200 ml Orangensaft

Für den All-in-Teig:
> 120 g Weizenmehl
> 100 g gem. Mandeln
> 1 ½ gestr. TL Dr. Oetker Backin
> 2 Eier (Größe M)
> 50 ml Sonnenblumenöl
> 100 g Zucker
> 1 Pck. Dr. Oetker Vanillin-Zucker
> 1 Prise Salz
> 1 Pck. Dr. Oetker Finesse
> Orangenschalen-Aroma
> 1 EL Joghurt

Für das Topping:
> 16 Kumquats (Zwergorangen)
> 80 g Zucker
> 200 ml Orangensaft
>
> 30 g gesalzene, geröstete Mandeln

Außerdem:
> 12 Muffin-Papierbackförmchen

Zubereitungszeit: 30 Minuten, ohne Abkühlzeit
Backzeit: etwa 20 Minuten

1. Zum Vorbereiten Orangensaft in einen Topf geben und bei starker Hitze auf etwa die Hälfte einkochen lassen. Anschließend den Saft etwas abkühlen lassen, dann etwas 20 Minuten in den Kühlschrank stellen.

2. Den Backofen vorheizen.
Ober-/Unterhitze: etwa 180 °C
Heißluft: etwa 160 °C

3. Für den Teig Mehl mit Mandeln und Backpulver in einer Rührschüssel mischen. Restliche Zutaten mit

dem eingekochten Orangensaft hinzufügen und mit einem Mixer (Rührstäbe) zunächst kurz auf niedrigster, dann auf höchster Stufe in etwa 2 Minuten zu einem glatten Teig verarbeiten.

4. Die Mulden einer Muffinform (für 12 Muffins) mit den Papierbackförmchen auslegen. Den Teig gleichmäßig darin verteilen und glatt streichen. Die Form auf dem Rost in den vorgeheizten Backofen schieben. Die Muffins **etwa 20 Minuten backen.**

5. Für das Topping in der Zwischenzeit Kumquats abwaschen, abtrocknen und in Scheiben schneiden. Die Kerne entfernen. Zucker mit Orangensaft in einem Topf zum Kochen bringen. Die Kumquats hinzugeben und etwa 5 Minuten bei schwacher Hitze köcheln lassen. Anschließend mit einer Schaumkelle herausnehmen, auf einen Teller geben und beiseitestellen.

6. Den entstandenen Sirup bei starker Hitze unter Rühren so lange einkochen lassen, bis er honigfarben ist. Die Kumquats wieder dazugeben. Die Karamellmasse beiseitestellen.

7. Die Form auf einen Kuchenrost stellen. Die Muffins etwa 5 Minuten in der Form stehen lassen, dann aus den Mulden lösen und auf dem Kuchenrost erkalten lassen.

8. Die karamellisierten Kumquats auf den erkalteten Muffins verteilen. Die Mandeln grob hacken. Die Muffins damit bestreuen.

Brombeer-Cupcakes I

Ganz ohne Mehl

12 Stück

Pro Stück: E: 8 g, F: 29 g, Kh: 16 g,
kJ: 1473, kcal: 353, BE: 1,5

Für den Teig:

270 ml	Milch (1,5 % Fett)
120 g	Butter oder Margarine
	(zimmerwarm)
1 Prise	Salz
140 g	Zucker
150 g	gem. Mohn
3	Eier (Größe M)
180 g	gem. Haselnüsse
1 ½ gestr. TL	Dr. Oetker Backin
1 gestr. TL	gem. Zimt

Für das Topping:

150 g	Crème fraîche
1 EL	Puderzucker
12	Brombeeren

Außerdem:

12	Muffin-Papierback-
	förmchen

Zubereitungszeit: 35 Minuten, ohne Abkühlzeit
Backzeit: 20–25 Minuten

1. Die Mulden einer Muffinform für 12 Muffins mit den Papierbackförmchen auslegen.

2. Für den Teig Milch mit Butter oder Margarine, Salz und Zucker in einen Topf geben. Die Zutaten zum Kochen bringen. Den Mohn hinzufügen und unter Rühren bei mittlerer Hitze etwa 1 Minute kochen lassen. Den Topf von der Kochstelle nehmen und die Mohnmasse etwas abkühlen lassen.

3. Den Backofen vorheizen.
Ober-/Unterhitze: etwa 180 °C
Heißluft: etwa 160 °C

4. Die Eier nach und nach mit einem Schneebesen unter die lauwarme Mohnmasse rühren.

5. Die Haselnüsse mit Backpulver und Zimt gut vermischen. Die Nuss-Zimt-Mischung gleichmäßig unter die Mohn-Eier-Masse heben.

6. Den Teig gleichmäßig in den Muffinmulden verteilen. Die Muffinform auf dem Rost in den vorgeheizten Backofen schieben. Die Cupcakes **20–25 Minuten backen.**

7. Die Muffinform auf einen Kuchenrost stellen. Die Cupcakes nach etwa 5 Minuten aus der Form lösen und auf dem Kuchenrost erkalten lassen.

8. Für das Topping Crème fraîche mit Puderzucker mit einem Mixer (Rührstäbe) auf mittlerer Stufe steif schlagen.

9. Mithilfe von 2 Teelöffeln auf jeden Cupcake einen Klecks Crème fraîche geben und mit abgespülten, trocken getupften Brombeeren garnieren.

Tipps: Garnieren Sie die Cupcakes nicht mit Brombeeren, sondern mit vorbereiteten Feigenspalten. Das Crème-fraîche-Topping können Sie durch ein Quark-Sahne-Topping ersetzen: 250 g Magerquark mit 15 g Puderzucker glatt rühren und 100 g steif geschlagene Sahne unterheben.

Brombeer-Grießrahm-Kuchen I

Sommergenuss vom Blech

20 Stücke

Pro Stück: E: 5 g, F: 23 g, Kh: 42 g,
kJ: 1658, kcal: 396, BE: 3,5

Für den Knetteig:

450 g Weizenmehl
300 g Butter oder Margarine
150 g Zucker
1 Eigelb (Größe M)
1 Prise Salz

Für die Grieß-Vanille-Creme:

700 ml Milch
500 g Schlagsahne
150 g Zucker
1 Vanilleschote
70 g Weichweizengrieß
1 Eigelb (Größe M)

350 g Brombeeren
(frisch oder TK)

Für den Tortenguss:

1 Pck. ungezuckerter Tortenguss, klar
2 EL Zucker
250 ml schwarzer Johannisbeernektar

Zubereitungszeit: 50 Minuten, ohne Abkühlzeit
Backzeit: etwa 40 Minuten

1. Den Backofen vorheizen.
Ober-/Unterhitze: etwa 200 °C
Heißluft: etwa 180 °C

2. Für den Teig Mehl in eine Rührschüssel geben. Restliche Zutaten hinzufügen und mit einem Mixer (Knethaken) zunächst kurz auf niedrigster, dann auf höchster Stufe gut durcharbeiten. Anschließend auf einer leicht bemehlten Arbeitsfläche kurz zu einem Teig verkneten.

3. Den Teig in einem tiefen Backblech oder einer Fettpfanne (30 x 40 cm, gefettet, mit Backpapier belegt) ausrollen, dabei einen kleinen Rand andrücken.

Den Teigrand mit den Zinken einer Gabel garnieren. Das Backblech oder die Fettpfanne in den vorgeheizten Backofen schieben. Den Knetteigboden **etwa 15 Minuten goldbraun vorbacken.**

4. In der Zwischenzeit für die Creme Milch, Sahne und Zucker in einem Topf verrühren. Die Vanilleschote längs aufschneiden und das Mark mit einem Messerrücken herausschaben. Vanillemark und -schote in die Sahnemilch geben, zum Kochen bringen und etwa 15 Minuten bei mittlerer Hitze ziehen lassen.

5. Den Grieß einstreuen und etwa 15 Minuten unter gelegentlichem Rühren bei schwacher Hitze kochen lassen. Den Topf von der Kochstelle nehmen. Vanilleschote entfernen und das Eigelb unterrühren.

6. Das Backblech oder die Fettpfanne auf einen Kuchenrost stellen. Die Backofentemperatur um etwa 20 °C herunterschalten.

7. Die Grießrahmcreme auf dem vorgebackenen Knetteigboden verteilen. Die Creme etwa 10 Minuten abkühlen lassen.

8. Frische Brombeeren verlesen, abspülen, gut abtropfen lassen und evtl. entstielen.

9. Die Brombeeren (TK Brombeeren unaufgetaut) auf der Grießrahmcreme verteilen und etwas eindrücken. Den Rand dabei frei lassen.

10. Das Backblech oder die Fettpfanne wieder in heißen Backofen schieben. Den Brombeer-Grießrahm-Kuchen **in etwa 25 Minuten fertig backen.**

11. Das Backblech oder die Fettpfanne auf einen Kuchenrost stellen. Den Brombeer-Grießrahm-Kuchen erkalten lassen.

12. Für den Guss aus Tortengusspulver, Zucker und Johannisbeernektar einen Guss nach Packungsanleitung zubereiten.

13. Den Guss mithilfe eines Löffels auf den Kuchen träufeln. Den Guss fest werden lassen, den Kuchen in Stücke schneiden.

Brombeer-Sauerrahm-Torte I

Etwas Besonderes

16 Stücke

Pro Stück: E: 9 g, F: 43 g, Kh: 61 g,
kJ: 2804, kcal: 671, BE: 5,0

Für den Sandkuchenteig:

1	Bio-Orange
	(unbehandelt, ungewachst)
250 g	Butter (zimmerwarm)
250 g	Puderzucker
6	Eier (Größe M)
350 g	Weizenmehl
3 gestr. TL	Dr. Oetker Backin
100 g	Schlagsahne

Für die Creme:

9 Blatt	weiße Gelatine
375 g	Brombeeren
800 g	saure Sahne
180 g	Zucker
2 Pck.	Dr. Oetker Vanillin-Zucker
500 g	Schlagsahne (mind. 30 % Fett)

Für den Belag:

250 g	Brombeeren
250 ml	schwarzer Johannisbeernektar
3 EL	Zucker
1 Pck.	ungezuckerter Tortenguss, rot

Zum Verzieren:

500 g	Schlagsahne
	(mind. 30 % Fett)
70 g	Zucker
2 Pck.	Sahnesteif

Zubereitungszeit: 70 Minuten, ohne Kühlzeit
Backzeit: etwa 50 Minuten

1. Den Backofen vorheizen.
Ober-/Unterhitze: etwa 180 °C
Heißluft: etwa 160 °C

2. Für den Teig die Orange heiß abwaschen und die Schale fein abreiben. Orange halbieren, den Saft auspressen und zum Beträufeln beiseitestellen. Butter in einer Rührschüssel mit einem Mixer (Rührstäbe) auf höchster Stufe geschmeidig rühren. Nach und nach Puderzucker und Orangenschale unterrühren. So lange rühren, bis eine gebundene Masse entstanden ist.

3. Die Eier nach und nach unterrühren (jedes Ei etwa ¹/₂ Minute). Das Mehl mit Backpulver mischen und in 2 Portionen abwechselnd mit der Sahne auf mittlerer Stufe kurz unterrühren. Den Teig in eine Springform (Ø 28 cm, Boden gefettet, mit Backpapier belegt) geben und glatt streichen. Die Form auf dem Rost in den vorgeheizten Backofen schieben. Den Tortenboden **etwa 50 Minuten backen.**

4. Die Form auf einen Kuchenrost stellen. Den Boden in der Form abkühlen lassen. Den Boden aus der Form lösen und auf eine Platte stürzen. Den Boden zweimal waagerecht durchschneiden. Den unteren Boden auf eine Tortenplatte legen. Einen Tortenring darumstellen.

5. Für die Creme Gelatine nach Packungsanleitung einweichen. Die Brombeeren verlesen, abspülen, abtropfen lassen, auf Küchenpapier legen und trocken tupfen.

6. Die saure Sahne mit Zucker und Vanillin-Zucker in einer Rührschüssel verrühren. Eingeweichte Gelatine leicht ausdrücken und in einem kleinen Topf bei schwacher Hitze unter Rühren auflösen. Die aufgelöste Gelatine zunächst mit etwa 4 Esslöffeln der sauren Sahne verrühren, dann unter die restliche saure Sahne rühren. Die Masse in den Kühlschrank stellen.

7. Die Sahne steif schlagen. Sobald die Saure-Sahne-Masse anfängt dicklich zu werden, die steif geschlagene Sahne portionsweise unterheben. Etwa 6 Esslöffel der Creme auf den unteren Tortenboden streichen. Den mittleren Boden darauflegen, mit der Hälfte des beiseitegestellten Orangensaftes beträufeln. Die Hälfte der restlichen Creme daraufgeben und glatt streichen. Brombeeren darauf verteilen und etwas in die Creme drücken. Den oberen Boden darauflegen, mit restlichem Orangensaft beträufeln und restlicher Creme bestreichen. Die Torte zugedeckt mindestens 6 Stunden in den Kühlschrank stellen. Dann den Tortenring lösen und entfernen.

8. Für den Belag Brombeeren verlesen, abspülen, abtropfen lassen, auf Küchenpapier legen und trocken tupfen. Brombeeren auf der Tortenoberfläche verteilen, dabei den äußeren Rand frei lassen. Aus Johannisbeernektar, Zucker und Tortengusspulver einen Guss nach Packungsanleitung zubereiten. Den Guss auf den Brombeeren verteilen. Guss fest werden lassen.

9. Zum Verzieren Sahne mit Zucker und Sahnesteif steif schlagen. Die Sahne in einen großen Spritzbeutel mit Lochtülle (Ø 12 mm) füllen. Große und kleine Tupfen an den Tortenrand und an den oberen frei gelassenen Tortenrand spritzen (dabei am unteren Tortenrand beginnen). Die Sahnetupfen dabei gut an den Tortenrand spritzen (sie können sich sonst lösen und herunterrutschen).

Cassis-Cheesecake-Tarte I

Einfach – raffiniert

16 Stücke

Pro Stück: E: 6 g, F: 9 g, Kh: 27 g,
kJ: 876, kcal: 209, BE: 2,0

Für den Knetteig:

1 Ei (Größe M)
200 g Weizenmehl
70 g Zucker
1 Prise Salz
120 g Butter oder Margarine

Für die Füllung:

160 g schwarze Johannisbeeren
(frisch oder TK)
2 Eier (Größe M)
100 g Zucker
300 g Joghurt (3,8 % Fett)
250 g Magerquark (1,5 % Fett)

Zum Bestreuen:

3 EL kernige Haferflocken
2 EL brauner Zucker

Zubereitungszeit: 45 Minuten, ohne Kühlzeit
Backzeit: etwa 45 Minuten

1. Für den Teig das Ei mit einer Gabel verschlagen und die Hälfte davon beiseitestellen. Mehl in eine Rührschüssel geben. Restliches Ei, Zucker, Salz und Butter oder Margarine hinzufügen. Die Zutaten mit einem Mixer (Knethaken) zunächst kurz auf niedrigster, dann auf höchster Stufe gut durcharbeiten.

2. Anschließend auf einer leicht bemehlten Arbeitsfläche kurz zu einem Teig verkneten. Den Teig in Frischhaltefolie gewickelt etwa 60 Minuten in den Kühlschrank legen.

3. Den Backofen vorheizen.
Ober-/Unterhitze: etwa 180 °C
Heißluft: etwa 160 °C

4. Den Knetteig auf der leicht bemehlten Arbeitsfläche 3–4 mm dick ausrollen und eine runde Platte (Ø etwa 34 cm) ausschneiden. Die Teigplatte in eine Tarteform oder ein rundes Pizzablech (Ø 28 cm, gefettet, bemehlt) legen. Den restlichen Teig nochmals ausrollen und mehrere verschieden große Platten (Ø 2–7 cm) ausstechen.

5. Für die Füllung frische Johannisbeeren abspülen, trocken tupfen und die Beeren von den Rispen streifen. Eier, Zucker, Joghurt und Quark in einer Rührschüssel mit dem Mixer (Rührstäbe) auf mittlerer Stufe glatt rühren.

6. Die frischen oder die gefrorenen Johannisbeeren unter die Quark-Joghurt-Masse rühren, auf den Knetteig in die Form (Pizzablech) geben und glatt streichen.

7. Die Tarte mit Haferflocken und braunem Zucker bestreuen. Die ausgestochenen Teigplatten darauf verteilen und vorsichtig mit dem beiseitegestellten Ei bestreichen. Die Form auf dem Rost in den vorgeheizten Backofen schieben. Den Cheesecake **etwa 45 Minuten backen.**

8. Den Cheesecake in der Form vollständig erkalten lassen. Anschließend den Cheesecake mit einem Messer vom Formrand lösen und auf einen Kuchenrost stürzen. Die Tarteform oder das Pizzablech abnehmen und den Cheesecake vorsichtig zurück auf eine Tortenplatte stürzen.

Cassis-Torte I
Mit Alkohol
14 Stücke

Pro Stück: E: 5 g, F: 7 g, Kh: 29 g,
kJ: 905, kcal: 216, BE: 2,5

Für den Biskuitteig

4	Eier (Größe M)
2 EL	heißes Wasser
120 g	Zucker
1 Prise	Salz
100 g	Weizenmehl
1 gestr. TL	Dr. Oetker Backin
1 Pck.	Gala Schokoladen-Pudding-Pulver

Für den Belag:

je 200 g	rote und schwarze Johannisbeeren
4 Blatt	weiße Gelatine
3 TL	Speisestärke
150 ml	schwarzer Johannisbeernektar
2 EL	Zucker

1 Pck.	Rotweincreme
250 g	Schlagsahne (mind. 30 % Fett)
1 Beutel	Gelatine fix (15 g)

Zubereitungszeit: 40 Minuten, ohne Kühlzeit
Backzeit: etwa 30 Minuten

1. Den Backofen vorheizen.
Ober-/Unterhitze: etwa 180 °C
Heißluft: etwa 160 °C

2. Für den Teig die Eier und Wasser mit einem Mixer (Rührstäbe) auf höchster Stufe in 1 Minute schaumig schlagen. Zucker mit Salz in 1 Minute einstreuen, dann noch etwa 2 Minuten schlagen.

3. Mehl mit Backpulver und Pudding-Pulver mischen, auf die Eiercreme geben und kurz auf niedrigster Stufe unterrühren. Den Biskuitteig in eine Springform (Ø 26 cm, Boden gefettet, mit Backpapier belegt) geben und glatt streichen.

4. Die Form auf dem Rost in den vorgeheizten Backofen schieben. Den Biskuitboden **etwa 30 Minuten backen.**

5. Die Form auf einen Kuchenrost stellen. Den Springformrand lösen und entfernen. Biskuitboden auf dem Springformboden auf dem Kuchenrost erkalten lassen.

6. Backpapier entfernen und den Biskuitboden auf eine Tortenplatte legen. Einen Tortenring oder den gesäuberten Springformrand darumstellen.

7. Für den Belag Johannisbeeren kurz abspülen und abtropfen lassen. Die Beeren von den Rispen streifen und in eine Schüssel geben.

8. Die Gelatine nach Packungsanleitung einweichen. Speisestärke mit 2 Esslöffeln von dem Nektar glatt rühren. Restlichen Nektar mit Zucker in einem Topf zum Kochen bringen.

9. Die angerührte Speisestärke in den von der Kochstelle genommenen Saft rühren, dann unter Rühren nochmals zum Kochen bringen. Den Topf von der Kochstelle nehmen.

10. Gelatine leicht ausdrücken und in dem heißen Nektar unter Rühren auflösen. Die Mischung zu den Johannisbeeren geben und gut durchrühren. Johannisbeergrütze abkühlen lassen.

11. Rotweincreme nach Packungsanleitung mit Rotwein (in der Packung enthalten) und Wasser zubereiten. Sahne und Gelatine fix mit dem Mixer (Rührstäbe) steif schlagen.

12. Die Sahne unter die Rotweinmasse heben. Die Rotweincreme auf den Tortenboden geben und glatt streichen.

13. Die Johannisbeergrütze daraufgeben und leicht unter die Rotweincreme ziehen. Die Torte zugedeckt mindestens 60 Minuten in den Kühlschrank stellen.

Tipp: Sie können die frischen Johannisbeeren durch die gleiche Menge TK-Beeren-Mix ersetzen. Dann die gefrorenen Früchte unter den heißen Saft mischen.

Cheesecake Ananas-Ingwer I

Exotisch

12 Stücke

Pro Stück: E: 11 g, F: 23 g, Kh: 39 g,
kJ: 1710, kcal: 409, BE: 3,0

Für den Knetteig:

220 g	Weizenmehl
150 g	Butter oder Margarine
80 g	brauner Zucker
1 Prise	Salz

340 g abgetropfte Ananasscheiben
(aus der Dose)

Für die Füllung:

20 g	frischer Ingwer
200 ml	Ananassaft (aus der Dose)
2 gestr. TL	Speisestärke
3	Eier (Größe M)
100 g	Zucker
300 g	Magerquark
400 g	Doppelrahm-Frischkäse

Zubereitungszeit: 50 Minuten, ohne Kühlzeit
Backzeit: etwa 50 Minuten

1. Für den Teig Mehl in eine Rührschüssel geben. Restliche Zutaten hinzufügen und mit einem Mixer (Knethaken) zunächst kurz auf niedrigster, dann auf höchster Stufe gut durcharbeiten. Anschließend auf einer leicht bemehlten Arbeitsfläche kurz zu einem Teig verkneten. Den Teig in Frischhaltefolie gewickelt etwa 60 Minuten in den Kühlschrank legen.

2. Den Backofen vorheizen.
Ober-/Unterhitze: etwa 190 °C
Heißluft: etwa 170 °C

3. Drei Viertel des Teiges auf dem Boden einer Springform (Ø 26 cm, gefettet) ausrollen. Den Springformrand darumstellen.

4. Die Form auf dem Rost in den vorgeheizten Backofen schieben. Den Boden **etwa 10 Minuten zartbraun vorbacken.**

5. Die Form auf einen Kuchenrost stellen. Den Boden etwas abkühlen lassen. Inzwischen von den Ananasscheiben den Saft auffangen und beiseitestellen.

6. Den Rest des Teiges zu einer Rolle formen, auf den vorgebackenen Boden legen und so an die Form drücken, dass ein etwa 4 cm hoher Rand entsteht. 7 Ananasscheiben auf dem Teigboden verteilen.

7. Für die Füllung den Ingwer schälen und fein reiben. Von dem beiseitegestellten Ananassaft 200 ml abmessen. Davon 2 Esslöffel mit der Speisestärke glatt rühren. Restlichen Ananassaft mit dem Ingwer zum Kochen bringen.

8. Die angerührte Speisestärke in den von der Kochstelle genommenen Topf geben, unter Rühren nochmals kurz aufkochen lassen und von der Kochstelle nehmen. 6 Esslöffel von dem Ingwer-Ananas-Saft zum Garnieren beiseitestellen.

9. Eier und Zucker mit dem Mixer (Rührstäbe) auf mittlerer Stufe schaumig schlagen. Den Quark hinzugeben und kurz unterrühren.

10. Frischkäse mit dem lauwarmen Ingwer-Ananas-Saft glatt rühren und mit einem Schneebesen unter die Quarkmasse ziehen.

11. Die Frischkäse-Quark-Masse in die Springform füllen und glatt streichen. Die Form wieder in den heißen Backofen schieben und den Cheesecake **bei gleicher Backofentemperatur in etwa 40 Minuten fertig backen.**

12. Die Form auf einen Kuchenrost stellen und den Cheesecake in der Form vollständig auskühlen lassen. Anschließend vorsichtig aus der Form lösen und mindestens 4 Stunden in den Kühlschrank stellen.

13. Die restlichen Ananasscheiben in Stücke schneiden. Den Cheesecake mit den Ananasstücken und dem beiseitegestellten Ingwer-Ananas-Saft garnieren.

Tipp: Den Cheesecake nach Belieben mit einigen abgespülten, trocken getupften Minzeblättchen garnieren.

Cherry-Cheesecake I

Für Gäste
12 Stücke

Pro Stück: E: 7 g, F: 32 g, Kh: 35 g,
kJ: 1911, kcal: 458, BE: 3,0

Für den Boden:
> 150 g Vollkorn-Butterkekse
> 25 g Zucker
> 1 Prise gem. Zimt
> 100 g Butter oder Margarine

Für die Creme:
> 200 g Doppelrahm-Frischkäse
> 150 g Zucker
> 500 g Mascarpone (ital. Frischkäse)
> 5 Eier (Größe M)
> 1 Pck. Dr. Oetker Bourbon-
> Vanille-Zucker

Für den Belag:
> 370 g abgetropfte Sauerkirschen
> (aus dem Glas)
> 250 ml Sauerkirschsaft (aus dem Glas)
> 1 Pck. ungezuckerter Tortenguss, klar

Zubereitungszeit: 30 Minuten, ohne Abkühlzeit
Backzeit: etwa 45 Minuten

1. Den Backofen vorheizen.
Ober-/Unterhitze: etwa 180 °C
Heißluft: etwa 160 °C

2. Für den Boden Kekse in einen Gefrierbeutel geben. Den Beutel fest verschließen. Kekse mit einer Teigrolle grob zerbröseln. Keksbrösel in eine Rührschüssel geben, mit Zucker und Zimt mischen. Butter oder Margarine in einem kleinen Topf zerlassen, zu den Bröseln in die Rührschüssel geben und gut verrühren.

3. Die Bröselmasse in einer Springform (Ø 26 cm, Boden gefettet, mit Backpapier belegt) verteilen und mit einem Löffel gut zu einem Boden andrücken.

4. Für die Creme Frischkäse mit Zucker, Mascarpone, Eiern und Vanille-Zucker in eine Rührschüssel geben. Die Zutaten mit einem Mixer (Rührstäbe) zu einer glatten Masse verrühren. Die Masse vorsichtig auf den Bröselboden in die Form geben (oder die Masse vorsichtig über einen Esslöffel auf den Bröselboden laufen lassen).

5. Die Form auf dem Rost in den vorgeheizten Backofen schieben. Den Kuchen **etwa 45 Minuten backen.**

6. Den Backofen ausschalten. Den Cheesecake im Backofen abkühlen lassen. Anschließend die Form auf einen Kuchenrost stellen.

7. Für den Belag von den Sauerkirschen den Saft auffangen und 250 ml davon abmessen. Sauerkirschen auf dem Cheesecake verteilen. Aus Sauerkirschsaft und Tortengusspulver nach Packungsanleitung (aber ohne Zucker) einen Guss zubereiten.

8. Den Guss auf den Sauerkirschen verteilen. Cheesecake erkalten lassen, aus der Form lösen und auf eine Tortenplatte setzen.

Cottage-Mango-Cheesecake I

Fruchtiger Genuss

16 Stücke

Pro Stück: E: 8 g, F: 20 g, Kh: 20 g,
kJ: 1223, kcal: 293, BE: 1,5

Für den Boden:

    60 g Cashewkerne
    200 g kernige Haferflockenkekse
    120 g Butter oder Margarine

Für die Füllung:

    1 reife Mango (etwa 350 g)
    400 g ungesüßte Kokosmilch
    1 Pck. Dr. Oetker Pudding-Pulver
        Vanille-Geschmack
    120 g Zucker
    6 EL Milch (3,5 % Fett)
    500 g Hüttenkäse (körniger Frischkäse)
    4 Eier (Größe M)

Zum Bestreuen:

    3 EL Kokosraspel

Zubereitungszeit: 45 Minuten, ohne Kühlzeit
Backzeit: etwa 55 Minuten

1. Für den Boden Cashewkerne fein hacken. Hafer-flockenkekse in einen Gefrierbeutel geben. Den Beu-tel fest verschließen. Die Kekse mit einer Teigrolle fein zerbröseln und mit den Cashewkernen in eine Rührschüssel geben. Butter oder Margarine zerlassen, zu den Bröseln geben und gut verrühren.

2. Die Bröselmasse in eine Springform (Ø 26 cm, ge-fettet, mit Backpapier belegt) geben und mit einem Löffel fest zu einem Boden andrücken. Den Boden mindestens 10 Minuten in den Kühlschrank stellen.

3. Den Backofen vorheizen.
Ober-/Unterhitze: etwa 180 °C
Heißluft: etwa 160 °C

4. Für die Füllung Mango halbieren und den Stein herauslösen. Mangohälften schälen. Eine Mangohälfte in Frischhaltefolie wickeln und zum Garnieren in den

Kühlschrank legen. Restliche Mangohälfte in etwa 1 cm große Würfel schneiden.

5. Kokosmilch in einem Topf zum Kochen bringen. Pudding-Pulver mit Zucker und Milch glatt rühren und unter ständigem Rühren in die kochende Kokosmilch geben. Den Pudding unter Rühren kurz aufkochen lassen. Den Topf von der Kochstelle nehmen.

6. Hüttenkäse und Eier in einer Rührschüssel mit einem Schneebesen verrühren. Mangowürfel unter den heißen Kokospudding rühren und mit einem Schneebesen unter die Hüttenkäsemasse heben. Die Cheesecake-Masse auf dem Bröselboden in der Springform verteilen und glatt streichen.

7. Die Form auf dem Rost in den vorgeheizten Back-ofen (unteres Drittel) schieben. Den Cheesecake **etwa 55 Minuten backen.** Sollte der Cheesecake zu dun-kel werden, ihn mit Alufolie abdecken.

8. Die Form auf einen Kuchenrost stellen und den Cheesecake in der Form vollständig erkalten lassen. Anschließend vorsichtig aus der Form lösen und auf eine Tortenplatte setzen. Cheesecake zugedeckt etwa 3 Stunden in den Kühlschrank stellen.

9. Vor dem Servieren den Cheesecake-Rand mit Ko-kosraspeln bestreuen. Die kalt gelegte Mangohälfte in dünne Spalten schneiden. Den Cheesecake damit garnieren.

Eierlikör-Kirsch-Schnitten I

Mit Alkohol – für Gäste
20 Stücke

Pro Stück: E: 6 g, F: 24 g, Kh: 49 g,
kJ: 1882, kcal: 451, BE: 4,0

Für die Eiweißmasse:
> 8 Eiweiß (Größe M)
> 75 g Zucker

Für den Rührteig:
> 200 g Butter oder Margarine
> (zimmerwarm)
> 200 g Zucker
> 2 Pck. Dr. Oetker Vanillin-Zucker
> 8 Eigelb (Größe M)
> 250 g Weizenmehl
> 1 gestr. TL Dr. Oetker Backin

> 100 g gehobelte Haselnusskerne
> 75 g Zucker
> 1 TL gem. Zimt

Für die Füllung:
> 700 g abgetropfte Sauerkirschen
> (aus dem Glas)
> 400 ml Sauerkirschsaft
> (aus dem Glas)
> 100 ml Wasser
> 2 Pck. ungezuckerter Tortenguss, rot
> 4 EL Zucker
> 2 Pck. Paradiescreme Vanille-
> Geschmack (Dessertpulver)
> 600 g Crème fraîche
> 150 ml Eierlikör

Zubereitungszeit: 70 Minuten, ohne Kühlzeit
Backzeit: etwa 17 Minuten je Backblech

1. Für die Eiweißmasse das Eiweiß mit einem Mixer (Rührstäbe) auf höchster Stufe steif schlagen. Der Schnee muss so fest sein, dass ein Messerschnitt sichtbar bleibt.

2. Nach und nach Zucker unterschlagen und so lange schlagen, bis der Eischnee stark glänzt.

3. Den Backofen vorheizen.
Ober-/Unterhitze: etwa 180 °C
Heißluft: etwa 160 °C

4. Für den Teig Butter oder Margarine mit dem Mixer (Rührstäbe) auf höchster Stufe geschmeidig rühren. Nach und nach den Zucker und Vanillin-Zucker unterrühren. So lange rühren, bis eine gebundene Masse entstanden ist. Eigelb nach und nach unterrühren.

5. Mehl mit Backpulver mischen und in 2 Portionen auf mittlerer Stufe kurz unterrühren. Jeweils die Hälfte des Teiges dünn auf ein Backblech (30 x 40 cm, gefettet, mit Backpapier belegt) streichen (am besten mit einer Teigkarte). Jeweils die Hälfte der Eischneemasse daraufgeben, glatt streichen und je die Hälfte der Haselnusskerne darauf verteilen. Den Zucker mit Zimt mischen und jeweils die Hälfte davon auf die Eischneemasse streuen. Die Backbleche nacheinander (bei Heißluft zusammen) in den vorgeheizten Backofen schieben. Die Böden **etwa 17 Minuten je Backblech backen.**

6. Die Gebäckböden mit dem Backpapier von den Backblechen auf je einen Kuchenrost ziehen, mit einem langen Messer die Böden vom mitgebackenen Backpapier lösen, aber darauf erkalten lassen.

7. Für die Füllung von den Sauerkirschen den Saft auffangen und 400 ml davon abmessen. Kirschsaft und Wasser in einen Topf geben. Tortengusspulver mit Zucker mischen, mit dem Saft anrühren und unter Rühren zum Kochen bringen. Den Topf von der Kochstelle nehmen und die Sauerkirschen unterheben.

8. Einen Gebäckboden auf ein Backblech legen, einen Backrahmen darumstellen. Die Sauerkirschmasse darauf verteilen und erkalten lassen.

9. Dessertpulver mit Crème fraîche und Eierlikör nach Packungsanleitung (aber mit den hier angegebenen Zutaten) zubereiten. Die Vanillecreme auf die Sauerkirschen geben und glatt streichen. Den zweiten Gebäckboden darauflegen und vorsichtig andrücken. Den Kuchen zugedeckt mindestens 2 Stunden in den Kühlschrank stellen. Den Backrahmen lösen und entfernen.

Erdbeerkuchen mit Minzepesto I

Aromatisch – etwas Besonderes

12 Stücke

Pro Stück: E: 8 g, F: 18 g, Kh: 46 g,
kJ: 1606, kcal: 383, BE: 4,0

Für den Knetteig:
>   200 g Weizenmehl
>   100 g Butter oder Margarine
>   80 g Puderzucker
>   1   Eiweiß (Größe M)

Für den Belag:
>   150 g Speisequark (20 % Fett)
>   25 g Zucker
>   1 Pck. Dr. Oetker Vanillin-Zucker
>   1   Eigelb (Größe M)
>   1 gestr. TL Speisestärke

Für das Minzepesto:
>   30 g gehackte Mandeln
>   50 g flüssiger Honig
>   2 EL Traubenkernöl
>   1 EL Limettensaft
>   2 geh. EL grob gehackte
>   Pfefferminzeblättchen

>   1 kg Erdbeeren

Für den Guss:
>   50 ml Limettensaft
>   400 ml klarer Apfel- oder
>   weißer Traubensaft
>   50 g Zucker
>   2 Pck. ungezuckerter Tortenguss, klar

Zum Verzieren:
>   200 g Schlagsahne
>   (mind. 30 % Fett)
>   1 Pck. Sahnesteif
>   25 g Zucker
>   1 Pck. Dr. Oetker Vanillin-Zucker
>   250 g Speisequark (20 % Fett)

Zubereitungszeit: 45 Minuten, ohne Kühlzeit
Backzeit: 15–20 Minuten

1. Für den Teig Mehl in eine Rührschüssel geben. Restliche Zutaten hinzufügen und mit einem Mixer (Knethaken) zunächst kurz auf niedrigster, dann auf höchster Stufe gut durcharbeiten. Anschließend auf einer leicht bemehlten Arbeitsfläche kurz zu einem glatten Teig verkneten. Den Teig in Frischhaltefolie gewickelt etwa 30 Minuten in den Kühlschrank legen.

2. Den Backofen vorheizen.
Ober-/Unterhitze: etwa 180 °C
Heißluft: etwa 160 °C

3. Den Teig halbieren. Die Teighälften jeweils auf der bemehlten Arbeitsfläche zu einem Rechteck (etwa 30 x 14 cm) ausrollen und auf ein Backblech (30 x 40 cm, mit Backpapier belegt) legen. Jeweils die langen Seiten der Teigplatten etwa 1 cm hochdrücken. Böden mehrmals mit einer Gabel einstechen.

4. Für den Belag Quark mit den restlichen Zutaten gut verrühren. Die Teigböden jeweils mit der Hälfte der Quarkmasse bestreichen. Die hochstehenden Teigkanten auf die Quarkmasse legen und mit einem Gabelrücken leicht andrücken. Das Backblech in den vorgeheizten Backofen schieben. Die Gebäckböden **15–20 Minuten backen.**

5. Das Backblech auf einen Kuchenrost stellen. Die Gebäckböden erkalten lassen. Für das Pesto Mandeln, Honig, Traubenkernöl, Limettensaft und Minze in einen hohen Rührbecher geben und mit einem Pürierstab pürieren, sodass ein Pesto entsteht. Jeweils 2 Teelöffel des Pestos auf die Gebäckböden streichen. Die Erdbeeren putzen, abspülen, abtropfen lassen, entstielen und halbieren. Die bestrichenen Gebäckböden mit den Erdbeerhälften belegen.

6. Für den Guss aus den angegebenen Zutaten einen Guss nach Packungsanleitung zubereiten, auf den Erdbeerhälften verteilen. Den Erdbeerkuchen etwa 30 Minuten in den Kühlschrank stellen.

7. Zum Verzieren Sahne mit Sahnesteif, Zucker und Vanillin-Zucker steif schlagen. Den Quark unterrühren. Quark-Sahne-Masse in einen Spritzbeutel mit Sterntülle (Ø 7 mm) füllen. Erdbeerkuchen damit verzieren und mit etwas von dem restlichen Pesto beträufeln.

Erdbeer-Milchreis-Schnitten I

Schmeckt auch Kindern

20 Stücke

Pro Stück: E: 5 g, F: 16 g, Kh: 36 g,
kJ: 1354, kcal: 323, BE: 3,0

Für den Knetteig:

200 g	Weizenmehl
100 g	abgezogene, gem. Mandeln
75 g	Zucker
1 Pck.	Dr. Oetker Vanillin-Zucker
150 g	Butter oder Margarine

Für den Belag:

3 Blatt	weiße Gelatine
2 Pck.	Milchreis nach klassischer Art (Süße Mahlzeit)
800 ml	Milch
750 g	Erdbeeren
2 Pck.	ungezuckerter Tortenguss, rot
4 EL	Zucker
500 ml	Apfelsaft oder Wasser
400 g	Schlagsahne (mind. 30 % Fett)
1 Pck.	Dr. Oetker Vanillin-Zucker
1 TL	Zucker
2 Pck.	Sahnesteif
250 g	Erdbeeren
20 g	Puderzucker
evtl. etwas	Zitronenmelisse

Zubereitungszeit: 50 Minuten, ohne Kühlzeit
Backzeit: etwa 15 Minuten

1. Für den Teig Mehl in eine Rührschüssel geben. Restliche Zutaten hinzufügen und mit einem Mixer (Knethaken) zunächst kurz auf niedrigster, dann auf höchster Stufe gut durcharbeiten.

2. Anschließend auf einer leicht bemehlten Arbeitsfläche zu einem glatten Teig verarbeiten. Den Teig in Frischhaltefolie gewickelt etwa 30 Minuten in den Kühlschrank legen.

3. In der Zwischenzeit den Backofen vorheizen.
Ober-/Unterhitze: etwa 200 °C
Heißluft: etwa 180 °C

4. Den Teig auf einem Backblech (30 x 40 cm, gefettet, mit Backpapier belegt) ausrollen und mehrmals mit einer Gabel einstechen.

5. Das Backblech in den vorgeheizten Backofen schieben und den Knetteigboden **etwa 15 Minuten backen.**

6. Das Backblech auf einen Kuchenrost stellen. Den Knetteigboden erkalten lassen.

7. Für den Belag Gelatine nach Packungsanleitung einweichen. Milchreis nach Packungsanleitung (aber nur mit 800 ml Milch) zubereiten.

8. Die Gelatine leicht ausdrücken und unter Rühren in dem heißen Milchreis auflösen. Reismasse erkalten lassen.

9. Die Erdbeeren putzen, abspülen, gut abtropfen lassen, entstielen, halbieren und anschließend mit der Schnittseite nach unten gleichmäßig auf dem Knetteigboden verteilen.

10. Aus Tortengusspulver, Zucker und Apfelsaft oder Wasser einen Guss nach Packungsanleitung zubereiten. Den Guss auf den Erdbeerhälften verteilen und erkalten lassen.

11. Sahne mit Vanillin-Zucker, Zucker und Sahnesteif steif schlagen, unter die Reismasse heben. Sahne-Milchreis auf die Erdbeerhälften geben und glatt streichen. Den Kuchen zugedeckt etwa 2 Stunden in den Kühlschrank stellen.

12. Erdbeeren putzen, abspülen, gut abtropfen lassen und entstielen. Etwa 100 g der Erdbeeren mit Puderzucker pürieren und in einen kleinen Gefrierbeutel füllen. Eine kleine Ecke abschneiden. Erdbeerpüree auf den Milchreis-Belag sprenkeln.

13. Restliche Erdbeeren halbieren, auf dem Sahne-Milchreis verteilen.

14. Den Kuchen in Stücke schneiden und nach Belieben mit abgespülter und trocken getupfter Zitronenmelisse garnieren.

Erdbeer-Panna-cotta-Schnitten I

Sommergenuss vom Blech

20 Stücke

Pro Stück: E: 4 g, F: 8 g, Kh: 17 g,
kJ: 664, kcal: 159, BE: 1,5

Für den Biskuitteig:

> 100 g Löffelbiskuits
> 4 Eier (Größe M)
> 2 EL heißes Wasser
> 70 g Zucker
> 1 Pck. Dr. Oetker Vanillin-Zucker
> 75 g Weizenmehl
> 1 gestr. TL Dr. Oetker Backin

Für den Belag:

> 700 g Erdbeeren
> 400 g Schlagsahne
> 60 g Puderzucker
> 7 Blatt weiße Gelatine
> 2 EL Zitronensaft

> etwas Puderzucker

Zubereitungszeit: 35 Minuten, ohne Kühlzeit
Backzeit: etwa 15 Minuten

1. Für den Teig Löffelbiskuits in einen Gefrierbeutel geben. Den Beutel fest verschließen. Die Löffelbiskuits mit einer Teigrolle fein zerbröseln.

2. Den Backofen vorheizen.
Ober-/Unterhitze: etwa 180 °C
Heißluft: etwa 160 °C

3. Die Eier und Wasser mit einem Mixer (Rührstäbe) auf höchster Stufe in 1 Minute schaumig schlagen. Zucker mit Vanillin-Zucker mischen, in 1 Minute einstreuen, dann noch etwa 2 Minuten schlagen. Mehl mit Backpulver mischen und kurz auf niedrigster Stufe unterrühren. Die Biskuitbrösel unterheben.

4. Den Teig auf ein Backblech (30 x 40 cm, mit Backpapier belegt) geben und glatt streichen. Das Backblech in den vorgeheizten Backofen schieben. Die Biskuitplatte **etwa 15 Minuten backen.**

5. Die Biskuitplatte vom Backblechrand lösen, auf mit Zucker bestreutes Backpapier stürzen und erkalten lassen. Das mitgebackene Backpapier vorsichtig abziehen.

6. Biskuitplatte senkrecht halbieren, sodass 2 Platten (je etwa 30 x 20 cm) entstehen. Eine Biskuitplatte auf eine Tortenplatte legen. Einen Backrahmen darumstellen.

7. Für den Belag Erdbeeren putzen, abspülen, abtropfen lassen, entstielen und halbieren. 400 g der Erdbeeren mit Sahne und Puderzucker in einem Topf zum Kochen bringen, bei mittlerer Hitze 2–3 Minuten kochen lassen. Restliche Erdbeeren kalt stellen.

8. Gelatine nach Packungsanleitung einweichen. Die Erdbeer-Sahne-Masse pürieren. Gelatine leicht ausdrücken und unter Rühren darin auflösen. Den Zitronensaft unterrühren. Die Püreemasse in den Kühlschrank stellen, erkalten und leicht gelieren lassen. Dabei zwischendurch mehrmals umrühren. Die kalt gestellten Erdbeerhälften mit der Schnittfläche nach unten auf die Biskuitplatte legen.

9. Sobald das Erdbeer-Sahne-Püree anfängt dicklich zu werden, auf den Erdbeerhälften im Backrahmen verteilen und glatt streichen. Die zweite Biskuitplatte darauflegen. Den Kuchen zugedeckt etwa 3 Stunden in den Kühlschrank stellen.

10. Den Backrahmen lösen und entfernen. Den Kuchen mit Puderzucker bestäuben und in Schnitten teilen.

Erdbeer-Pistaziencreme-Torte I

Für Gäste

16 Stücke

Pro Stück: E: 7 g, F: 24 g, Kh: 41 g,
kJ: 1715, kcal: 410, BE: 3,5

Für den Biskuitteig:

5 Eier (Größe M)
100 g Zucker
1 Pck. Dr. Oetker Vanillin-Zucker
100 g Weizenmehl
20 g Speisestärke

Für den Vanillesirup:

80 g Zucker
100 ml Wasser
½ Vanilleschote

Für die Pistaziencreme:

100 g Pistazienkerne
2 Pck. Dr. Oetker Pudding-Pulver
Vanille-Geschmack
200 g Schlagsahne
(mind. 30 % Fett)
50 g Puderzucker
500 ml Milch (3,5 % Fett)
1 Prise Salz
3 Eigelb (Größe M)
50 g Puderzucker
250 g Butter (zimmerwarm)

Für den Belag:

1¼ kg Erdbeeren

Für den Guss:

1 Pck. ungezuckerter Tortenguss,
klar
30 g Zucker
250 ml schwarzer Johannisbeernektar

Zubereitungszeit: 90 Minuten, ohne Kühlzeit
Backzeit: 30–35 Minuten

1. Den Backofen vorheizen.
Ober-/Unterhitze: etwa 180 °C
Heißluft: etwa 160 °C

2. Für den Teig Eier mit einem Mixer (Rührstäbe) auf höchster Stufe in 1 Minute schaumig schlagen. Den Zucker mit Vanillin-Zucker mischen, in 1 Minute einstreuen, dann noch etwa 2 Minuten schlagen.

3. Das Mehl mit Speisestärke mischen und kurz auf niedrigster Stufe unterrühren. Den Teig in eine Springform (Ø 28 cm, mit Backpapier belegt) geben und glatt streichen. Form auf dem Rost in den vorgeheizten Backofen schieben. Biskuitboden **30–35 Minuten backen.**

4. In der Zwischenzeit für den Sirup Zucker und Wasser in einem Topf zum Kochen bringen. Die Vanilleschote längs aufschneiden. Eine Schotenhälfte in die Zuckerlösung geben. Zuckerlösung etwa 10 Minuten bei schwacher Hitze kochen lassen. Den Sirup erkalten lassen. Vanilleschotenhälfte entfernen.

5. Die Form auf einen Kuchenrost stellen und den Biskuitboden erkalten lassen.

6. Den Biskuitboden aus der Form lösen und einmal waagerecht durchschneiden. Den unteren Boden auf eine Tortenplatte legen und mit der Hälfte des Vanillesirups beträufeln. Einen Tortenring darumstellen.

7. Für die Pistaziencreme Pistazienkerne im Blitzhacker sehr fein mahlen. Pudding-Pulver mit Sahne und Puderzucker anrühren. Milch und Salz in einen Topf geben und zum Kochen bringen. Pistazienkerne hinzugeben und unter Rühren einmal aufkochen lassen.

8. Angerührtes Pudding-Pulver in die Milch geben, unter Rühren etwa 1 Minute aufkochen lassen. Den Topf von der Kochstelle nehmen. Die Puddingoberfläche mit Frischhaltefolie belegen. Den Pudding bei Zimmertemperatur erkalten lassen.

9. Eigelb und Zucker in einer Edelstahlschüssel über dem leicht kochenden Wasserbad mit dem Mixer (Rührstäbe) in etwa 8 Minuten dick-schaumig schlagen. Die Schüssel vom Wasserbad nehmen und die Creme unter Rühren etwas abkühlen lassen. Den Eigelbschaum mit dem Pistazienpudding glatt rühren.

10. Die Butter in einer Rührschüssel mit dem Mixer (Rührstäbe) sehr schaumig schlagen. Den Pistazienpudding löffelweise zu dem Butterschaum geben und mit dem Mixer (Rührstäbe) verrühren, bis eine glatte Masse entstanden ist. Etwa 250 g der Pistaziencreme in einen Spritzbeutel mit Sterntülle (Ø 1 cm) füllen und in den Kühlschrank legen.

11. Für den Belag die Erdbeeren putzen, abspülen, gut abtropfen lassen und entstielen. Die Hälfte der Erdbeeren auf den unteren Biskuitboden setzen (sehr große Erdbeeren waagerecht halbieren). Restliche Pistaziencreme auf die Erdbeeren geben und glatt streichen. Den oberen Biskuitboden darauflegen und mit dem restlichen Vanillesirup beträufeln. Die restlichen Erdbeeren auf die Tortenoberfläche setzen, dabei einen 2–3 cm breiten Rand frei lassen.

12. Aus Tortengusspulver, Zucker und Johannisbeernektar einen Guss nach Packungsanleitung zubereiten. Den Guss auf den Erdbeeren verteilen. Guss fest werden lassen.

13. Mit der kalt gestellten Creme aus dem Spritzbeutel Tupfen auf den frei gelassenen Tortenoberflächenrand spritzen.

Erdbeer-Ricotta-Kuchen I

Beliebt – mit Alkohol
25 Stücke

Pro Stück: E: 9 g, F: 17 g, Kh: 37 g,
kJ: 1470, kcal: 352, BE: 3,0

Für den Streuselteig:
>   350 g Weizenmehl
>   200 g kalte Butter oder
>   Margarine
>   100 g Zucker
>   1 Prise Salz
>   1 Eigelb (Größe M)

Für den Biskuitteig:
>   5 Eier (Größe L)
>   140 g Zucker
>   120 g Weizenmehl

Für die Füllung:
>   2 kg Erdbeeren
>   150 ml Amaretto (Mandellikör)
>   2 EL flüssiger Honig
>   1,35 kg Ricotta (ital. Frischkäse)
>   150 g Puderzucker

Zum Bestäuben:
>   2 EL Puderzucker

Zubereitungszeit: 60 Minuten, ohne Kühlzeit
Backzeit: etwa 50 Minuten

1. Den Backofen vorheizen.
Ober-/Unterhitze: etwa 180 °C
Heißluft: etwa 160 °C

2. Für den Streuselteig Mehl in eine Rührschüssel geben. Butter oder Margarine in dünne Scheiben schneiden und mit Zucker, Salz und Eigelb hinzufügen. Die Zutaten mit einem Mixer (Rührstäbe) zunächst kurz auf niedrigster, dann auf höchster Stufe zu feinen Streusel verarbeiten.

3. Die Teigstreusel in einem tiefen Backblech oder einer Fettpfanne (30 x 40 cm, gefettet) verteilen und mit der flachen Hand gut zu einem Boden andrücken.

Das Backblech oder die Fettpfanne in den vorgeheizten Backofen schieben und den Streuselboden **etwa 15 Minuten goldbraun vorbacken.**

4. Für den Biskuitteig in der Zwischenzeit Eier mit dem Mixer (Rührstäbe) auf höchster Stufe 1 Minute schaumig schlagen. Zucker in 1 Minute einstreuen, dann noch etwa 2 Minuten schlagen. Mehl kurz auf niedrigster Stufe unterrühren.

5. Das Backblech auf einen Kuchenrost stellen. Den Biskuitteig auf den heißen Streuselboden geben und glatt streichen. Das Backblech oder die Fettpfanne wieder in den heißen Backofen schieben. Den Gebäckboden **in etwa 35 Minuten fertig backen.**

6. Das Backblech oder die Fettpfanne auf einen Kuchenrost stellen. Den Gebäckboden erkalten lassen.

7. Für die Füllung Erdbeeren putzen, abspülen, abtropfen lassen und entstielen. 500 g von den Erdbeeren abnehmen und kalt stellen. Restliche Erdbeeren vierteln und in eine Schüssel geben. 2 Esslöffel des Amarettos mit dem Honig verrühren, zu den Erdbeerstücken geben und kurz marinieren.

8. Ricotta in eine Rührschüssel geben, Puderzucker gut unterrühren. Die marinierten Erdbeerstücke unterheben.

9. Einen Backrahmen um den Gebäckboden stellen. Den Biskuitboden mit dem restlichen Amaretto beträufeln. Die Erdbeer-Ricotta-Creme daufgeben und glatt streichen. Den Erdbeer-Riocotta-Kuchen mindestens 3 Stunden (am besten über Nacht) zugedeckt in den Kühlschrank stellen.

10. Die kalt gestellten Erdbeeren halbieren und auf die Erdbeer-Ricotta-Creme legen. Den Backrahmen vorsichtig lösen und entfernen. Die Kuchenränder evtl. glatt streichen. Den Erdbeer-Ricotta-Kuchen in etwa 6 x 7 cm große Stücke schneiden und vor dem Servieren mit Puderzucker bestäuben.

Tipp: Der Kuchen lässt sich gut transportieren, wenn der Gebäckboden auf Alufolie gebacken wird und man die überstehenden Ränder vor dem Servieren einrollt.

Erdbeer-Schokoladen-Schnitten I

Verführerisches Duo

40 Stücke

Pro Stück: E: 4 g, F: 13 g, Kh: 22 g,
kJ: 922, kcal: 220, BE: 2,0

Für den Knetteig:

        125 g Butterkekse mit
               Schokoladenüberzug
               (Vollmilch oder Zartbitter)
        150 g Weizenmehl
        ½ TL   Dr. Oetker Backin
         75 g feiner Zucker
        1 Pck. Dr. Oetker Vanillin-Zucker
        125 g Butter

Für den All-in-Teig:

        200 g Weizenmehl
         15 g gesiebtes Kakaopulver
    3 gestr. TL Dr. Oetker Backin
        125 g Zucker
            4 Eier (Größe M)
       100 ml Speiseöl,
               z. B. Sonnenblumenöl
        100 g Joghurt (3,5 % Fett)

Für den Erdbeer-Sahne-Belag:

        100 g Vollmilch-Joghurt-Schokolade
        500 g Erdbeeren
         50 g Zucker
       7 Blatt weiße Gelatine
        400 g Schlagsahne
               (mind. 30 % Fett)

Für den Schoko-Joghurt-Belag:

       3 Blatt weiße Gelatine
        100 g Edelbitter-Schokolade
               (etwa 70 % Kakaoanteil)
        400 g Joghurt (3,5 % Fett)
         75 g Zucker

Zum Garnieren und Verzieren:

         75 g Zartbitter-Schokolade
               (etwa 50 % Kakaoanteil)
         1 TL Speiseöl, z. B. Sonnenblumenöl
    etwa 100 g kleine Erdbeeren

Zubereitungszeit: 60 Minuten, ohne Kühlzeit
Backzeit: 20–25 Minuten

1. Für den Knetteig Butterkekse in einen Gefrierbeutel geben. Den Beutel fest verschließen und die Kekse mit einer Teigrolle so zerbröseln, dass noch einige gröbere Brösel erkennbar sind.

2. Den Backofen vorheizen.
Ober-/Unterhitze: etwa 180 °C
Heißluft: etwa 160 °C

3. Das Mehl in eine Rührschüssel geben. Restliche Zutaten hinzufügen und mit einem Mixer (Knethaken) zunächst kurz auf niedrigster, dann auf höchster Stufe gut durcharbeiten. Die Keksbrösel zuletzt kurz unterkneten. Anschließend auf einer leicht bemehlten Arbeitsfläche kurz zu einem Teig verkneten.

4. Den Knetteig auf einem Backblech (30 x 40 cm, gefettet) ausrollen und danach einen Backrahmen darumstellen.

5. Für den All-in-Teig Mehl mit Kakaopulver und Backpulver in einer Rührschüssel mischen. Restliche Zutaten hinzufügen und mit dem Mixer (Rührstäbe) zunächst kurz auf niedrigster, dann auf höchster Stufe in etwa 2 Minuten zu einem glatten Teig verarbeiten. Teig auf den Knetteig geben und vorsichtig glatt streichen. Das Backblech in den vorgeheizten Backofen schieben. Gebäckboden **20–25 Minuten backen**.

6. Das Backblech auf einen Kuchenrost stellen. Den Gebäckboden darauf erkalten lassen.

7. Für den Erdbeer-Sahne-Belag die Schokolade mit einem Sparschäler raspeln. Die Erdbeeren abspülen, abtropfen lassen und in kleine Stücke schneiden. Die Erdbeeren mit dem Zucker vorsichtig mischen.

8. Die Gelatine nach Packungsanleitung einweichen. Sahne steif schlagen. Gelatine leicht ausdrücken und in einem kleinen Topf bei schwacher Hitze unter Rühren auflösen. Die Gelatine unter Schlagen zügig in die Sahne laufen lassen. Die Erdbeeren und die geraspelte Schokolade unter die Sahne heben. Erdbeersahne auf den Gebäckboden geben und glatt strei-

chen. Den bestrichenen Boden in den Kühlschrank stellen.

9. Für den Belag Schoko-Joghurt-Belag die Gelatine einweichen. Schokolade in kleine Stücke brechen und in einem Topf im Wasserbad bei schwacher Hitze geschmeidig rühren. Joghurt mit Zucker verrühren. Die Gelatine auflösen, mit etwas von der Joghurtmasse verrühren, dann die Mischung unter die restliche Joghurtmasse rühren. Zuletzt die Schokolade vorsichtig

unterrühren. Schoko-Joghurt-Masse vorsichtig auf der Erdbeersahne verteilen, glatt streichen. Den Kuchen zugedeckt etwa 2 Stunden in den Kühlschrank stellen.

10. Zum Garnieren und Verzieren Gebäck in Stücke (etwa 5 x 6 cm) einteilen. Schokolade in Stücke brechen, mit dem Öl wie unter Punkt 9 beschrieben auflösen. Einen kleinen Klecks auf jedes Quadrat geben und jeweils mit 1 abgespülten, trocken getupften Erdbeere belegen.

Erdbeertorte mit Joghurtsahne I

Leichter Sommergenuss

16 Stücke

Pro Stück: E: 3 g, F: 10 g, Kh: 23 g,
kJ: 833, kcal: 199, BE: 2,0

Zum Vorbereiten:

    25 g gehobelte Mandeln

Für den Knetteig:

    150 g Weizenmehl
  ½ gestr. TL Dr. Oetker Backin
    65 g Zucker
  1 Pck. Dr. Oetker Vanillin-Zucker
    1 Ei (Größe M)
    65 g Butter oder Margarine

  1 gestr. EL Weizenmehl

Für den Belag:

    750 g kleine Erdbeeren
    etwas Zucker

  1 Pck. Sahnesteif

Für den Guss:

  1 Pck. ungezuckerter Tortenguss,
      klar oder rot
    20 g Zucker
  250 ml Erdbeersaft (von den Erdbeeren,
      mit Wasser aufgefüllt)

Für die Joghurtsahne:

    250 g Schlagsahne (mind. 30 % Fett)
  2 Pck. Sahnesteif
    50 g Zucker
    150 g Joghurt (1,5 % Fett)
  2–3 EL Zitronensaft

Zubereitungszeit: 45 Minuten,
ohne Abkühl- und Ziehzeit
Backzeit: 15–20 Minuten

1. Zum Vorbereiten die Mandeln in einer Pfanne ohne Fett unter Wenden goldbraun rösten und auf einen Teller geben.

2. Den Backofen vorheizen.
Ober-/Unterhitze: etwa 200 °C
Heißluft: etwa 180 °C

3. Für den Teig Mehl mit Backpulver in einer Rührschüssel mischen. Restliche Zutaten hinzufügen und mit einem Mixer (Knethaken) zunächst kurz auf niedrigster und dann auf höchster Stufe gut durcharbeiten. Auf einer leicht bemehlten Arbeitsfläche kurz zu einem Teig verkneten. Sollte er kleben, ihn in Frischhaltefolie gewickelt eine Zeit lang in den Kühlschrank legen.

4. Zwei Drittel des Teiges auf dem Boden einer Springform (Ø 26 cm, gefettet) ausrollen, den Springformrand darumstellen. Unter den restlichen Teig 1 Esslöffel Mehl kneten. Den Teig zu einer langen Rolle formen, auf den Boden legen und so an die Form drücken, dass ein etwa 2 cm hoher Rand entsteht. Den Teigboden mehrmals mit einer Gabel einstechen. Die Form auf dem Rost in den vorgeheizten Backofen schieben. Knetteigboden **15–20 Minuten backen.**

5. Die Form auf einen Kuchenrost stellen. Springformrand vorsichtig lösen und entfernen. Den Knetteigboden vom Springformboden lösen, aber darauf erkalten lassen. Für den Belag inzwischen Erdbeeren putzen, abspülen, abtropfen lassen, entstielen und mit Zucker bestreuen. Die Erdbeeren zum Saftziehen etwas stehen lassen. Erdbeeren zum Abtropfen in ein Sieb geben, den Saft dabei auffangen und mit Wasser auf 250 ml ergänzen.

6. Den Tortenboden auf einen Tortenplatte stellen. Einen Tortenring oder den gesäuberten Springformrand darumstellen. Den Tortenboden mit Sahnesteif bestreuen. Erdbeeren auf dem Boden verteilen. Für den Guss aus Tortengusspulver, Zucker und Saft einen Guss nach Packungsanleitung zubereiten. Den Guss mit einem Esslöffel von der Mitte aus auf den Erdbeeren verteilen. Guss fest werden lassen.

7. Für die Joghurtsahne Sahne mit Sahnesteif und Zucker steif schlagen. Die Sahne unter den Joghurt rühren. Joghurtsahne mit Zitronensaft abschmecken und unregelmäßig auf der Erdbeertorte verstreichen. Die Erdbeertorte mit den vorbereiteten Mandeln bestreuen.

Feigenkuchen I

Erfrischend – für Gäste

20 Stücke

Pro Stück: E: 8 g, F: 17 g, Kh: 29 g,
kJ: 1279, kcal: 306, BE: 2,5

Für den All-in-Teig:

        100 g Weizenmehl
1 gestr. TL Dr. Oetker Backin
        200 g gem. Haselnusskerne
        100 g Zucker
     1 Pck. Dr. Oetker Vanillin-Zucker
          2 Eier (Größe M)
        100 g Nuss-Nougat (zimmerwarm)
        100 g Butter oder Margarine
                (zimmerwarm)

Für den Belag:

      6 Blatt weiße Gelatine
      500 ml Vanillemilch
      1 Pck. Dr. Oetker Pudding-Pulver
                Vanille-Geschmack
        50 g Zucker
        630 g abgetropfte, ganze Feigen
                (aus der Dose)
        500 g Speisequark (20 % Fett)
        200 g Schlagsahne (mind. 30 % Fett)

Für den Guss:

      500 ml Feigensaft
                (aus der Dose)
      2 Pck. ungezuckerter Tortenguss, klar
        1 TL Zucker

Zubereitungszeit: 40 Minuten, ohne Kühlzeit
Backzeit: 10–15 Minuten

1. Den Backofen vorheizen.
Ober-/Unterhitze: etwa 180 °C
Heißluft: etwa 160 °C

2. Für den Teig Mehl mit Backpulver und Haselnusskernen in einer Rührschüssel mischen. Die restlichen
Zutaten hinzufügen und mit einem Mixer (Rührstäbe)
zunächst kurz auf niedrigster, dann auf höchster Stufe
in etwa 2 Minuten zu einem glatten Teig verarbeiten.

3. Einen Backrahmen auf ein Backblech (30 x 40 cm,
mit Backpapier belegt) stellen. Den Teig auf das Backblech geben und glatt streichen. Das Backblech in
den vorgeheizten Backofen schieben. Die Gebäckplatte **10–15 Minuten backen.**

4. Das Backblech auf einen Kuchenrost stellen. Die
Gebäckplatte erkalten lassen.

5. Für den Belag Gelatine nach Packungsanleitung
einweichen. Aus Vanillemilch, Pudding-Pulver und
Zucker einen Pudding nach Packungsanleitung zubereiten. Gelatine leicht ausdrücken und in dem heißen
Pudding unter Rühren auflösen. Den Pudding etwa
15 Minuten unter gelegentlichem Rühren erkalten
lassen.

6. Von den Feigen den Saft auffangen. Feigen der
Länge nach halbieren, nochmals in einem Sieb abtropfen lassen und den restlichen Saft auffangen.

7. Den Quark unter den abgekühlten Pudding rühren. Sahne steif schlagen und ebenfalls unterheben.
Die Creme auf der Gebäckplatte verstreichen. Die
Feigenhälften darauf verteilen. Den Kuchen zugedeckt
etwa 2 Stunden in den Kühlschrank stellen.

8. Für den Guss aus Feigensaft, Tortengusspulver und
Zucker einen Guss nach Packungsanleitung zubereiten. Guss auf dem Kuchen verteilen. Kuchen nochmals etwa 30 Minuten in den Kühlschrank stellen.

9. Den Backrahmen lösen, entfernen. Den Feigen-
kuchen in Stücke schneiden.

Flankuchen mit Äpfeln, Birnen und Pfirsichen | Gut vorzubereiten

30 Stücke

Pro Stück: E: 3 g, F: 13 g, Kh: 23 g, kJ: 921, kcal: 220, BE: 2,0

Für den All-in-Teig:

375 g	Weizenmehl
3 gestr. TL	Dr. Oetker Backin
200 g	Butter (zimmerwarm)
125 g	Zucker
3	Eier (Größe M)

Für den Belag:

3	säuerliche Äpfel, z. B. Boskop, Elstar
3	Birnen
3–4	frische Pfirsiche oder 825 g abgetropfte Pfirsichhälften (aus der Dose)

Für den Flan-Guss:

1 Pck.	Dr. Oetker Pudding-Pulver Vanille-Geschmack
100 ml	Apfelsaft
600 g	Schlagsahne
80 g	Zucker
1 Pck.	Dr. Oetker Finesse Bourbon-Vanille-Aroma
1	Eigelb (Größe M)

Zubereitungszeit: 35 Minuten
Backzeit: etwa 50 Minuten

1. Den Backofen vorheizen.
Ober-/Unterhitze: etwa 180 °C
Heißluft: etwa 160 °C

2. Für den Teig Mehl mit Backpulver in einer Rührschüssel mischen. Restliche Zutaten hinzufügen und mit einem Mixer (Rührstäbe) erst kurz auf niedrigster, dann auf höchster Stufe in etwa 2 Minuten zu einem glatten Teig verarbeiten.

3. Den Teig auf ein Backblech (30 x 40 cm, gefettet) geben, dabei einen etwa 1 cm hohen Rand formen.

4. Für den Belag Äpfel, Birnen und frische Pfirsiche heiß abwaschen und abtrocknen. Äpfel und Birnen nach Belieben schälen, dann vierteln und entkernen. Die Viertel in je 3 Spalten schneiden. Frische Pfirsiche halbieren und den Kern herauslösen. Frische bzw. Dosenpfirsiche vierteln und je in 3 Spalten schneiden. Apfel-, Birnen- und Pfirsichspalten immer im Wechsel, leicht überlappend auf dem Teig verteilen.

5. Für den Guss Pudding-Pulver mit Apfelsaft gut verrühren. Sahne mit Zucker und Aroma in einem Topf unter Rühren zum Kochen bringen. Das angerührte Pudding-Pulver in die von der Kochstelle genommene Sahne rühren und anschließend nochmals kurz aufkochen lassen.

6. Den Topf von der Kochstelle nehmen. Das Eigelb unterrühren. Den Guss sofort gleichmäßig auf den Obstspalten verteilen.

7. Backblech in den vorgeheizten Backofen schieben. Den Flankuchen **etwa 50 Minuten backen.**

8. Das Backblech auf einen Kuchenrost stellen. Den Kuchen erkalten lassen. Flankuchen in Stücke (etwa 8 x 5 cm) schneiden.

Tipp: Der Flankuchen schmeckt am zweiten Tag noch mal so gut.

Florentiner-Waldbeer-Torte I

Ohne zu backen

14 Stücke

Pro Stück: E: 5 g, F: 17 g, Kh: 22 g,
kJ: 1117, kcal: 267, BE: 2,0

Für den Boden:

100 g	Zartbitter-Kuvertüre
2 EL	Speiseöl, z. B. Sonnenblumenöl
250 g	Florentiner (Honig-Mandel-Gebäck)

Für den Belag:

600 g	gemischte Beeren, z. B. Johannisbeeren, Erdbeeren, Himbeeren, Brombeeren, Heidelbeeren

Für die Kefir-Sahne-Creme:

50 g	Pistazienkerne
7 Blatt	weiße Gelatine
300 g	Kefir
60 g	Zucker
300 g	Schlagsahne (mind. 30 % Fett)
2 EL	Puderzucker

Zubereitungszeit: 40 Minuten, ohne Kühlzeit

1. Für den Boden Kuvertüre in grobe Stücke hacken. Zwei Drittel davon mit dem Speiseöl in einem Topf im Wasserbad bei schwacher Hitze unter Rühren schmelzen. Den Topf aus dem Wasserbad nehmen und die restliche Kuvertüre darin unter Rühren schmelzen. Die Florentiner in einen Gefrierbeutel geben und den Beutel fest verschließen. Florentiner mit einer Teigrolle fein zerbröseln und unter die warme Kuvertüre rühren.

2. Die Florentiner-Kuvertüre-Masse in eine Springform (Ø 26 cm, Boden gefettet, mit Backpapier belegt) geben und mit einem Löffel fest zu einem Boden andrücken. Den Tortenboden zugedeckt in den Kühlschrank stellen.

3. Für den Belag die Johannisbeeren und Erdbeeren abspülen und gut abtropfen lassen. Himbeeren, Brom-

beeren und Heidelbeeren verlesen, evtl. kurz abspülen und gut abtropfen lassen. Johannisbeeren von den Rispen streifen, Erdbeeren vierteln, evtl. entstielen.

4. Für die Kefir-Sahne-Creme die Pistazienkerne grob hacken und 2 Esslöffel davon zum Garnieren beiseitelegen.

5. Die Gelatine nach Packungsanleitung einweichen. Den Kefir mit dem Zucker in einer Schüssel glatt rühren. Die Gelatine leicht ausdrücken und in einem kleinen Topf bei schwacher Hitze unter Rühren auflösen. Die aufgelöste Gelatine zunächst mit etwa 4 Esslöffeln von dem Kefir verrühren, dann unter den restlichen Kefir rühren. Pistazien kurz unterrühren. Die Sahne steif schlagen und unterheben.

6. Ein Viertel der Kefir-Sahne-Creme auf den Tortenboden geben, glatt streichen und mit etwa 150 g der vorbereiteten Beeren belegen. Restliche Kefir-Sahne-Creme auf den Beeren verstreichen.

7. Sobald die Kefir-Sahne-Creme anfängt dicklich zu werden, die restlichen Beeren auf der Torte verteilen und mit beiseitegelegten Pistazienkernen bestreuen. Florentiner-Waldbeer-Torte zugedeckt etwa 3 Stunden in den Kühlschrank stellen. Torte vorsichtig aus der Springform lösen, auf eine Tortenplatte setzen und mit Puderzucker bestäuben.

Fruchtige Marmorschnitten I

Schmeckt auch Kindern – einfach
20 Stücke

Pro Stück: E: 5 g, F: 17 g, Kh: 28 g,
kJ: 1188, kcal: 284, BE: 2,5

Zum Vorbereiten:

100 g	Edelbitter-Schokolade (etwa 60 % Kakaoanteil)

Für den Rührteig:

300 g	Butter oder Margarine (zimmerwarm)
200 g	Zucker
1 Pck.	Dr. Oetker Vanillin-Zucker
6	Eier (Größe M)
300 g	Weizenmehl
2 TL	Dr. Oetker Backin
20 g	Kakaopulver
1 EL	Milch

Für den Belag:

250 g	abgetropfte Aprikosenhälften (aus der Dose)
145 g	abgetropfter Fruchtcocktail (aus der Dose)

Für den Guss:

50 g	Edelbitter-Schokolade (etwa 60 % Kakaoanteil)
½ TL	Speiseöl, z. B. Sonnenblumenöl

Zubereitungszeit: 45 Minuten, ohne Abkühlzeit
Backzeit: etwa 30 Minuten

1. Zum Vorbereiten Schokolade in kleine Würfel hacken.

2. Den Backofen vorheizen.
Ober-/Unterhitze: etwa 180 °C
Heißluft: etwa 160 °C

3. Für den Teig Butter oder Margarine mit einem Mixer (Rührstäbe) auf höchster Stufe geschmeidig rühren. Nach und nach Zucker und Vanillin-Zucker

unterrühren. So lange rühren, bis eine gebundene Masse entstanden ist.

4. Die Eier nach und nach unterrühren (jedes Ei etwa ½ Minute). Das Mehl mit Backpulver mischen und in 2 Portionen auf mittlerer Stufe kurz unterrühren. Zwei Drittel des Teiges auf ein Backblech (30 x 40 cm, gefettet) geben und glatt streichen.

5. Für den Belag Aprikosenhälften in Spalten schneiden. Aprikosenspalten und Fruchtcocktail auf dem Teig verteilen. Schokoladenwürfel, Kakao und Milch unter den restlichen Teig rühren. Den dunklen Teig mit 2 Teelöffeln in Häufchen auf den Früchten verteilen. Das Backblech in den vorgeheizten Backofen schieben. Den Marmorkuchen **etwa 30 Minuten backen.**

6. Das Backblech auf einen Kuchenrost stellen. Den Kuchen erkalten lassen.

7. Für den Guss die Schokolade in kleine Stücke brechen. Zwei Drittel davon mit dem Speiseöl in einem Topf im Wasserbad bei schwacher Hitze unter Rühren schmelzen. Den Topf aus dem Wasserbad nehmen und die restliche Schokolade darin unter Rühren schmelzen. Schokolade in einen kleinen Gefrierbeutel füllen, den Beutel verschließen und eine kleine Ecke abschneiden. Den Kuchen mit der Schokolade verzieren. Schokolade fest werden lassen.

Fruchtiger Ananaskuchen I

Schmeckt auch Kindern

15 Stücke

Pro Stück: E: 5 g, F: 17 g, Kh: 35 g,
kJ: 1313, kcal: 314, BE: 3,0

Zum Vorbereiten:
200 g frisches Ananasfruchtfleisch

Für den Rührteig:
200 g Butter oder Margarine
(zimmerwarm)
150 g Zucker
3 Eier (Größe M)
4 Tropfen Zitronen-Aroma
250 g Weizenmehl
75 g Speisestärke
100 g abgezogene, gem. Mandeln
4 gestr. TL Dr. Oetker Backin

Für die Füllung und den Guss:
400 g gemischte Früchte,
z. B. Aprikosen, Mirabellen,
Renekloden, Pfirsiche
1 Pck. ungezuckerter Tortenguss,
klar
1 EL Zucker
250 ml Apfelsaft

1 EL Kokosraspel

Zubereitungszeit: 35 Minuten, ohne Kühlzeit
Backzeit: 60–70 Minuten

1. Zum Vorbereiten das Ananasfruchtfleisch mit dem Pürierstab mittelfein zerkleinern oder mit einem großen Messer mittelfein hacken.

2. Den Backofen vorheizen.
Ober-/Unterhitze: etwa 180 °C
Heißluft: etwa 160 °C

3. Für den Teig Butter oder Margarine mit einem Mixer (Rührstäbe) auf höchster Stufe geschmeidig rühren. Nach und nach Zucker unterrühren. So lange rühren, bis eine gebundene Masse entstanden ist.

4. Eier nach und nach unterrühren (jedes Ei etwa ½ Minute). Das Ananasfruchtfleisch mit dem Zitronenaroma auf mittlerer Stufe kurz unterrühren.

5. Mehl mit Speisestärke, Mandeln und Backpulver mischen, in 2 Portionen auf mittlerer Stufe kurz unterrühren.

6. Den Teig in eine Kastenform (25 x 11 cm, gefettet, gemehlt) geben und glatt streichen. Die Form auf dem Rost in den vorgeheizten Backofen schieben. Den Kuchen **60–70 Minuten backen.**

7. Die Form auf einen Kuchenrost stellen. Den Kuchen etwa 10 Minuten in der Form stehen lassen, dann aus der Form lösen und auf dem mit Backpapier belegten Kuchenrost vollständig erkalten lassen.

8. Für die Füllung die Früchte abspülen, abtrocknen, halbieren, entkernen und in kleine Stücke schneiden.

9. Aus dem erkalteten Kuchen in der Mitte längs einen Keil herausschneiden. Dafür jeweils links und rechts von der Oberfläche schräg nach unten etwa 4 cm tief in den Kuchen schneiden, dann den Keil herauslösen. Die Hälfte des Kuchenkeils fein zerbröseln.

10. Vorbereitete Früchte in die entstandene Kuchenöffnung geben und etwas andrücken.

11. Für den Guss aus Tortgusspulver, Zucker und Saft einen Guss nach Packungsanleitung zubereiten. Den Guss mit einem Esslöffel von der Mitte aus auf den Früchten verteilen.

12. Den Kuchen zugedeckt etwa 60 Minuten in den Kühlschrank stellen.

13. In der Zwischenzeit Kokosraspel in einer Pfanne ohne Fett unter Wenden goldbraun rösten. Die Kuchenbrösel untermischen und weitere 2–3 Minuten bei mittlerer Hitze unter Wenden rösten. Die Bröselmasse abkühlen lassen.

14. Die Kuchenoberfläche dicht mit der Bröselmasse bestreuen. Den restlichen Kuchenkeil in Scheiben schneiden und dazu servieren.

Gelbe-Grütze-Torte im Waffelkleid I

Knuspergenuss

12 Stücke

Pro Stück: E: 6 g, F: 20 g, Kh: 39 g,
kJ: 1522, kcal: 364, BE: 3,5

Zum Vorbereiten:

200 g Butterwaffeln

Für den Rührteig:

125 g Butter (zimmerwarm)
70 g Puderzucker
3 Eier (Größe M)
120 g Weizenmehl
1 ½ gestr. TL Dr. Oetker Backin
50 ml Milch (3,5 % Fett)

Für den Belag:

1 Pck. Gala Sahne-Pudding-Pulver
30 g Zucker
300 ml Milch (3,5 % Fett)
200 g Schlagsahne

Für die gelbe Grütze:

130 g abgetropfte Tortenpfirsiche
(aus der Dose)
50 ml Pfirsichsaft (aus der Dose)
100 ml Orangensaft
(von 1–1 ½ Orangen)
1 Birne z. B. Williams Christ
(etwa 200 g)
125 g kernlose, grüne Weintrauben
1 kleine Banane (etwa 125 g)
4 Blatt weiße Gelatine

Zubereitungszeit: 45 Minuten, ohne Kühlzeit
Backzeit: etwa 30 Minuten

1. Zum Vorbereiten 90 g Butterwaffeln in Stücke brechen, in einen Blitzhacker geben und zu feinen Bröseln verarbeiten.

2. Von den restlichen Butterwaffeln so viele halbieren oder dritteln, dass insgesamt 12 etwa 4 cm hohe Waffeln entstehen. Diese mit der Schnittseite nach

unten an den Rand einer Springform (Ø 26 cm, Boden gefettet, mit Backpapier belegt) stellen. Die restlichen ganzen Waffeln auf den Springformboden legen (es bleiben größere Freiräume zwischen den Waffeln).

3. Den Backofen vorheizen.
Ober-/Unterhitze: etwa 180 °C
Heißluft: etwa 160 °C

4. Für den Teig Butter mit einem Mixer (Rührstäbe) auf höchster Stufe geschmeidig rühren. Puderzucker nach und nach unterrühren. So lange rühren, bis eine gebundene Masse entstanden ist.

5. Die Eier nach und nach unterrühren (jedes Ei etwa ½ Minute). Mehl mit Backpulver und den Waffelbröseln mischen und abwechselnd mit der Milch in 2 Portionen auf mittlerer Stufe kurz unterrühren.

6. Den Teig vorsichtig nach und nach in die vorbereitete Springform geben und glatt streichen. Die Form auf dem Rost in den vorgeheizten Backofen schieben. Den Tortenboden **etwa 30 Minuten backen.**

7. Die Form auf einen Kuchenrost stellen. Den Tortenboden erkalten lassen.

8. Für den Belag aus Pudding-Pulver, Zucker, Milch und Sahne nach Packungsanleitung (aber mit den hier angegebenen Zutaten und Mengen) einen Pudding zubereiten. Den Pudding sofort nach und nach auf den Tortenboden geben und glatt streichen.

9. Den Kuchen zugedeckt etwa 60 Minuten in den Kühlschrank stellen.

10. Für die gelbe Grütze von den Tortenpfirsichen den Saft auffangen, 50 ml davon abmessen und mit dem Orangensaft in einen Kochtopf geben. Birne schälen, vierteln und entkernen. Die Birnenviertel in etwa 1 cm große Stücke schneiden.

11. Weintrauben abspülen, trocken tupfen, entstielen und halbieren. Banane schälen, in etwa 1 cm dicke Scheiben schneiden. Tortenpfirsiche in etwa 1 cm dicke Stücke schneiden. Gelatine nach Packungsanleitung einweichen.

12. Die Fruchtsaftmischung zum Kochen bringen. Die Birnenstücke, Weintraubenhälften und Bananenscheiben dazugeben. Die Zutaten etwa 2 Minuten bei schwacher Hitze unter vorsichtigem Rühren kochen lassen. Die Pfirsichstücke hinzugeben und kurz miterhitzen. Gelatine leicht ausdrücken, zu den Früchten geben und unter Rühren darin auflösen. Den Topf von der Kochstelle nehmen. Die Grütze in den Kühlschrank stellen, dabei ab und zu vorsichtig umrühren.

13. Sobald die Grütze anfängt dicklich zu werden, sie auf dem Pudding verteilen. Die Torte zugedeckt etwa 60 Minuten in den Kühlschrank stellen und die Grütze fest werden lassen. Die Waffeltorte vorsichtig aus der Form lösen und auf eine Tortenplatte setzen.

Tipp: Bunter wird die Torte, wenn Sie die Weintrauben durch die gleiche Menge Heidelbeeren und die Banane durch 125 g Erdbeeren ersetzen.

Gewürz-Kirsch-Tarte I

Einfach
16 Stücke

Pro Stück: E: 5 g, F: 17 g, Kh: 35 g,
kJ: 1309, kcal: 313, BE: 3,0

Für den Rührteig:

125 g	Butter oder Margarine (zimmerwarm)
110 g	Zucker
1 gestr. TL	gem. Zimt
½ TL	gem. Piment (Nelkenpfeffer)
1 gestr. TL	Dr. Oetker Finesse Geriebene Zitronenschale
2	Eier (Größe M)
170 g	Weizenmehl
2 gestr. TL	Dr. Oetker Backin

Für den Belag:

370 g	abgetropfte Sauerkirschen (aus dem Glas)

Für die Streusel:

170 g	Weizenmehl
1 gestr. TL	Dr. Oetker Backin
40 g	gesiebtes Kakaopulver
110 g	Zucker
3 EL	gehackte Cashewkerne
25 g	gehackte Pistazienkerne
125 g	Butter oder Margarine (zimmerwarm)

Zubereitungszeit: 50 Minuten
Backzeit: etwa 45 Minuten

1. Den Backofen vorheizen.
Ober-/Unterhitze: etwa 180 °C
Heißluft: etwa 160 °C

2. Für den Teig die Butter oder Margarine mit einem Mixer (Rührstäbe) auf höchster Stufe geschmeidig rühren.

3. Nach und nach Zucker, Zimt, Piment und Zitronenschale unterrühren. So lange rühren, bis eine gebundene Masse entstanden ist.

4. Eier nach und nach unterrühren (jedes Ei etwa ½ Minute). Mehl mit Backpulver mischen und auf mittlerer Stufe kurz unterrühren.

5. Den Teig in eine Tarteform (Ø 28 cm, gefettet) geben und glatt streichen. Die Sauerkirschen darauf verteilen.

6. Für die Streusel Mehl mit Backpulver und Kakao in einer Rührschüssel mischen. Zucker, Cashew-, Pistazienkerne und Butter oder Margarine hinzufügen. Die Zutaten mit dem Mixer (Rührstäbe) zu Streuseln von gewünschter Größe verarbeiten. Die Teigstreusel auf den Sauerkirschen verteilen.

7. Die Form auf dem Rost in den vorgeheizten Backofen schieben. Gewürz-Kirsch-Tarte **etwa 45 Minuten backen.**

8. Die Gewürz-Kirsch-Tarte aus der Form lösen und auf einem Kuchenrost erkalten lassen.

Tipps: Die Tarte kann auch in einer Springform (Ø 26 cm) zubereitet werden. Die Gewürz-Kirsch-Tarte mit steif geschlagener Sahne servieren. Sie können die Kirschen durch die gleiche Menge Mirabellen (aus dem Glas, entsteint) ersetzen und für die Streusel statt Cashewkernen gehackte Haselnusskerne und statt Pistazienkernen gehackte Walnüsse nehmen.

Gletscher-Torte I

Für Gäste – etwas aufwendiger

12 Stücke

Pro Stück: E: 6 g, F: 24 g, Kh: 36 g,
kJ: 1600, kcal: 382, BE: 3,0

Für den Rührteig:

> 120 g Butter oder Margarine (zimmerwarm)
> 100 g Puderzucker
> 2 Eier (Größe M)
> 100 g Weizenmehl
> 1 gestr. TL Dr. Oetker Backin
> 100 g abgezogene, gem. Mandeln
> 1–2 EL Milch

Für den Belag:

> 500 g Erdbeeren
> 1 Pck. ungezuckerter Tortenguss, rot
> 40 g Zucker
> 250 ml klarer Apfelsaft

Für die Füllung:

> 3 Blatt weiße Gelatine
> 500 g griechischer Sahnejoghurt (10 % Fett)
> 50 g Puderzucker
> 200 g Schlagsahne (mind. 30 % Fett)
> 1 Pck. Sahnesteif
> 1 Pck. Dr. Oetker Vanillin-Zucker

Für die Heidelbeersauce:

> 125 g Heidelbeeren
> 20 g Puderzucker
> ½ Pck. Sahnesteif

Für die Erdbeersauce:

> 20 g gesiebter Puderzucker
> ½ Pck. Sahnesteif

Zubereitungszeit: 50 Minuten, ohne Kühlzeit
Backzeit: etwa 20 Minuten

1. Den Backofen vorheizen.
Ober-/Unterhitze: etwa 180 °C
Heißluft: etwa 160 °C

2. Für den Teig Butter oder Margarine mit einem Mixer (Rührstäbe) auf höchster Stufe geschmeidig rühren. Nach und nach Puderzucker unterrühren. So lange rühren, bis eine gebundene Masse entstanden ist.

3. Eier nach und nach unterrühren (jedes Ei etwa ½ Minute). Das Mehl mit Backpulver und Mandeln mischen, abwechselnd mit der Milch in 2 Portionen auf mittlerer Stufe kurz unterrühren.

4. Den Teig in eine Springform (Ø 24 cm, Boden gefettet, mit Backpapier belegt) geben und glatt streichen. Die Form auf dem Rost in den vorgeheizten Backofen schieben. Den Gebäckboden **etwa 20 Minuten backen.**

5. Den Gebäckboden aus der Form lösen und auf einem mit Backpapier belegten Kuchenrost erkalten lassen. Das obere Drittel vom Gebäckboden waagerecht abschneiden. Den unteren Boden auf eine Tortenplatte legen.

6. Für den Belag Erdbeeren putzen, abspülen, gut abtropfen lassen und entstielen. 125 g der Erdbeeren abnehmen und für die Erdbeersauce beiseitestellen. Restliche Erdbeeren vierteln. Aus Tortengusspulver, Zucker und Apfelsaft einen Guss nach Packungsanleitung zubereiten. Die Erdbeerviertel vorsichtig unterrühren. Die Erdbeermasse etwa 5 Minuten abkühlen lassen und dann vorsichtig auf dem unteren Gebäckboden verteilen. Dabei einen etwa 1 cm breiten Rand frei lassen. Den Tortenboden etwa 30 Minuten in den Kühlschrank stellen.

7. Für die Füllung Gelatine nach Packungsanleitung einweichen. Gelatine leicht ausdrücken und in einem kleinen Topf bei schwacher Hitze unter Rühren auflösen. Joghurt mit Puderzucker verrühren. Die aufgelöste Gelatine zuerst mit 2–3 Esslöffeln des Joghurts verrühren, dann unter den restlichen Joghurt rühren.

8. Sahne mit Sahnesteif und Vanillin-Zucker steif schlagen. Sahne unter die Joghurtmasse heben. Etwa 5 Esslöffel der Joghurtcreme auf der Erdbeermasse verteilen. Von dem oberen Gebäckboden rundherum einen etwa 1 cm breiten Streifen abschneiden, sodass

der Boden einen Durchmesser von etwa 19 cm bekommt. Den Gebäckboden so auf die Joghurtmasse legen, dass die Schnittfläche oben liegt. Die restliche Joghurtmasse kuppelförmig auf dem kleinen Gebäckboden und der restlichen Torte verstreichen.

9. Mit einem Messer in die Tortenkuppel 10–12 etwa 1 cm tiefe „Spalten" drücken. Die Torte zugedeckt etwa 3 Stunden in den Kühlschrank stellen.

10. Für die Heidelbeersauce Heidelbeeren abspülen, trocken tupfen und pürieren, evtl. durch ein Sieb streichen. Heidelbeerpüree mit Puderzucker und Sahnesteif verrühren.

11. Für die Erdbeersauce beiseitegestellte Erdbeeren pürieren, mit Puderzucker und Sahnesteif verrühren.

12. Abwechselnd einen Teil der beiden Saucen mit einem Teelöffel in die „Spalten" geben. Den abgeschnittenen Gebäckrand fein zerbröseln und an den Tortenrand streuen.

13. Restliche Fruchtsaucen zu der Torte reichen.

Granatapfel-Stricknadelkuchen I

Etwas Besonderes

12 Stücke

Pro Stück: E: 5 g, F: 24 g, Kh: 39 g,
kJ: 1627, kcal: 389, BE: 3,5

Für den Rührteig:

75 g	*Kokosraspel*
200 g	*Butter oder Margarine*
	(zimmerwarm)
150 g	*Zucker*
1 Pck.	*Dr. Oetker Vanillin-Zucker*
1 Prise	*Salz*
4	*Eier (Größe M)*
200 g	*Weizenmehl*
2 gestr. TL	*Dr. Oetker Backin*
165 ml	*Kokosmilch*

2 EL *Kokosraspel*

Zum Tränken:

30 g	*brauner Zucker*
175 ml	*Grenadinesirup*
2 EL	*Zitronensaft*

Für den Belag:

Granatapfelkerne
(von etwa ¹/₂ Granatapfel)

Zubereitungszeit: 35 Minuten, ohne Abkühlzeit
Backzeit: etwa 40 Minuten

1. Den Backofen vorheizen.
Ober-/Unterhitze: etwa 180 °C
Heißluft: etwa 160 °C

2. Für den Teig Kokosraspel in einem Blitzhacker oder Mixer zerkleinern. Butter oder Margarine mit einem Mixer (Rührstäbe) auf höchster Stufe geschmeidig rühren. Nach und nach Zucker, Vanillin-Zucker und Salz unterrühren. So lange rühren, bis eine gebundene Masse entstanden ist.

3. Die Eier nach und nach unterrühren (jedes Ei etwa ¹/₂ Minute). Mehl mit Backpulver und Kokosraspeln mischen, abwechselnd mit der Kokosmilch in 2 Por-tionen auf mittlerer Stufe kurz unterrühren. Den Teig in eine Springform (Ø 26 cm, Boden gefettet, mit Kokosraspeln bestreut) geben und glatt streichen.

4. Die Form auf dem Rost in den vorgeheizten Backofen schieben und den Kuchen **etwa 40 Minuten backen.**

5. Die Form auf einen Kuchenrost stellen. In die Kuchenoberfläche sofort mit einer dicken Stricknadel beliebig viele Löcher einstechen. Den Springformrand lösen, jedoch nicht entfernen. Den Kuchen erkalten lassen.

6. Die Stricknadellöcher nochmals nachstechen. Den Kuchen aus der Form lösen und auf eine Tortenplatte setzen.

7. Zum Tränken Zucker in einem Topf karamellisieren. Sirup und Zitronensaft hinzugeben, zum Kochen bringen und so lange kochen lassen, bis sich der Zucker gelöst hat. Den Kuchen nach und nach mit der heißen Sirupmasse (bis auf 3 Esslöffel) tränken.

8. Für den Belag Granatapfelkerne zu der restlichen Sirupmasse (3 Esslöffel) geben und nochmals kurz erwärmen. Die Masse auf der Kuchenoberfläche verteilen. Den Stricknadelkuchen mehrere Stunden durchziehen lassen.

Tipps: Zu dem Kuchen eine **Kokossahne** reichen. Dafür 200 g Schlagsahne (mind. 30 % Fett) mit je 1 Päckchen Sahnesteif und Vanillin-Zucker steif schlagen. 25 g Kokosraspel fein mahlen und unter die Sahne heben. Ohne die Granatapfelkerne ist der Kuchen gekühlt 2–3 Tage haltbar.

Griechische Sahne-joghurt-Torte mit Feigen und Honig-Walnüssen I

Etwas Besonderes
14 Stücke

Pro Stück: E: 9 g, F: 21 g, Kh: 33 g, kJ: 1506, kcal: 360, BE: 2,5

Für den Biskuitteig:

4	Eier (Größe M)
2 EL	heißes Wasser
120 g	Zucker
1 Prise	Salz
100 g	Weizenmehl
1 gestr. TL	Dr. Oetker Backin
150 g	gem. Walnusskerne

3 EL	Quittengelee
8	frische Feigen

Für die Joghurt-Creme:

8 Blatt	weiße Gelatine
600 g	griechischer Sahnejoghurt (10 % Fett)
2 EL	Zitronensaft
4 EL	flüssiger Honig
200 g	gekühlte Schlagsahne (mind. 30 % Fett)

50 g	grob gehackte Walnuss-kerne
1 TL	Butter
3 EL	flüssiger Honig

Zubereitungszeit: 45 Minuten, ohne Kühlzeit
Backzeit: etwa 35 Minuten

1. Den Backofen vorheizen.
Ober-/Unterhitze: etwa 180 °C
Heißluft: etwa 160 °C

2. Für den Biskuitteig Eier und Wasser mit einem Mixer (Rührstäbe) auf höchster Stufe in 1 Minute schaumig schlagen. Zucker mit Salz in 1 Minute einstreuen, danach noch weitere etwa 2 Minuten schlagen.

3. Mehl mit Backpulver und gemahlenen Walnuss-kernen mischen, die Hälfte davon auf die Eiercreme geben und kurz auf niedrigster Stufe unterrühren. Das restliche Mehlgemisch auf die gleiche Weise unterarbeiten.

4. Den Teig in eine Springform (Ø 26 cm, Boden gefettet, mit Backpapier belegt) geben und glatt streichen. Die Form auf dem Rost in den vorgeheizten Backofen schieben. Den Biskuitboden **etwa 35 Minuten backen.**

5. Die Form auf einen Kuchenrost stellen. Den Biskuitboden etwas abkühlen lassen, dann aus der Form lösen und auf dem mit Backpapier belegten Kuchenrost erkalten lassen.

6. Biskuitboden einmal waagerecht durchschneiden. Den unteren Boden auf eine Tortenplatte legen und mit Quittengelee bestreichen. Die Feigen abspülen und abtrocknen. 4 Feigen in etwa 1/2 cm dicke Scheiben schneiden. Den Biskuitboden damit belegen. Einen Tortenring oder den gesäuberten Springform-rand darumstellen.

7. Für die Creme Gelatine nach Packungsanleitung einweichen. Joghurt mit Zitronensaft und Honig glatt rühren. Sahne steif schlagen.

8. Gelatine leicht ausdrücken und mit 1 Esslöffel von der Joghurtmasse in einem kleinen Topf bei schwacher Hitze unter Rühren auflösen. Die aufgelöste Gelatine zügig unter die Joghurtmasse rühren. Die Sahne unterheben.

9. Zwei Drittel der Joghurtcreme auf den Feigenscheiben verteilen und glatt streichen. Den zweiten Boden darauflegen und mit der restlichen Creme bestreichen. Die Torte zugedeckt mindestens 2 Stunden in den Kühlschrank stellen.

10. Die restlichen Feigen in Scheiben schneiden und auf der Tortenoberfläche verteilen. Butter zerlassen und die Walnusskerne darin leicht rösten. 1 Esslöffel Honig zugeben und einmal „aufwallen" lassen. Die Masse abkühlen lassen und auf der Tortenoberfläche verteilen, mit dem restlichen Honig beträufeln.

Heidelbeer-Butterkuchen mit Zuckerkruste I

Beliebt

25 Stücke

Pro Stück: E: 4 g, F: 11 g, Kh: 24 g,
kJ: 879, kcal: 210, BE: 2,0

Für den Hefeteig:

350 g	Weizenmehl
1 Pck.	Dr. Oetker Trockenbackhefe
80 g	Zucker
100 ml	lauwarme Milch
1	Eigelb (Größe M)
150 g	Schlagsahne

Für den Belag:

205 g	abgetropfte Wald-Heidelbeeren (aus dem Glas)
1	Ei (Größe M)
1	Eiweiß (Größe M)
80 g	Zucker
100 g	Butter (zimmerwarm)
200 g	gehobelte Mandeln
3 EL	Schlagsahne
120 g	Zucker

Zubereitungszeit: 50 Minuten, ohne Teiggehzeit
Backzeit: etwa 35 Minuten

1. Für den Teig 150 g von dem Mehl mit der Trockenbackhefe in einer Rührschüssel sorgfältig vermischen. Zucker und Milch hinzufügen und mit einem Mixer (Knethaken) zu einem weichen Vorteig verkneten. Den Teig zugedeckt etwa 30 Minuten an einem warmen Ort gehen lassen.

2. Eigelb, Sahne und restliches Mehl zum gegangenen Teig in die Schüssel geben und mit dem Mixer (Knethaken) in etwa 5 Minuten zu einem weichen Teig verkneten. Den Teig nochmals zugedeckt etwa 30 Minuten an einem warmen Ort gehen lassen.

3. Den gegangenen Teig auf einem Backblech (30 x 40 cm, gefettet, mit Backpapier belegt) dünn ausrollen. Einen Backrahmen darumstellen. Den Teig nochmals zugedeckt etwa 30 Minuten an einen warmen Ort gehen lassen.

4. Für den Belag die Heidelbeeren auf dem Hefeteig verteilen. Ei und Eiweiß in einer Rührschüssel mit dem Mixer (Rührstäbe) auf höchster Stufe schaumig schlagen. Den Zucker unterschlagen, dabei so lange schlagen, bis ein fester Schaum entstanden ist. Den Eierschaum auf den Heidelbeeren verteilen. Mit einem Holzlöffel Vertiefungen in die Teigoberfläche drücken. Die Butter in Flöckchen daraufsetzen und mit Mandeln bestreuen. Zuletzt die Sahne darantäufeln. Den Teig nochmals zugedeckt etwa 30 Minuten an einem warmen Ort gehen lassen.

5. In der Zwischenzeit den Backofen vorheizen.
Ober-/Unterhitze: etwa 180 °C
Heißluft: etwa 160 °C

6. Den Zucker gleichmäßig auf den Kuchen streuen. Das Backblech in den vorgeheizten Backofen schieben. Den Butterkuchen **etwa 35 Minuten backen.**

7. Das Backblech auf einen Kuchenrost stellen. Den Heidelbeer-Butterkuchen etwas abkühlen lassen, danach den Backrahmen lösen und entfernen. Den Heidelbeer-Butterkuchen in etwa 6 x 7 cm große Stücke schneiden und am besten warm servieren.

Heidelbeer-Haferflocken-Kranz I

Einfach
20 Stücke

Pro Stück: E: 4 g, F: 14 g, Kh: 22 g,
kJ: 963, kcal: 230, BE: 2,0

Für den Rührteig:

230 g	*Butter oder Margarine*
	(zimmerwarm)
160 g	*brauner Zucker*
1 Pck.	*Dr. Oetker Vanillin-Zucker*
1 Prise	*Salz*
1 Pck.	*Dr. Oetker Finesse*
	Geriebene Zitronenschale
5	*Eier (Größe M)*
100 g	*Weizenmehl*
2 gestr. TL	*Dr. Oetker Backin*
200 g	*zarte Haferflocken*
150 g	*TK-Heidelbeeren*
1 Pck.	*Dr. Oetker Bourbon-*
	Vanille-Zucker
1 EL	*Weizenmehl*

Für den Guss:

100 g	*weiße Kuvertüre*

Zubereitungszeit: 45 Minuten, ohne Abkühlzeit
Backzeit: 50–55 Minuten

1. Den Backofen vorheizen.
Ober-/Unterhitze: etwa 200 °C
Heißluft: etwa 180 °C

2. Für den Teig die Butter oder Margarine mit einem Mixer (Rührstäbe) auf höchster Stufe geschmeidig rühren. Nach und nach Zucker, Vanillin-Zucker, Salz und Zitronenschale unterrühren. So lange rühren, bis eine gebundene Masse entstanden ist.

3. Die Eier nach und nach unterrühren (jedes Ei etwa ½ Minute). Mehl mit Backpulver mischen und mit den Haferflocken in 2 Portionen auf mittlerer Stufe kurz unterrühren.

4. TK-Heidelbeeren unaufgetaut in eine Schüssel geben, Vanille-Zucker hinzufügen. 1 Esslöffel Mehl hin-zufügen, mit den Beeren vermischen und unter den Teig heben.

5. Den Teig in eine Kranzbodenform (Ø 26 cm, gut gefettet, gemehlt) geben und glatt streichen. Die Form auf dem Rost in den vorgeheizten Backofen schieben. Den Kuchen **50–55 Minuten backen.**

6. Den Kuchen evtl. einige Minuten vor Beendigung der Backzeit mit Backpapier belegen, damit die Oberfläche nicht zu dunkel wird.

7. Die Form auf einen Kuchenrost stellen. Den Kuchen etwa 30 Minuten in der Form stehen lassen, dann vorsichtig aus der Form lösen und auf dem mit Backpapier belegten Kuchenrost erkalten lassen.

8. Für den Guss Kuvertüre in kleine Stücke hacken. Zwei Drittel davon in einem Topf im Wasserbad bei schwacher Hitze unter Rühren schmelzen. Den Topf aus dem Wasserbad nehmen und die restliche Kuvertüre darin unter Rühren schmelzen. Den Heidelbeer-Haferflocken-Kranz damit besprenkeln. Guss fest werden lassen.

Heidelbeer-Mohn-Torte I

Für Gäste

16 Stücke

Pro Stück: E: 5 g, F: 16 g, Kh: 32 g,
kJ: 1233, kcal: 295, BE: 2,5

Für den Biskuitteig:

3 Eier (Größe M)
150 g Zucker
1 Pck. Dr. Oetker Vanillin-Zucker
100 g Weizenmehl
2 gestr. TL Dr. Oetker Backin
100 g gem. Mohnsamen

Für die Füllung:

8 Blatt weiße Gelatine
300 g frische Heidelbeeren
250 ml Buttermilch
100 g Zucker
etwa 2 EL Zitronensaft
400 g Schlagsahne
(mind. 30 % Fett)

Zum Bestreichen:

3 EL Aprikosen-Fruchtaufstrich,
fein passiert

Für den Belag:

150 g frische Heidelbeeren

Für den Guss:

1 Pck. ungezuckerter Tortenguss,
rot
1 EL Zucker
125 ml klarer Apfelsaft
125 ml Wasser

Für den Rand:

200 g Schlagsahne
(mind. 30 % Fett)
1 Pck. Sahnesteif
1 Pck. Dr. Oetker Vanillin-
Zucker

Zubereitungszeit: 50 Minuten, ohne Kühlzeit
Backzeit: 25–30 Minuten

1. Den Backofen vorheizen.
Ober-/Unterhitze: etwa 180 °C
Heißluft: etwa 160 °C

2. Für den Teig die Eier mit einem Mixer (Rührstäbe) auf höchster Stufe in 1 Minute schaumig schlagen. Zucker mit Vanillin-Zucker mischen, in 1 Minute einstreuen, dann noch etwa 2 Minuten schlagen.

3. Mehl mit Backpulver mischen und kurz auf niedrigster Stufe unterrühren. Mohn unterheben. Teig in eine Springform (Ø 26 cm, Boden gefettet, mit Backpapier belegt) geben und glatt streichen.

4. Die Form auf dem Rost in den vorgeheizten Backofen (unteres Drittel) schieben und den Biskuitboden **25–30 Minuten backen.**

5. Den Biskuitboden aus der Form lösen und auf einen mit Backpapier belegten Kuchenrost stürzen. Biskuitboden erkalten lassen.

6. Für die Füllung Gelatine nach Packungsanleitung einweichen. Heidelbeeren abspülen, gut abtropfen lassen und fein pürieren. Buttermilch mit Zucker und Zitronensaft verrühren. Heidelbeerpüree unterrühren.

7. Die eingeweichte Gelatine leicht ausdrücken und in einem kleinen Topf unter Rühren auflösen. Die aufgelöste Gelatine zuerst mit 3–4 Esslöffeln der Heidelbeer-Buttermilch-Masse verrühren, dann unter die restliche Heidelbeer-Buttermilch-Masse rühren.

8. Die Sahne steif schlagen. Sobald die Heidelbeer-Buttermilch-Masse anfängt dicklich zu werden, die Sahne unterheben.

9. Den Tortenboden einmal waagerecht durchschneiden und mit dem Fruchtaufstrich bestreichen. Einen Tortenring darumstellen. Zwei Drittel der Heidelbeer-Buttermilch-Creme auf den Tortenboden geben, glatt streichen und mit dem oberen Tortenboden belegen, leicht andrücken.

10. Restliche Heidelbeer-Buttermilch-Creme daraufgeben und glatt streichen. Die Torte zugedeckt etwa 3 Stunden in den Kühlschrank stellen.

11. Für den Belag Heidelbeeren abspülen und gut abtropfen lassen. Die Mitte der Tortenoberfläche damit belegen.

12. Für den Guss aus Tortengusspulver, Zucker, Apfelsaft und Wasser einen Guss nach Packungsanleitung zubereiten. Den Guss von der Mitte aus auf den Heidelbeeren und der Tortenoberfläche verteilen. Die Torte nochmals zugedeckt etwa 30 Minuten in den Kühlschrank stellen. Den Tortenring lösen, entfernen.

13. Für den Rand Sahne mit Sahnesteif und Vanillin-Zucker steif schlagen.

14. Die Sahne in einen Spritzbeutel mit Lochtülle (Ø 1 cm) füllen. Den Tortenrand damit verzieren.

Tipps: Nach Belieben den Tortenrand mit Sahne bestreichen und mit einem Tortengarnierkamm verzieren. Statt Apfelsaft und Wasser für den Guss nur Apfelsaft verwenden.

Heidelbeertorte mit Weincreme I

Ohne zu backen – mit Alkohol
12 Stücke

Pro Stück: E: 3 g, F: 11 g, Kh: 37 g,
kJ: 1201, kcal: 287, BE: 3,0

Für den Boden:
12 Scheiben Zwieback
200 g Nuss-Nougat

Für die Weincreme:
1 Pck. Dr. Oetker Pudding-Pulver
Sahne-Geschmack
60 g Zucker
400 ml Weißwein

Für den Fruchtbelag:
450 g abgetropfte Heidelbeeren
(aus Gläsern)
1 Pck. ungezuckerter Tortenguss, klar
1 EL Zucker
250 ml Heidelbeersaft (aus den Gläsern)

200 g Schlagsahne (mind. 30 % Fett)
2 Pck. Sahnesteif
einige frische Heidelbeeren
etwas Puderzucker

Zubereitungszeit: 40 Minuten, ohne Kühlzeit

1. Für den Boden Zwieback in einen Gefrierbeutel geben. Den Beutel fest verschließen. Zwieback mit einer Teigrolle sehr fein zerbröseln. Nuss-Nougat in einem kleinen Topf im Wasserbad auflösen. Den Topf von der Kochstelle nehmen. Zwiebackbrösel hinzugeben und die Zutaten gut verkneten.

2. Einen Springformrand (Ø 26 cm) auf eine mit Tortenspitze oder Backpapier belegte Tortenplatte stellen. Die Zwieback-Nougat-Masse darin verteilen und fest zu einem Boden andrücken. Den Zwieback-Nougat-Boden zugedeckt in den Kühlschrank stellen.

3. Für die Weincreme aus Pudding-Pulver, Zucker und Wein nach Packungsanleitung (aber mit den hier angegebenen Zutaten und Mengen) einen Pudding

zubereiten. Den Weinpudding in eine Schüssel geben. Frischhaltefolie direkt auf die Puddingoberfläche legen. Pudding erkalten lassen.

4. Für den Belag den Saft von den Heidelbeeren auffangen und 250 ml davon abmessen. Aus Tortengusspulver, Zucker und dem abgemessenen Saft nach Packungsanleitung einen Guss zubereiten. Die Heidelbeeren unterheben. Die Masse abkühlen lassen.

5. Die Sahne mit Sahnesteif steif schlagen. Den Weinpudding gut durchrühren, dann die Sahne unterheben.

6. Heidelbeermasse auf den Zwiebackboden geben, glatt streichen. Die Weincreme daraufgeben und ebenfalls glatt streichen. Die Heidelbeertorte zugedeckt mindestens 2 Stunden in den Kühlschrank stellen.

7. Die Heidelbeeren verlesen, abspülen und sehr gut abtropfen lassen. Die Tortenoberfläche mit den Heidelbeeren garnieren und mit etwas Puderzucker bestäuben.

Himbeer-Nuss-Schnitten I

Sommergenuss vom Blech

20 Stücke

Pro Stück: E: 6 g, F: 21 g, Kh: 25 g,
kJ: 1326, kcal: 317, BE: 2,0

Für den Teig:

 4 *Eier (Größe M)*
 150 *g Zucker*
 1 *Pck. Dr. Oetker Vanillin-Zucker*
 125 *ml Speiseöl, z. B. Sonnenblumenöl*
 125 *ml Mineralwasser mit Kohlensäure*
 125 *g Weizenmehl*
 1 *gestr. TL Dr. Oetker Backin*
 200 *g gem. Haselnusskerne*

Für den Belag:

 6 *Blatt weiße Gelatine*
 500 *g Himbeerjoghurt*
 50 *g Zucker*
 25 *ml Himbeersirup*
 400 *g Schlagsahne (mind. 30 % Fett)*
 650 *g Himbeeren*

Zum Garnieren:

 2–3 *EL Himbeergelee*
 100 *g Himbeeren*

Zubereitungszeit: 40 Minuten, ohne Kühlzeit
Backzeit: etwa 20 Minuten

1. Den Backofen vorheizen.
Ober-/Unterhitze: etwa 200 °C
Heißluft: etwa 180 °C

2. Für den Teig Eier mit Zucker und Vanillin-Zucker
mit einem Mixer (Rührstäbe) auf höchster Stufe in
etwa 2 Minuten schaumig schlagen. Öl und Mineralwasser unterrühren. Mehl mit Backpulver mischen
und mit den Haselnusskernen kurz unterrühren.

3. Einen Backrahmen auf ein Backblech (30 x 40 cm,
gefettet, bemehlt) stellen. Den Teig auf das Backblech
geben und glatt streichen. Das Backblech in den vorgeheizten Backofen schieben und den Gebäckboden
etwa 20 Minuten backen.

4. Das Backblech auf einen Kuchenrost stellen. Den
Gebäckboden erkalten lassen.

5. Für den Belag Gelatine nach Packungsanleitung
einweichen. Joghurt mit Zucker und Sirup in einer
großen Schüssel verrühren. Gelatine leicht ausdrücken
und in einem kleinen Topf bei schwacher Hitze unter
Rühren auflösen. Die aufgelöste Gelatine zuerst mit
etwa 4 Esslöffeln von der Joghurtmasse verrühren,
dann unter die restliche Joghurtmasse rühren.

6. Sobald die Masse anfängt dicklich zu werden, die
Sahne steif schlagen und unterheben.

7. Himbeeren verlesen und auf dem Gebäckboden
verteilen. Die Joghurtcreme vorsichtig daraufgeben
und glatt streichen. Das Backblech zugedeckt etwa
3 Stunden in den Kühlschrank stellen.

8. Zum Garnieren zunächst den Backrahmen vorsichtig lösen und entfernen. Das Gelee glatt rühren
und mit einem Teelöffel über den Kuchen sprenkeln.
Himbeeren verlesen und auf der Kuchenoberfläche
verteilen. Den Kuchen in Stücke schneiden und
servieren.

Tipp: Sie können den Kuchen 1–2 Tage vor dem
Verzehr zubereiten. Dann lediglich das Gelee und
die Himbeeren erst kurz vor dem Servieren auf den
Kuchen geben.

Himbeertorte mit weißer Schokolade I

Ohne zu backen

12 Stücke

Pro Stück: E: 5 g, F: 26 g, Kh: 24 g, kJ: 1501, kcal: 359, BE: 2,0

Für den Boden:

> 50 g weiße Kuvertüre
> 150 g kernige Haferflocken
> 1 EL Zucker
> 50 g Butter

Für die Füllung:

> 200 g weiße Kuvertüre
> 150 g Mascarpone (ital. Frischkäse)
> 100 g Crème fraîche
> 250 g Schlagsahne (mind. 30 % Fett)
> 1 EL Zucker
> 1 Pck. Sahnesteif

Für den Belag:

> 350 g frische Himbeeren

Zubereitungszeit: 50 Minuten, ohne Kühlzeit

1. Für den Boden Kuvertüre in kleine Stücke hacken. Zwei Drittel davon in einem Topf im Wasserbad bei schwacher Hitze unter Rühren schmelzen. Den Topf aus dem Wasserbad nehmen und die restliche Kuvertüre darin unter Rühren schmelzen.

2. Haferflocken und Zucker in einer Pfanne ohne Fett anrösten. Butter in kleinen Flöckchen zugeben und unterrühren. Einen Tortenring (Ø 22 cm) auf eine mit Backpapier belegte Tortenplatte stellen. Flüssige Kuvertüre zu den ausgekühlten Haferflocken geben und gut verrühren.

3. Die Haferflockenmasse in dem Tortenring verteilen und mit einem Löffel fest zu einem Boden andrücken. Den Boden für mindestens 10 Minuten in den Kühlschrank stellen.

4. Für die Füllung Kuvertüre wie unter Punkt 1 beschrieben schmelzen. Mascarpone mit Crème

fraîche verrühren. In einer anderen Schüssel die Sahne mit Zucker und Sahnesteif steif schlagen. Sahne unter die Mascarpone-Masse heben und 80 g der flüssigen Kuvertüre kurz unterrühren (es sollen Kuvertüreflocken in der Sahne sein). Die restliche Kuvertüre beiseitestellen.

5. Die Mascarpone-Creme zügig auf den Haferflockenboden geben und glatt streichen.

6. Frische Himbeeren verlesen (nach Möglichkeit nicht abspülen) und auf der Mascarpone-Creme verteilen. Anschließend die Himbeertorte zugedeckt in den Kühlschrank stellen.

7. Auf ein Stück Backpapier ein Rechteck (etwa 9 x 36 cm) zeichnen und umdrehen. Restliche Kuvertüre auf dem Rechteck glatt streichen und schnittfest, aber nicht hart werden lassen. Sobald die Kuvertüre schnittfest ist, sie längs mittig durchschneiden und dann alle 4 cm quer durchschneiden.

8. Die Himbeertorte vorsichtig aus dem Tortenring schneiden und die weißen Schokoladenplättchen vorsichtig an den Tortenrand drücken. Die Torte zugedeckt nochmals etwa 2 Stunden in den Kühlschrank stellen.

Tipp: Zum Dekorieren um die Torte ein Satinband mit Schleife binden.

Himmel-und-Erde-Torte I

Mit Alkohol

12 Stücke

Pro Stück: E: 9 g, F: 25 g, Kh: 45 g,
kJ: 1870, kcal: 447, BE: 4,0

Für den Teig:

400 g Kartoffeln
4 Eier (Größe M)
150 g Zucker
1 Prise Salz
120 g Weizenmehl
1 gestr. TL Dr. Oetker Backin
100 g abgezogene, gem. Mandeln
50 g Korinthen

Semmelbrösel
50 g gehackte Mandeln

Zum Bestreuen:

2 EL Zimt-Zucker
25 g Butter

Für die Füllung:

750 g Äpfel, z. B. Elstar
oder Braeburn
200 ml Apfelsaft
100 ml Weißwein
40 g Zucker
1 Zimtstange
6 Blatt weiße Gelatine
500 g Schlagsahne
(mind. 30 % Fett)
1 Pck. Sahnesteif
1 Pck. Dr. Oetker Vanillin-Zucker

Zubereitungszeit: 60 Minuten, ohne Kühlzeit
Backzeit: 50–60 Minuten

1. Für den Teig die Kartoffeln schälen, abspülen, abtropfen lassen und in einem Topf knapp mit Wasser bedeckt (ohne Salz) zum Kochen bringen. Kartoffeln in etwa 20 Minuten gar kochen. Dann abgießen, abdämpfen und zwei Drittel der Kartoffeln sofort durch eine Kartoffelpresse drücken. Kartoffeln (gepresst und ganze Kartoffeln) erkalten lassen.

2. Den Backofen vorheizen.
Ober-/Unterhitze: etwa 180 °C
Heißluft: etwa 160 °C

3. Eier in einer Rührschüssel mit einem Mixer (Rührstäbe) auf höchster Stufe in 1 Minute schaumig schlagen. Zucker und Salz in 1 Minute einstreuen, dann noch etwa 2 Minuten schlagen.

4. Mehl mit Backpulver und gemahlenen Mandeln mischen, in 2 Portionen auf niedrigster Stufe kurz unterrühren. Ein Viertel des Teiges abnehmen und in eine Rührschüssel geben. Die gepressten Kartoffeln und die Korinthen unter den restlichen Teig heben.

5. Diesen Teig in eine Springform (Ø 26 cm, Boden gefettet, mit Semmelbröseln ausgestreut) geben und glatt streichen.

6. Die Form auf dem Rost in den vorgeheizten Backofen schieben und den Gebäckboden **35–40 Minuten backen.**

7. Den Boden aus der Form lösen und auf einem mit Backpapier belegten Kuchenrost erkalten lassen.

8. Die ganzen Kartoffeln in sehr kleine Würfel schneiden. Kartoffelwürfel und Mandeln unter den restlichen Biskuitteig heben. Den Teig ebenfalls in eine Springform (Ø 26 cm, Boden gefettet, mit Semmelbröseln ausgestreut) geben und glatt streichen. Den Teig mit Zimt-Zucker bestreuen. Die Butter in Flöckchen darauf verteilen.

9. Die Form auf dem Rost in den heißen Backofen schieben. Den Boden **bei gleicher Backofentemperatur 15–20 Minuten backen.**

10. Den Springformrand entfernen. Den Boden vom Springformboden lösen, aber darauf auf einem Kuchenrost erkalten lassen.

11. Für die Füllung Äpfel abspülen, abtrocknen, schälen, vierteln, entkernen, in dünne Spalten schneiden. Apfelsaft mit Wein, Zucker und Zimtstange zum Kochen bringen. Apfelspalten darin 2–3 Minuten bei schwacher Hitze kochen lassen.

12. Die Gelatine nach Packungsanleitung einweichen, leicht ausdrücken, zu den gedünsteten Apfelspalten (Zimtstange entfernen) geben, unter Rühren darin auflösen. Von der Sahne 125 g abnehmen und unter die Apfelspalten rühren. Apfelmasse erkalten lassen.

13. Den Tortenboden mit den Korinthen auf eine Tortenplatte legen, einen Tortenring darumstellen. Sobald die Apfelmasse anfängt dicklich zu werden, auf den Tortenboden geben, glatt streichen. Torte zugedeckt etwa 2 Stunden in den Kühlschrank stellen.

14. Die restliche Sahne (375 g) mit Sahnesteif und Vanillin-Zucker steif schlagen. Sahne in einen Spritzbeutel mit Lochtülle (Ø 1 cm) füllen. Den Tortenring lösen und entfernen. Die Tortenoberfläche mit unterschiedlich großen Sahnetuffs verzieren.

15. Den zweiten Tortenboden mit einem scharfen Messer in 12 Stücke schneiden. Die Tortenstücke windmühlenförmig an die Sahnetuffs legen. Die Torte nochmals zugedeckt etwa 30 Minuten in den Kühlschrank stellen.

Holunder-Apfel-Torte I

Für Gäste

16 Stücke

Pro Stück: E: 5 g, F: 15 g, Kh: 42 g,
kJ: 1344, kcal: 321, BE: 3,5

Für den Knetteig:

150 g Weizenmehl
100 g Butter oder Margarine
50 g Puderzucker

Für den Biskuitteig:

3 Eier (Größe M)
100 g Zucker
1 Pck. Dr. Oetker Vanillin-Zucker
80 g Weizenmehl
1 gestr. TL Dr. Oetker Backin
25 g Speisestärke

Für die Füllung:

750 g Äpfel, z. B. Elstar
1 EL Zucker
etwa 2 EL Quittengelee
250 ml Holundersaft
150 ml klarer Apfelsaft
1 Pck. Dr. Oetker Pudding-Pulver
Vanille-Geschmack
30 g Zucker
4 Blatt weiße Gelatine
250 g Schlagsahne
(mind. 30 % Fett)
200 g Schmand (Sauerrahm)
30 g Zucker

Für den Guss:

150 ml Holundersaft
100 ml klarer Apfelsaft
1 Pck. ungezuckerter Tortenguss,
klar
1 EL Zucker

Zum Verzieren:

150 g Schlagsahne
(mind. 30 % Fett)
1 Pck. Sahnesteif
1 Pck. Dr. Oetker Vanillin-Zucker

Zubereitungszeit: 60 Minuten, ohne Kühlzeit
Backzeit: 35–40 Minuten

1. Für den Knetteig das Mehl in eine Rührschüssel geben. Restliche Zutaten hinzufügen und mit einem Mixer (Knethaken) zunächst kurz auf niedrigster, dann auf höchster Stufe gut durcharbeiten. Den Teig in Frischhaltefolie gewickelt etwa 30 Minuten in den Kühlschrank legen.

2. Den Backofen vorheizen.
Ober-/Unterhitze: etwa 180 °C
Heißluft: etwa 160 °C

3. Den Knetteig auf dem Boden einer Springform (Ø 26 cm, gefettet) ausrollen. Teigboden mehrmals mit einer Gabel einstechen. Springformrand darumstellen. Die Form auf dem Rost in den vorgeheizten Backofen schieben. Knetteigboden **10–15 Minuten backen.** Anschließend sofort vom Springformboden lösen, aber darauf auf einem Kuchenrost erkalten lassen.

4. Für den Biskuitteig Eier mit dem Mixer (Rührstäbe) auf höchster Stufe in 1 Minute schaumig schlagen. Den Zucker mit Vanillin-Zucker mischen, in 1 Minute einstreuen, dann noch etwa 2 Minuten schlagen. Mehl mit Backpulver und Speisestärke mischen, kurz auf niedrigster Stufe unterrühren. Den Teig in eine Springform (Ø 26 cm, Boden mit Backpapier belegt) geben und glatt streichen. Die Form auf dem Rost in den vorgeheizten Backofen (unteres Drittel) schieben. Den Biskuitboden **bei gleicher Backofentemperatur etwa 25 Minuten backen.**

5. Den Biskuitboden aus der Form lösen, auf einen mit Backpapier belegten Kuchenrost stürzen und erkalten lassen.

6. Für die Füllung Äpfel abspülen, abtrocknen, schälen, vierteln, entkernen und in dünne Spalten schneiden. Apfelspalten mit dem Zucker in einem Topf unter Rühren dünsten, erkalten lassen.

7. Den Knetteigboden auf eine Tortenplatte legen und mit Gelee bestreichen. Den Biskuitboden einmal waagerecht durchschneiden. Den unteren Boden auf den Knetteigboden legen. Einen Tortenring darumstellen.

Apfelspalten auf dem unteren Biskuitboden verteilen. Aus Holunder-, Apfelsaft, Pudding-Pulver und Zucker einen Pudding nach Packungsanleitung (aber mit der hier angegebenen Saftmenge) zubereiten. Den warmen Pudding auf die Apfelspalten geben und glatt streichen. Die Torte zugedeckt etwa 60 Minuten in den Kühlschrank stellen.

8. Die Gelatine nach Packungsanleitung einweichen. Sahne steif schlagen. Schmand mit Zucker verrühren. Gelatine leicht ausdrücken und in einem kleinen Topf bei schwacher Hitze unter Rühren auflösen. Gelatine zuerst mit 2–3 Esslöffeln der Schmandmasse verrühren, dann unter die restliche Schmandmasse rühren. Sahne unterheben.

9. Die Schmand-Sahne-Creme auf den Pudding geben, glatt streichen. Den oberen Biskuitboden darauflegen und leicht andrücken. Die Torte zugedeckt etwa 2 Stunden in den Kühlschrank stellen.

10. Für den Guss aus Holunder-, Apfelsaft, Tortengusspulver und Zucker einen Guss nach Packungsanleitung zubereiten. Den Guss vorsichtig auf dem oberen Biskuitboden verteilen. Die Torte zugedeckt nochmals etwa 30 Minuten in den Kühlschrank stellen. Tortenring lösen und entfernen.

11. Sahne mit Sahnesteif und Vanillin-Zucker steif schlagen, in einen Spritzbeutel mit Sterntülle (Ø 1 cm) füllen. Den oberen Tortenrand mit Sahne verzieren.

Johannisbeer-Kokos-Kuchen I

Schnell – einfach
20 Stücke

Pro Stück: E: 3 g, F: 15 g, Kh: 28 g,
kJ: 1083, kcal: 259, BE: 2,5

Für den Teig:
>   200 g Schlagsahne
>   200 g Zucker
>   1 Pck. Dr. Oetker Vanillin-Zucker
>   3 Eier (Größe M)
>   250 g Weizenmehl
>   1 Pck. Dr. Oetker Backin
>   1 Prise Salz

Für den Belag:
>   500 g Johannisbeeren
>   100 g Butter
>   100 g Zucker
>   1 Pck. Dr. Oetker Vanillin-Zucker
>   200 g Kokosraspel

Zubereitungszeit: 20 Minuten
Backzeit: etwa 27 Minuten

1. Den Backofen vorheizen.
Ober-/Unterhitze: etwa 180 °C
Heißluft: etwa 160 °C

2. Für den Teig die Sahne, den Zucker, Vanillin-Zucker und die Eier in eine Rührschüssel geben. Die Zutaten mit einem Mixer (Rührstäbe) gut verrühren. Mehl mit Backpulver und Salz mischen, hinzugeben und alles zu einem glatten Teig verrühren.

3. Den Teig auf ein Backblech (30 x 40 cm, gefettet, mit Backpapier belegt) geben und glatt streichen. Das Backblech in den vorgeheizten Backofen schieben. Den Boden **etwa 12 Minuten vorbacken.**

4. Für den Belag Johannisbeeren abspülen, abtropfen lassen und die Beeren von den Rispen streifen.

5. Die Butter in einem kleinen Topf zerlassen. Den Zucker und Vanillin-Zucker unterrühren. Den Topf von der Kochstelle nehmen. Kokosraspel unter die Buttermasse rühren.

6. Das Backblech auf einen Kuchenrost stellen. Die Johannisbeeren auf dem vorgebackenen Boden verteilen. Die Kokosmasse gleichmäßig daraufgeben. Das Backblech wieder in den heißen Backofen schieben. Den Kuchen **bei gleicher Backofentemperatur in etwa 15 Minuten fertig backen.**

7. Das Backblech auf einen Kuchenrost stellen. Den Johannisbeer-Kokos-Kuchen erkalten lassen und in Stücke schneiden.

Johannisbeer-Mohn-Kuchen mit Cornflakesstreuseln I

Knuspergenuss

12 Stücke

Pro Stück: E: 12 g, F: 21 g, Kh: 50 g,
kJ: 1847, kcal: 441, BE: 4,0

Für den Knetteig:

200 g	Weizenmehl
70 g	Zuckcr
140 g	Butter oder Margarine

Für die Streusel:

100 g	Cornflakes
80 g	Butter oder Margarine

Für die Füllung:

500 g	Johannisbeeren
500 g	Magerquark
120 g	Zucker
1 Pck.	Dr. Oetker Vanillin-Zucker
4	Eier (Größe M)
2 EL	Weichweizengrieß
250 g	Mohn-Back
	(backfertige Mohnfüllung)

Zubereitungszeit: 50 Minuten, ohne Kühlzeit
Backzeit: etwa 45 Minuten

1. Für den Teig das Mehl in eine Rührschüssel geben. Restliche Zutaten hinzufügen und mit einem Mixer (Knethaken) zunächst kurz auf niedrigster, dann auf höchster Stufe gut durcharbeiten.

2. Anschließend auf einer leicht bemehlten Arbeitsfläche kurz zu einem Teig verkneten. Den Teig in Frischhaltefolie gewickelt etwa 30 Minuten in den Kühlschrank legen.

3. Für die Streusel in der Zwischenzeit Cornflakes in einen Gefrierbeutel geben. Den Beutel fest verschließen. Cornflakes mit einer Teigrolle fein zerbröseln und die Cornflakesbrösel in eine Rührschüssel geben.

4. Butter oder Margarine hinzufügen und mit dem Mixer (Rührstäbe) zu Streuseln von gewünschter Größe verarbeiten. Die Streusel zugedeckt in den Kühlschrank stellen.

5. Für die Füllung Johannisbeeren verlesen, abspülen, gut abtropfen lassen und die Beeren von den Rispen streifen. Quark in eine Rührschüssel geben. Zucker, Vanillin-Zucker, Eier, Grieß und Mohn-Back hinzufügen. Die Zutaten vorsichtig verrühren, die Johannisbeeren unterheben.

6. Den Backofen vorheizen.
Ober-/Unterhitze: etwa 200 °C
Heißluft: etwa 180 °C

7. Den Teig auf der leicht bemehlten Arbeitsfläche zu einer runden Platte (Ø etwa 30 cm) ausrollen. Die Teigplatte in eine Springform (Ø 26 cm, Boden gefettet) legen. Den Rand gut andrücken. Teigboden mit einer Gabel mehrmals einstechen. Quarkmasse daraufgeben, glatt streichen. Streusel darauf verteilen.

8. Die Form auf dem Rost in den vorgeheizten Backofen schieben. Den Johannisbeer-Mohn-Kuchen zunächst **etwa 15 Minuten backen.** Dann die Backofentemperatur um etwa 20 °C herunterschalten. Den Kuchen **weitere etwa 30 Minuten backen.**

9. Die Form auf einen Kuchenrost stellen. Den Kuchen in der Form erkalten lassen. Anschließend den Kuchen aus der Form lösen und auf eine Kuchenplatte setzen.

Johannisbeertorte mit Mohncreme I

Für Gäste

12 Stücke

Pro Stück: E: 5 g, F: 21 g, Kh: 28 g, kJ: 1372, kcal: 328, BE: 2,0

Zum Vorbereiten:

400 g	Johannisbeeren (frisch oder TK)

Für den All-in-Teig:

125 g	Weizenmehl
1 Prise	Salz
2 gestr. TL	Dr. Oetker Backin
125 g	Zucker
1 Pck.	Dr. Oetker Vanillin-Zucker
½ Pck.	Dr. Oetker Finesse Geriebene Zitronenschale
125 g	Butter oder Margarine (zimmerwarm)
2	Eier (Größe M)

Für die Creme:

175 g	Doppelrahm-Frischkäse
½ Pck.	Dr. Oetker Finesse Geriebene Zitronenschale
2–3 EL	Zitronensaft
125 g	Mohn-Back (backfertige Mohnfüllung)
200 g	Schlagsahne (mind. 30 % Fett)
1 Pck.	Sahnesteif
2 EL	Puderzucker

Zubereitungszeit: 30 Minuten, ohne Abkühlzeit
Backzeit: etwa 40 Minuten

1. Zum Vorbereiten Johannisbeeren abspülen, abtropfen lassen und die Beeren von den Rispen streifen. TK-Beeren auf mehreren Lagen Küchenpapier ausbreiten und (evtl. in der Mikrowelle) antauen lassen.

2. Den Backofen vorheizen.
Ober-/Unterhitze: etwa 180 °C
Heißluft: etwa 160 °C

3. Für den Teig Mehl mit Salz und Backpulver in einer Rührschüssel mischen. Restliche Zutaten hinzufügen und mit einem Mixer (Rührstäbe) zunächst kurz auf niedrigster, dann auf höchster Stufe in etwa 2 Minuten zu einem glatten Teig verarbeiten. Dann 200 g von den Johannisbeeren unterheben.

4. Den Teig in eine Springform (Ø 26 cm, Boden gefettet, mit Backpapier belegt) geben und glatt streichen. Die Form auf dem Rost in den vorgeheizten Backofen (unteres Drittel) schieben. Den Gebäckboden **etwa 40 Minuten backen.**

5. Den Gebäckboden aus der Form lösen und auf einem mit Backpapier belegten Kuchenrost erkalten lassen. Anschließend Backpapier entfernen und den Boden auf eine Tortenplatte legen.

6. Für die Creme Frischkäse mit Zitronenschale und -saft in eine Rührschüssel geben. Die Zutaten mit dem Mixer (Rührstäbe) erst auf niedrigster Stufe glatt rühren, dann die Masse auf höchster Stufe cremig aufschlagen. Mohn-Back kurz unterrühren.

7. Die Sahne mit Sahnesteif und Puderzucker steif schlagen. Sahne in 2 Portionen unter die Mohncreme heben. Mohncreme auf den Gebäckboden geben und in Wellen verstreichen. Die Tortenoberfläche mit den restlichen Johannisbeeren garnieren. Johannisbeertorte bis zum Servieren zugedeckt in den Kühlschrank stellen.

Tipp: Der Tortenboden ist gefriergeeignet.

Kaiserwinkel-Torte I
Wunderbar saftig
12 Stücke

Pro Stück: E: 9 g, F: 15 g, Kh: 32 g,
kJ: 1260, kcal: 301, BE: 2,5

Für den Rührteig:

100 g	Butter oder Margarine (zimmerwarm)
75 g	Zucker
1 Pck.	Dr. Oetker Vanillin-Zucker
1	Ei (Größe M)
1	Eigelb (Größe M)
120 g	Weizenmehl
1 gestr. TL	Dr. Oetker Backin

Für den Belag:

50 g	Butter
500 g	Speisequark (20 % Fett)
75 g	Zucker
2	Eigelb (Größe M)
1 Pck.	Dr. Oetker Pudding-Pulver Vanille-Geschmack
3	Eiweiß (Größe M)
1 Prise	Salz
1 TL	Zucker
480 g	abgetropfte Aprikosenhälften (aus der Dose)

Zubereitungszeit: 35 Minuten, ohne Abkühlzeit
Backzeit: etwa 70 Minuten

1. Den Backofen vorheizen.
Ober-/Unterhitze: etwa 180 °C
Heißluft: etwa 160 °C

2. Für den Teig Butter oder Margarine mit einem Mixer (Rührstäbe) auf höchster Stufe geschmeidig rühren. Nach und nach Zucker und Vanillin-Zucker unterrühren. So lange rühren, bis eine gebundene Masse entstanden ist.

3. Das Ei und Eigelb nach und nach unterrühren (jedes Ei etwa ½ Minute). Mehl mit Backpulver mischen und auf mittlerer Stufe kurz unterrühren. Den Teig in

eine Springform (Ø 26 cm, Boden gefettet) geben und glatt streichen.

4. Für den Belag Butter zerlassen und etwas abkühlen lassen.

5. Den Quark mit Zucker, Eigelb, Butter und Pudding-Pulver verrühren. Das Eiweiß mit Salz und Zucker steif schlagen und unter die Quarkmasse heben.

6. Die Aprikosenhälften auf den Teig legen, dabei einen etwa 1 cm breiten Rand frei lassen. Die Quarkmasse auf den Aprikosenhälften verteilen und glatt streichen. Die Form auf dem Rost in den vorgeheizten Backofen schieben. Die Torte **etwa 70 Minuten backen.**

7. Die fertige Torte noch etwa 10 Minuten bei leicht geöffneter Backofentür im ausgeschalteten Backofen stehen lassen.

8. Die Form auf einen Kuchenrost stellen. Die Torte etwa 15 Minuten in der Form stehen lassen, dann aus der Form lösen und auf dem Kuchenrost erkalten lassen.

Tipp: Die Torte nach Belieben mit Puderzucker bestäuben.

Keks-Doppeldecker mit Erdbeeren | Knuspergenuss

13 Stück

Pro Stück: E: 3 g, F: 25 g, Kh: 28 g, kJ: 1449, kcal: 347, BE: 2,5

Für den Knetteig:

70 g	Weizenmehl
½ TL	Dr. Oetker Backin
100 g	zarte Haferflocken
1 Prise	Salz
120 g	Zucker
1 Pck.	Dr. Oetker Vanillin-Zucker
1	Eigelb (Größe M)
2 EL	kaltes Wasser
150 g	Butter oder Margarine (zimmerwarm)

Für die Füllung:

400 g	frische Erdbeeren
400 g	Schlagsahne (mind. 30 % Fett)
2 gestr. TL	Dr. Oetker Bourbon-Vanille-Zucker
50 g	Puderzucker
125 g	Crème double

Zum Bestäuben:

etwas Puderzucker

Zubereitungszeit: 45 Minuten, ohne Abkühlzeit
Backzeit: 10–12 Minuten je Backblech

1. Den Backofen vorheizen.
Ober-/Unterhitze: etwa 180 °C
Heißluft: etwa 160 °C

2. Für den Teig Mehl mit Backpulver in einer Rührschüssel mischen. Die restlichen Zutaten hinzufügen und mit einem Mixer (Knethaken) zunächst kurz auf niedrigster, dann auf höchster Stufe gut durcharbeiten.

3. Anschließend auf einer leicht bemehlten Arbeitsfläche kurz zu einem Teig verkneten. Sollte er kleben, ihn in Frischhaltefolie gewickelt eine Zeit lang in den Kühlschrank legen.

4. Den Teig auf einer leicht bemehlten Arbeitsfläche etwa 2 mm dick ausrollen. Aus dem Teig runde Taler (Ø etwa 8 cm) ausstechen. Teigreste wieder zusammenkneten, erneut ausrollen und weitere Taler ausstechen. Insgesamt sollen 26 Taler entstehen. Die Teigtaler auf Backbleche (mit Backpapier belegt) legen und mit einer Gabel mehrmals einstechen. Die Backbleche nacheinander (bei Heißluft zusammen) in den vorgeheizten Backofen schieben und die Kekse **10–12 Minuten je Backblech backen.**

5. Die Kekse mit dem Backpapier von den Backblechen auf Kuchenroste ziehen und erkalten lassen.

6. Für die Füllung Erdbeeren abspülen, abtropfen lassen und entstielen. Erdbeeren je nach Größe halbieren oder vierteln.

7. Sahne mit Vanille-Zucker und Puderzucker steif schlagen. Crème double unterrühren. Die Sahnecreme in einen Spritzbeutel mit großer Sterntülle geben. Hohe Tupfen auf die Hälfte der Gebäcktaler spritzen. Die Erdbeeren darauf verteilen. Jeweils einen Gebäcktaler darauflegen, leicht andrücken und mit Puderzucker bestäuben.

KiBa-Torte I

Schmeckt auch Kindern

12–14 Stücke

Pro Stück: E: 4 g, F: 6 g, Kh: 41 g,
kJ: 1020, kcal: 243, BE: 3,5

Für den Rührteig:

> 2 reife Bananen
> (etwa 300 g)
> 1 EL Zitronensaft
> 80 g Butter (zimmerwarm)
> 60 g Zucker
> 1 Pck. Dr. Oetker Vanillin-Zucker
> 2 Eier (Größe M)
> 175 g Weizenmehl
> 1 gestr. TL Dr. Oetker Backin

> ½ TL Butter

Für den Belag:

> 10 Blatt weiße Gelatine
> 250 g abgetropfte Sauerkirschen
> (aus dem Glas)
> 150 ml Sauerkirschsaft
> (aus dem Glas)
> 500 g Kirschgrütze
> (aus dem Kühlregal)
> 2 EL Kirschkonfitüre

Für den Guss:

> 1 Pck. ungezuckerter Tortenguss, klar
> 300 ml Bananen-Nektar
> 1 EL Zitronensaft
> 1 EL Zucker

Zubereitungszeit: 40 Minuten, ohne Kühlzeit
Backzeit: etwa 35 Minuten

1. Den Backofen vorheizen.
Ober-/Unterhitze: etwa 180 °C
Heißluft: etwa 160 °C

2. Für den Teig Bananen schälen und in kleine Würfel schneiden. Bananenwürfel mit dem Zitronensaft in einer Rührschüssel mit einer Gabel zu einem Mus verarbeiten. Butter, Zucker und Vanillin-Zucker hinzu-

geben. Die Zutaten mit einem Mixer (Rührstäbe) auf höchster Stufe in 2 Minuten geschmeidig rühren.

3. Die Eier nach und nach unterrühren (jede Ei etwa ½ Minute). Mehl mit Backpulver mischen und auf mittlerer Stufe kurz unterrühren.

4. Den Teig in eine Springform (Ø 26 cm, Boden gefettet, mit Backpapier belegt) geben und glatt streichen. Die Form auf dem Rost in den vorgeheizten Backofen schieben. Den Tortenboden **etwa 35 Minuten backen.**

5. Die Form auf einen Kuchenrost stellen. Den Tortenboden etwas abkühlen lassen. Anschließend vorsichtig auf den mit Backpapier belegten Kuchenrost stürzen und erkalten lassen.

6. Für den Belag Gelatine nach Packungsanleitung einweichen. Von den Sauerkirschen den Saft auffangen und 150 ml davon abmessen. Kirschen mit dem abgemessenen Saft und der Grütze gut vermischen.

7. Das Backpapier vom Tortenboden entfernen. Den Tortenboden auf eine Tortenplatte legen und einen Tortenring oder den gesäuberten Springformrand darumstellen.

8. Die Gelatine leicht ausdrücken und mit der Kirschkonfitüre in einem kleinen Topf bei schwacher Hitze unter Rühren auflösen. Die Gelatinemasse unter die Kirschgrütze rühren. Kirsch-Gelatine-Masse auf den Tortenboden geben, glatt streichen. Torte zugedeckt mindestens 2 Stunden in den Kühlschrank stellen.

9. Für den Guss aus Tortengusspulver, Nektar, Zitronensaft und Zucker nach Packungsanleitung (aber mit den hier angegebenen Zutaten und Mengen) einen Guss zubereiten.

10. Den heißen Guss auf den Tortenbelag gießen und kurz warten, bis der heiße Guss etwas Kirschgrütze angelöst hat. Dann mit der Spitze eines Holzstäbchens die Tortenoberfläche leicht marmorieren.

11. Die Torte zugedeckt nochmals etwa 30 Minuten in den Kühlschrank stellen.

Kirsch-Frischkäse-Kuchen I

Aus dem Tontopf

4–6 Stücke

Pro Stück: E: 10 g, F: 27 g, Kh: 69 g, kJ: 2348, kcal: 562, BE: 5,5

Für den Rührteig:

100 g	Butter oder Margarine (zimmerwarm)
100 g	Zucker
1 Pck.	Dr. Oetker Vanillin-Zucker
2	Eier (Größe M)
125 g	Doppelrahm-Frischkäse
½ Pck.	Dr. Oetker Finesse Geriebene Zitronenschale
200 g	Weizenmehl
2 gestr. TL	Dr. Oetker Backin

175 g abgetropfte Sauerkirschen (aus dem Glas)

Für den Guss:

40 g	Puderzucker
1–2 TL	Sauerkirschsaft (aus dem Glas)

etwas Puderzucker

Außerdem:

1 Rosen-Tontopf
(Ø 12 cm, Höhe etwa 12 cm, unglasiert)
Backpapier

Zubereitungszeit: 45 Minuten, ohne Abkühl- und Trockenzeit
Backzeit: etwa 65 Minuten

1. Backpapier um den Tontopf legen und das Papier so zuschneiden, dass am oberen Rand etwa 1 cm übersteht. Aus dem restlichen Papier einen Kreis in Bodengröße zuschneiden. Tontopf in Wasser stellen.

2. Den Backofen vorheizen.
Ober-/Unterhitze: etwa 180 °C
Heißluft: etwa 160 °C

3. Für den Teig Butter oder Margarine mit einem Mixer (Rührstäbe) auf höchster Stufe geschmeidig rühren. Nach und nach Zucker und Vanillin-Zucker unterrühren. So lange rühren, bis eine gebundene Masse entstanden ist.

4. Die Eier nach und nach unterrühren (jedes Ei etwa ½ Minute). Frischkäse und Zitronenschale unterrühren. Mehl mit Backpulver mischen und in 2 Portionen auf mittlerer Stufe kurz unterrühren.

5. Von den Kirschen den Saft auffangen und beiseitestellen. 12 Kirschen zum Garnieren beiseitelegen. Die restlichen Kirschen unter den Teig heben.

6. Den Tontopf aus dem Wasser nehmen, abtropfen lassen und mit dem vorbereiteten Backpapier auslegen. Den Teig in den Topf geben und glatt streichen.

7. Einen Rost in den vorgeheizten Backofen (unteres Drittel) schieben. Den Tontopf auf den Rost stellen. Kirsch-Frischkäse-Kuchen **etwa 65 Minuten backen.**

8. Nach dem Backen den Kuchen etwa 15 Minuten im Topf abkühlen lassen, dann mit dem Backpapier aus dem Topf nehmen und auf einem mit Backpapier belegten Kuchenrost erkalten lassen. Das Backpapier entfernen.

9. Für den Guss den Puderzucker mit so viel Saft verrühren, dass eine dickflüssige Masse entsteht. Den Guss in einen kleinen Gefrierbeutel füllen, eine kleine Ecke abschneiden und 12 größere Punkte auf die Kuchenoberfläche spritzen. Auf jeden Punkt 1 beiseitegelegte Kirsche geben, diese leicht andrücken.

10. Guss trocknen lassen. Anschließend den Kuchen mit Puderzucker bestäuben.

Tipps: Wenn Sie den unbenutzten Tontopf zum ersten Mal verwenden, müssen Sie ihn zuvor von Staub und kleinen Tonpartikelchen befreien. Dazu den Topf am besten in die Spüle stellen, mit kochendem Wasser übergießen und den Topf in dem heißen Wasser stehen lassen. Ist das Wasser abgekühlt, den Topf herausnehmen. Den Kuchen in Pergament- oder Backpapier verpackt verschenken.

Kirsch-Ingwer-Schnecken I

Zum Mitnehmen

12 Stück

Pro Stück: E: 6 g, F: 15 g, Kh: 54 g,
kJ: 1600, kcal: 382, BE: 4,5

Für den Hefeteig:

120 ml	Milch
300 g	Weizenmehl
½ Pck.	frische Hefe (21 g)
50 g	Zucker
60 g	Butter oder Margarine
	(zimmerwarm)
1	Ei (Größe M)
1 Prise	Salz

Für die Streusel:

30 g	kandierter Ingwer
100 g	Cantuccini (ital. Mandelgebäck)
80 g	Butter oder Margarine
	(zimmerwarm)

Für die Füllung:

100 g	Cantuccini (ital. Mandelgebäck)
30 g	Butter oder Margarine
1 gestr. TL	gem. Zimt
50 g	kandierter Ingwer
150 g	Kirschkonfitüre
370 g	abgetropfte Sauerkirschen
	(aus dem Glas)

Zum Bestreichen:

1	Eiweiß

Zubereitungszeit: 50 Minuten, ohne Teiggehzeit
Backzeit: etwa 30 Minuten je Backblech

1. Für den Hefeteig Milch leicht erwärmen. Mehl in eine Rührschüssel geben und in die Mitte eine Vertiefung eindrücken. Hefe hineinbröckeln, mit Zucker und lauwarmer Milch in die Mitte geben, mit etwas Mehl verrühren und zugedeckt etwa 10 Minuten stehen lassen.

2. Anschließend restliche Zutaten hinzufügen und mit einem Mixer (Knethaken) zunächst kurz auf nied-

rigster, dann auf höchster Stufe in etwa 5 Minuten zu einem glatten Teig verarbeiten. Den Teig zugedeckt so lange an einem warmen Ort gehen lassen, bis er sich sichtbar vergrößert hat (etwa 30 Minuten).

3. Für die Streusel Ingwer fein hacken. Cantuccini in einen Gefrierbeutel geben. Den Beutel fest verschließen. Cantuccini mit einer Teigrolle zerbröseln. Cantuccinibrösel in eine Rührschüssel geben. Butter oder Margarine und gehackten Ingwer hinzufügen. Zutaten mit dem Mixer (Rührstäbe) zu Streuseln von gewünschter Größe verarbeiten. Streusel zugedeckt in den Kühlschrank stellen.

4. Für die Füllung die Cantuccini wie unter Punkt 3 beschrieben zu Bröseln verarbeiten, dann mit Butter und Zimt mischen. Kandierten Ingwer fein hacken.

5. Den gegangenen Teig auf der leicht bemehlten Arbeitsfläche zu einem Rechteck (etwa 30 x 40 cm) ausrollen. Teigplatte mit Kirschkonfitüre bestreichen, nacheinander mit Kirschen, Ingwer und Cantuccinibröseln belegen. Die Teigplatte von der langen Seite aus aufrollen, dann in etwa 12 gleich große Scheiben schneiden.

6. Die Teigschnecken auf 2 Backbleche (mit Backpapier belegt) legen. Die Teigschnecken zugedeckt an einem warmem Ort nochmals etwa 30 Minuten gehen lassen.

7. In der Zwischenzeit den Backofen vorheizen.
Ober-/Unterhitze: etwa 180 °C
Heißluft: etwa 160 °C

8. Das Eiweiß mit einer Gabel leicht verschlagen. Die Teigschnecken mit Eiweiß bestreichen und mit Streuseln bestreuen.

9. Die Backbleche nacheinander (bei Heißluft zusammen) in den vorgeheizten Backofen schieben und die Kirsch-Ingwer-Schnecken **etwa 30 Minuten je Backblech backen.**

10. Die Kirsch-Ingwer-Schnecken mit dem Backpapier von den Backblechen auf Kuchenroste ziehen und erkalten lassen.

Kirsch-Käse-Kuchen mit Rosmarinstreuseln I

Aromatisch

12 Stücke

Pro Stück: E: 13 g, F: 25 g, Kh: 32 g, kJ: 1675, kcal: 401, BE: 2,5

Für die Rosmarinstreusel:

2 Stängel	Rosmarin
100 g	Butterkekse
80 g	Butter oder Margarine (zimmerwarm)

Für den Boden:

150 g	Butterkekse
100 g	Butter oder Margarine (zimmerwarm)

Für die Füllung:

500 g	Süßkirschen
1 EL	Weizenmehl
4	Eiweiß (Größe M)
1 Prise	Salz
100 g	Zucker
500 g	Magerquark
200 g	Doppelrahm-Frischkäse
4	Eigelb (Größe M)
1 Pck.	Dr. Oetker Finesse Orangenschalen-Aroma
1 Pck.	Dr. Oetker Vanillin-Zucker
30 g	Weizenmehl

Zubereitungszeit: 60 Minuten, ohne Kühlzeit
Backzeit: etwa 45 Minuten

1. Für die Streusel Rosmarin abspülen, trocken tupfen und die Nadeln von den Stängeln zupfen. Nadeln fein hacken (ergibt etwa 2 Teelöffel).

2. Butterkekse im Blitzhacker fein mahlen. Butterkeksmehl, Butter oder Margarine und Rosmarinnadeln mit einem Mixer (Rührstäbe) zu Streuseln von gewünschter Größe verarbeiten. Die Rosmarinstreusel zugedeckt in den Kühlschrank stellen.

3. Für den Boden die Butterkekse im Blitzhacker fein mahlen. Butter oder Margarine und Butterkeksmehl mit dem Mixer (Rührstäbe) zu Streuseln verarbeiten. Streusel auf dem Boden einer Springform (Ø 26 cm, gefettet, mit Backpapier belegt) verteilen und gut zu einem Boden andrücken.

4. Den Teig zugedeckt etwa 30 Minuten in den Kühlschrank stellen.

5. Für die Füllung die Kirschen abspülen, abtropfen lassen, entstielen und entsteinen. Die Kirschen mit 1 Esslöffel Mehl bestreuen.

6. Den Backofen vorheizen.
Ober-/Unterhitze: etwa 180 °C
Heißluft: etwa 160 °C

7. Eiweiß mit Salz mit dem Mixer (Rührstäbe) steif schlagen. Nach und nach den Zucker dazugeben, dabei weiterschlagen, bis der Eischnee stark glänzt.

8. Quark, Frischkäse, Eigelb, Orangenschalen-Aroma, Vanillin-Zucker und das Mehl in eine Rührschüssel geben und verrühren.

9. Zunächst steif geschlagenen Eischnee, dann die Kirschen vorsichtig unterheben.

10. Die Masse auf dem Keksboden glatt streichen. Die Rosmarinstreusel gleichmäßig darauf verteilen.

11. Die Form auf dem Rost in den vorgeheizten Backofen schieben und den Kuchen **etwa 45 Minuten backen.**

12. Die Form auf einen Kuchenrost stellen. Den Kuchen in der Form erkalten lassen. Dann vorsichtig aus der Form lösen und auf eine Kuchenplatte setzen.

Tipps: Der Kuchen kann auch sehr gut mit 370 g abgetropften, entsteinten Süßkirschen (aus dem Glas) zubereitet werden. Möchten Sie getrockneten Rosmarin verwenden, genügt 1 Teelöffel, da getrocknete Kräuter sehr intensiv schmecken. Haben Sie keinen Blitzhacker, können Sie die Butterkekse auch auf einer Küchenreibe fein reiben.

Kirsch-Mandel-Torte aus Blätterteig I

Einfach

12 Stücke

Pro Stück: E: 4 g, F: 12 g, Kh: 33 g, kJ: 1080, kcal: 258, BE: 2,5

Für den Teig:

450 g *TK-Blätterteig (6 rechteckige Platten)*

Für den Belag:

70 g *abgezogene, gem. Mandeln*
370 g *abgetropfte Sauerkirschen (aus dem Glas)*
300 ml *Sauerkirschsaft (aus dem Glas, evtl. mit Wasser aufgefüllt)*
100 g *Zucker*
1 Pck. *Dr. Oetker Pudding-Pulver Vanille-Geschmack*

Zum Bestreichen:

1 *Eiweiß*
1 *Eigelb*
1 EL *Milch*

Zubereitungszeit: 40 Minuten, ohne Abkühl- und Ruhezeit
Backzeit: 40–45 Minuten

1. Für den Teig die Blätterteigplatten nach Packungsanleitung auftauen lassen.

2. Für den Belag in der Zwischenzeit Mandeln in einer Pfanne ohne Fett unter Wenden goldbraun rösten und auf einen Teller geben.

3. Von den Kirschen den Saft auffangen und 300 ml davon abmessen, evtl. mit Wasser auffüllen. 8 Esslöffel davon abnehmen und mit Zucker und Pudding-Pulver verrühren. Restlichen Saft in einem Topf zum Kochen bringen.

4. Angerührtes Pudding-Pulver in den von der Kochstelle genommenen Saft rühren, wieder zum Kochen

bringen, unter Rühren mindestens 1 Minute kochen lassen. Den Topf von der Kochstelle nehmen. Mandeln und Kirschen unterheben. Pudding erkalten lassen.

5. Den Backofen vorheizen.
Ober-/Unterhitze: etwa 200 °C
Heißluft: etwa 180 °C

6. Drei Teigplatten aufeinanderlegen und auf einer leicht bemehlten Arbeitsfläche zu einem Quadrat (etwa 32 x 32 cm) ausrollen. Daraus eine runde Platte (Ø 32 cm) ausschneiden, in eine Springform (Ø 28 cm, Boden gefettet) legen und andrücken. Den Teig etwa 15 Minuten ruhen lassen.

7. Den Teigboden mehrmals mit einer Gabel einstechen. Die Form auf dem Rost in den vorgeheizten Backofen schieben und den Blätterteigboden **etwa 20 Minuten vorbacken.**

8. Die restlichen Teigplatten und die Reste des Teiges aufeinanderlegen und genauso zu einem Quadrat in gleicher Größe ausrollen. Aus dem Quadrat wieder eine runde Platte (Ø etwa 28 cm) sowie 3 Streifen (etwa 28 x 2 cm) ausschneiden. Aus der Mitte der Platte ein 2–3 cm großes Loch ausstechen.

9. Die Form auf einen Kuchenrost stellen.

10. Zum Bestreichen Eiweiß verschlagen und an den Rand des vorgebackenen Bodens streichen. Die Teigstreifen an den Springformrand legen. Den Kirschpudding auf den Teig geben, dabei rundherum einen kleinen Rand frei lassen.

11. Die verbliebene Teigplatte auf die Füllung legen und die Teigränder zusammendrücken. Eigelb und Milch verquirlen. Die Teigplatte damit streichen.

12. Die Form wieder auf dem Rost in den heißen Backofen schieben. Die Torte **bei gleicher Backofentemperatur 20–25 Minuten backen.**

13. Die Form auf einen Kuchenrost stellen. Die Torte etwa 5 Minuten in der Form abkühlen lassen, dann vorsichtig aus der Form lösen und auf einem mit Backpapier belegten Kuchenrost erkalten lassen.

Kirschtorte „Linzer Art" I

Einfach
16 Stücke

Pro Stück: E: 6 g, F: 21 g, Kh: 34 g,
kJ: 1457, kcal: 348, BE: 3,0

Für den Rührteig:

250 g	*Butter oder Margarine (zimmerwarm)*
200 g	*Zucker*
1 Pck.	*Dr. Oetker Vanillin-Zucker*
1 Prise	*Salz*
1 gestr. TL	*gem. Zimt*
1 Msp.	*gem. Nelken*
5	*Eier (Größe M)*
250 g	*Weizenmehl*
1 gestr. TL	*Dr. Oetker Backin*
150 g	*nicht abgezogene, gem. Mandeln*
740 g	*abgetropfte Sauerkirschen (aus dem Glas)*

Zum Bestäuben:
etwas Puderzucker

Zubereitungszeit: 35 Minuten, ohne Abkühlzeit
Backzeit: etwa 60 Minuten

1. Den Backofen vorheizen.
Ober-/Unterhitze: etwa 180 °C
Heißluft: etwa 160 °C

2. Für den Teig die Butter oder Margarine mit einem Mixer (Rührstäbe) auf höchster Stufe geschmeidig rühren.

3. Nach und nach Zucker, Vanillin-Zucker, Salz, Zimt und Nelken unterrühren. So lange rühren, bis eine gebundene Masse entstanden ist.

4. Die Eier nach und nach unterrühren (jedes Ei etwa ½ Minute). Das Mehl mit Backpulver und Mandeln mischen und in 2 Portionen auf mittlerer Stufe kurz unterrühren.

5. Zwei Drittel des Teiges in eine Springform (Ø 28 cm, Boden gefettet) geben und glatt streichen.

6. Die Sauerkirschen auf dem Teig verteilen und leicht eindrücken.

7. Den restlichen Teig mit 2 Teelöffeln in Häufchen daraufgeben.

8. Die Form auf dem Rost in den vorgeheizten Backofen schieben und die Kirschtorte **etwa 60 Minuten backen.**

9. Die Form auf einen Kuchenrost stellen. Die Kirschtorte etwa 10 Minuten in der Form abkühlen lassen, dann aus der Form lösen und auf einem mit Backpapier belegten Kuchenrost erkalten lassen.

10. Die Torte mit Puderzucker bestäubt servieren.

Tipps: Servieren Sie die Kirschtorte mit etwas Zimtsahne. Die Kirschtorte schmeckt auch lauwarm als Dessert mit einer Kugel Vanilleeis sehr gut. Für einen angenehmen, leicht scharfen Geschmack ersetzen Sie die gemahlenen Nelken durch die gleiche Menge gemahlenen Piment (Nelkenpfeffer). Statt Mandeln können Sie auch gemahlene Haselnusskerne oder – für eine feinere Note – abgezogene, gemahlene Mandeln unter den Teig rühren. Die Kirschtorte lässt sich prima am Vortag zubereiten. Sie können sie auch sehr gut einfrieren.

Knusper-Clafoutis-Kuchen I

Französisch inspiriert

14 Stücke

Pro Stück: E: 6 g, F: 16 g, Kh: 30 g,
kJ: 1289, kcal: 289, BE: 2,5

Zum Vorbereiten:
>   125 g Butter

Für den Boden:
>   250 g Hafertaler
>   (schwedische Haferkekse)
> ½ gestr. TL gem. Zimt

Für den Belag:
>   500 g Renekloden
>   60 g Zucker
>   1 Pck. Dr. Oetker Bourbon-
>   Vanille-Zucker
>   4 Eiweiß (Größe M)
>   4 Eigelb (Größe M)
>   2 EL heißes Wasser
>   100 g Magerquark
>   2 EL Zitronensaft
>   2 TL Dr. Oetker Finesse
>   Geriebene Zitronenschale
>   100 g Weizenmehl
>   2 EL Milch

Für den Mandelkrokant:
>   50 g gehobelte Mandeln
>   2 EL Zucker
>   1 TL Butter

Zum Bestreichen:
>   1 EL Aprikosenkonfitüre

Zubereitungszeit: 30 Minuten, ohne Abkühlzeit
Backzeit: 35–40 Minuten

1. Zum Vorbereiten die Butter in einem kleinen Topf zerlassen.

2. Den Backofen vorheizen.
Ober-/Unterhitze: etwa 200 °C
Heißluft: etwa 180 °C

3. Für den Boden die Hafertaler portionsweise in einem Blitzhacker zu nicht zu feinen Bröseln verarbeiten und in eine Rührschüssel geben. Zimt und die zerlassene Butter hinzugeben. Die Zutaten gut vermischen. Die Brösel-Butter-Masse in eine Springform (Ø 26 cm, Boden gefettet, mit Backpapier belegt) geben und mit einem Esslöffel fest zu einem Boden andrücken. Die Springform in den Kühlschrank stellen.

4. Für den Belag Renekloden abwaschen, abtrocknen, halbieren und entkernen. Zucker mit Vanille-Zucker mischen. Das Eiweiß mit einem Mixer (Rührstäbe) steif schlagen. Dabei nach und nach die Hälfte der Zuckermischung einrieseln lassen.

5. In einer anderen Rührschüssel die restliche Zuckermischung, Eigelb und Wasser mit dem Mixer (Rührstäbe) auf höchster Stufe dick-schaumig schlagen. Quark, Zitronensaft- und schale unter die Eigelbmasse rühren. Das Mehl mit der Milch vorsichtig unterziehen. Zuletzt den Eischnee unterheben.

6. Die Eier-Quark-Masse auf den Bröselboden in die Springform geben und glatt streichen. Reneklodenhälften mit der Wölbung nach unten daraufsetzen. Die Form auf dem Rost in den vorgeheizten Backofen schieben und den Kuchen **35–40 Minuten backen.**

7. Für den Krokant in der Zwischenzeit Mandeln in einer Edelstahlpfanne ohne Fett unter Wenden goldbraun rösten und auf einen Teller geben. Den Zucker in die heiße Pfanne geben und unter Rühren schmelzen, bis er eine leicht goldbraune Farbe bekommt. Dann die Butter zufügen und gut mit dem Zucker verrühren. Die Mandeln untermischen. Krokant sofort auf einen Stück gefettetes Backpapier geben und erkalten lassen. Den Krokant in Stücke brechen.

8. Die Form auf einen Kuchenrost stellen und den Clafoutis-Kuchen etwas abkühlen lassen. Dann den Springformrand vorsichtig lösen und entfernen. Den Kuchen erkalten lassen, vom Springformboden lösen und auf eine Kuchenplatte setzen.

9. Konfitüre glatt rühren, evtl. durch ein Sieb streichen. Renekloden damit bestreichen und mit Mandelkrokant bestreuen.

Kokos-Bananen-Muffins I

Schmeckt auch Kindern

12 Stück

Pro Stück: E: 4 g, F: 15 g, Kh: 35 g,
kJ: 1212, kcal: 290, BE: 3,0

Zum Vorbereiten:

100 g	Kokosraspel
1	Banane (etwa 75 g)
1 EL	Zitronensaft

Für den Teig:

250 g	Weizenmehl
2 gestr. TL	Dr. Oetker Backin
100 g	Kokossirup
2	Eier (Größe M)
75 ml	Speiseöl
150 g	saure Sahne

Für den Guss:

125 g	Puderzucker
1 EL	Zitronensaft
evtl.	etwas Wasser

Zubereitungszeit: 25 Minuten, ohne Abkühlzeit
Backzeit: etwa 25 Minuten

1. Den Backofen vorheizen.
Ober-/Unterhitze: etwa 180 °C
Heißluft: etwa 160 °C

2. Zum Vorbereiten die Kokosraspel in einer Pfanne ohne Fett unter Wenden hellbraun rösten und auf einen Teller geben. Banane schälen, in kleine Stücke schneiden und mit Zitronensaft beträufeln.

3. Für den Teig das Mehl mit dem Backpulver in einer Rührschüssel mischen. Kokossirup, Eier, Speiseöl und saure Sahne hinzufügen.

4. Kokosraspel (1 Esslöffel für den Guss zurückbehalten) und Bananenstücke hinzufügen.

5. Die Zutaten mit einem Mixer (Knethaken) zunächst kurz auf niedrigster, dann auf höchster Stufe zu einem glatten Teig verarbeiten.

6. Den Teig in die Mulden einer Muffinform (für 12 Muffins, gefettet, bemehlt) geben und glatt streichen.

7. Die Form auf dem Rost in den vorgeheizten Backofen schieben. Kokos-Bananen-Muffins **etwa 25 Minuten backen.**

8. Die Form auf einen Kuchenrost stellen. Die Kokos-Bananen-Muffins etwa 10 Minuten in der Form stehen lassen, dann aus der Form lösen und auf dem Kuchenrost erkalten lassen.

9. Für den Guss Puderzucker mit Zitronensaft und nach Belieben etwas Wasser zu einer dickflüssigen Masse verrühren.

10. Die Muffins damit bestreichen und mit den beiseitegelegten Kokosraspeln bestreuen.

Tipps: Falls Sie keine Muffinform haben, können die Muffins auch in 3-fach ineinandergestellten Papierbackförmchen backen. Kokossirup wird aus Kokosmilch, Wasser und Zucker hergestellt. Sie können den Sirup auch durch Kokosnusscreme ersetzen. Den Teig können Sie statt mit saurer Sahne auch mit der gleichen Menge Crème fraîche zubereiten. Bestreichen Sie die Kokos-Bananen-Muffins statt mit Puderzuckerguss mit dunkler Kuchenglasur. Schön sieht es aus, wenn Sie die Muffins dann noch mit Bananenchips garnieren.

Kokoskuchen mit Ananas I

Schmeckt auch Kindern

18 Stücke

Pro Stück: E: 4 g, F: 16 g, Kh: 25 g,
kJ: 1099, kcal: 263, BE: 2,0

Für den Teig:

3	Eier (Größe M)
120 g	Zucker
1 Pck.	Dr. Oetker Vanillin-Zucker
	abgeriebene Schale von
½	Bio-Limette
	(unbehandelt, ungewachst)
1 EL	Limettensaft
	(von der ½ Bio-Limette)
200 g	Weizenmehl
2 gestr. TL	Dr. Oetker Backin
100 ml	Speiseöl
100 ml	Limettenlimonade

Für die Füllung:

340 g	abgetropfte Ananasstücke
	(aus der Dose)
7 Blatt	weiße Gelatine
400 ml	Ananassaft
	(aus der Dose,
	mit Wasser aufgefüllt)
1 Pck.	Dr. Oetker Pudding-Pulver
	Vanille-Geschmack
200 ml	Kokosmilch
30 g	Zucker
3 EL	Ananassaft
	(aus der Dose)
250 g	Schlagsahne (mind. 30 % Fett)

Zum Bestreuen:

etwa 70 g	Kokosraspel
evtl. einige	Tropfen gelbe und grüne
	Speisefarbe

Zubereitungszeit: 40 Minuten, ohne Kühlzeit
Backzeit: 15–20 Minuten

1. Den Backofen vorheizen.
Ober-/Unterhitze: etwa 180 °C
Heißluft: etwa 160 °C

2. Für den Teig Eier mit einem Mixer (Rührstäbe) auf höchster Stufe in 1 Minute schaumig schlagen. Den Zucker mit Vanillin-Zucker mischen, in 1 Minute einstreuen, dann noch etwa 2 Minuten schlagen. Limettenschale und -saft hinzufügen. Mehl mit Backpulver mischen und in 2 Portionen auf mittlerer Stufe kurz unterrühren. Nach und nach Speiseöl und Limonade unterrühren.

3. Den Teig auf ein Backblech (30 x 40 cm, mit Backpapier belegt) geben und glatt streichen. Das Backblech in den vorgeheizten Backofen schieben. Den Gebäckboden **15–20 Minuten backen.**

4. Das Backblech auf einen Kuchenrost stellen. Den Gebäckboden erkalten lassen.

5. Für die Füllung von den Ananasstücken den Saft auffangen. Ananasstücke etwas kleiner schneiden, dabei ebenfalls den Saft auffangen und insgesamt 400 ml und 3 Esslöffel Saft abmessen.

6. Die Gelatine nach Packungsanleitung einweichen. Die 400 ml Ananassaft in einem Topf zum Kochen bringen. Pudding-Pulver mit Kokosmilch und Zucker anrühren. Angerührtes Pudding-Pulver in den von der Kochstelle genommenen Saft rühren und unter Rühren aufkochen lassen. Gelatine leicht ausdrücken und in dem heißen Pudding unter Rühren auflösen.

7. Fünf Esslöffel von der Puddingmasse abnehmen, mit den abgemessenen 3 Esslöffeln Ananassaft verrühren und beiseitestellen (nicht kalt stellen).

8. Die klein geschnittenen Ananasstücke unter den restlichen Pudding heben und in den Kühlschrank stellen, zwischendurch umrühren. Sahne steif schlagen. Sobald die Ananasmasse anfängt dicklich zu werden, die Sahne unterheben.

9. Den Gebäckboden senkrecht halbieren, sodass 2 Rechtecke (etwa 20 x 30 cm) entstehen. Das mitgebackene Backpapier entfernen. Eine Gebäckhälfte auf eine Tortenplatte legen. Die Ananas-Sahne-Creme daraufgeben und glatt streichen. Die zweite Gebäckhälfte darauflegen. Den Kuchen zugedeckt etwa 2 Stunden in den Kühlschrank stellen.

10. Die Kuchenoberfläche und die -seiten dünn mit der beiseitegestellten Puddingmasse bestreichen. Den Kuchen in 18 Stücke schneiden.

11. Zum Bestreuen die Kokosraspel nach Belieben mit Speisefarbe einfärben und die Ananas-Kokos-Stücke mit den Kokosraspeln bestreuen.

Konfitüren-Kuchen mit Weinbergpfirsichen I

Wunderbar saftig

20 Stücke

Pro Stück: E: 6 g, F: 10 g, Kh: 39 g,
kJ: 1122, kcal: 268, BE: 3,0

Für den All-in-Teig:

250 g	Weizenmehl
3 gestr. TL	Dr. Oetker Backin
100 g	Zucker
1 Pck.	Dr. Oetker Vanillin-Zucker
3	Eier (Größe M)
125 g	Butter oder Margarine (zimmerwarm)
125 ml	Orangensaft (ohne Zucker)

Für den Belag:

1 kg	Weinbergpfirsiche (in kleine Stücke geschnitten)
1 Beutel	Gelfix Super 3 : 1 (25 g)
350 g	Zucker
1 Pck.	Zitronensäure (5 g)
3 Blatt	weiße Gelatine
2 EL	Orangensaft
500 g	Speisequark (40 % Fett)
1 Pck.	Dr. Oetker Vanillin-Zucker

Zum Garnieren:

etwa 150 g	Himbeeren (20 Stück)

Zubereitungszeit: 40 Minuten, ohne Kühlzeit
Backzeit: etwa 20 Minuten

1. Den Backofen vorheizen.
Ober-/Unterhitze: etwa 180 °C
Heißluft: etwa 160 °C

2. Für den Teig Mehl mit Backpulver in einer Rührschüssel mischen. Restliche Zutaten hinzufügen und mit einem Mixer (Rührstäbe) zunächst kurz auf niedrigster, dann auf höchster Stufe in etwa 2 Minuten zu einem glatten Teig verarbeiten.

3. Den Teig auf ein Backblech (30 x 40 cm, gefettet) geben und glatt streichen. Das Backblech in den vorgeheizten Backofen schieben. Die Gebäckplatte **etwa 20 Minuten backen.**

4. Das Backblech auf einen Kuchenrost stellen. Die Gebäckplatte erkalten lassen.

5. Für den Belag Pfirsichstücke in einen großen Topf geben. Das Gelfix mit Zucker verrühren und unter die Pfirsichstücke rühren. Die Zutaten unter Rühren bei starker Hitze zum Kochen bringen und mindestens 3 Minuten unter ständigem Rühren sprudelnd kochen lassen. Den Topf von der Kochstelle nehmen. Zitronensäure unterrühren. Konfitüre etwa 20 Minuten abkühlen lassen, dabei zwischendurch 2–3-mal umrühren.

6. Die Konfitüre auf die Gebäckplatte geben, glatt streichen und erkalten lassen.

7. Die Gelatine nach Packungsanleitung einweichen. Gelatine leicht ausdrücken und in einem kleinen Topf bei schwacher Hitze unter Rühren auflösen. Orangensaft unterrühren.

8. Quark mit Vanillin-Zucker glatt rühren. Die Gelatine zunächst mit etwa 4 Esslöffeln von der Quarkmasse verrühren, dann unter die restliche Quarkmasse rühren. 20 Quarkhäufchen mithilfe eines Esslöffels auf den Konfitürenbelag setzen.

9. Zum Garnieren die Himbeeren verlesen, evtl. kurz abspülen und vorsichtig trocken tupfen. In die Mitte jedes Quarkhäufchens 1 Himbeere setzen.

10. Den Konfitüren-Kuchen zugedeckt etwa 30 Minuten in den Kühlschrank stellen.

11. Den Konfitüren-Kuchen vor dem Servieren in Stücke schneiden.

Tipps: Statt Weinbergpfirsichen können auch „normale" Pfirsiche verwendet werden. Statt Gelfix Super 3 : 1 können Sie auch 250 g (½ Päckchen) Super Gelierzucker 3 : 1 verwenden. Dann 750 g vorbereitete, in kleine Stücke geschnittene Weinbergpfirsiche für die Konfitüre verwenden.

Lava-Torte mit Himbeeren I

Sommergenuss

12 Stücke

Pro Stück: E: 3 g, F: 14 g, Kh: 22 g,
kJ: 971, kcal: 232, BE: 2,0

Für den Boden:
>   75 g Butterkekse

Für den Teig:
>   4 Eiweiß (Größe M)
>   1 Prise Salz
>   200 g feinster Zucker
>   1 TL abgeriebene Schale von
>   1 Bio-Zitrone
>   (unbehandelt, ungewachst)
>   100 g Kokosraspel
>   75 g Schokoladenplättchen
>   zum Backen

Für den Belag:
>   250 g Himbeeren
>   400 g Schlagsahne
>   (mind. 30 % Fett)
>   2 Pck. Sahnesteif
>   1 Pck. Dr. Oetker Vanillin-Zucker
>   1 EL Zitronensaft

Zum Bestreuen und Bestäuben:
>   25 g Schokoladenplättchen
>   zum Backen
>   evtl. etwas Puderzucker

Zubereitungszeit: 40 Minuten, ohne Kühlzeit
Backzeit: etwa 40 Minuten

1. Für den Boden Butterkekse auf dem Boden einer Springform (Ø 26 cm, mit Backpapier belegt) verteilen.

2. Den Backofen vorheizen.
Ober-/Unterhitze: etwa 180 °C
Heißluft: etwa 160 °C

3. Für den Teig das Eiweiß und Salz mit einem Mixer (Rührstäbe) sehr steif schlagen. Den Zucker nach und nach kurz unterschlagen. Zitronenschale, Kokosraspel

und Schokoladenplättchen unter den Eischnee heben. Die Eischneemasse auf den Butterkeksen in der Form verteilen und unregelmäßig verstreichen.

4. Die Form auf dem Rost in den vorgeheizten Backofen schieben. Den Boden **etwa 40 Minuten backen.**

5. Den Baiserboden vom Springformrand lösen und entfernen. Den Baiserboden mit dem Backpapier vom Springformboden auf einen Kuchenrost ziehen. Baiserboden erkalten lassen.

6. Für den Belag die Himbeeren abspülen, abtropfen lassen, entstielen und auf Küchenpapier legen. Die Himbeeren gut trocken tupfen.

7. Den Baiserboden vom Backpapier lösen und auf eine Tortenplatte legen. Knapp die Hälfte der Himbeeren in den Vertiefungen des Baiserbodens verteilen. Sahne mit Sahnesteif und Vanillin-Zucker steif schlagen. Den Zitronensaft unterziehen. Die Zitronensahne auf die Himbeeren geben und unregelmäßig verstreichen. Die restlichen Himbeeren darauf verteilen.

8. Zum Bestreuen Schokoladenplättchen grob hacken und auf die Tortenoberfläche streuen. Die Torte zugedeckt etwa 30 Minuten in den Kühlschrank stellen. Die Torte nach Belieben vor dem Servieren mit Puderzucker bestäuben.

Lavendel-Heidelbeer-Cupcakes I

Etwas Besonderes

12 Stück

Pro Stück: E: 5 g, F: 11 g, Kh: 34 g,
kJ: 1089, kcal: 261, BE: 3,0

Zum Vorbereiten:

80 g	Butter oder Margarine
½ TL	frische Lavendelblüten (unbehandelt)

Für den Teig:

280 ml	Buttermilch
120 g	Zucker
2	Eier (Größe M)
220 g	Weizenmehl
1 ½ gestr. TL	Dr. Oetker Backin
1 Msp.	Natron
150 g	TK-Heidelbeeren

Für das Topping:

200 g	Doppelrahm-Frischkäse (zimmerwarm)
100 g	Puderzucker
einige	Tropfen rote und blaue Speisefarbe

Zum Garnieren:

12	Lavendelblüten (unbehandelt)

Außerdem:

12	Muffin-Papierbackförmchen

Zubereitungszeit: 40 Minuten, ohne Abkühlzeit
Backzeit: 25–30 Minuten

1. Zum Vorbereiten Butter oder Margarine zerlassen und etwas abkühlen lassen. Die Lavendelblüten abspülen, trocken tupfen und fein hacken. Die Mulden einer Muffinform für 12 Muffins mit den Papierförmchen auslegen.

2. Den Backofen vorheizen.
Ober-/Unterhitze: etwa 180 °C
Heißluft: etwa 160 °C

3. Für den Teig Buttermilch mit Zucker, Eiern und zerlassener Butter oder Margarine in eine Rührschüssel geben. Die Zutaten mit einem Schneebesen gut verrühren.

4. Mehl mit Backpulver, Natron und Lavendelblüten gut mischen und unter die Buttermilchmasse rühren. Zum Schluss die gefrorenen Heidelbeeren vorsichtig unter den Teig heben.

5. Den Teig gleichmäßig in der Form verteilen. Die Muffinform auf dem Rost in den vorgeheizten Backofen schieben. Cupcakes **25–30 Minuten backen.**

6. Die Muffinform auf einen Kuchenrost stellen. Die Cupcakes nach etwa 5 Minuten aus der Form lösen und auf dem Kuchenrost erkalten lassen.

7. Für das Topping Frischkäse mit Puderzucker und Speisefarbe mit dem Mixer (Rührstäbe) auf mittlerer Stufe kurz zu einer lilafarbenen Creme verschlagen.

8. Zum Garnieren die Frischkäsecreme auf den Cupcakes verteilen und mit einem Messer glatt streichen. Die Lavendelblüten abspülen und trocken tupfen. Die Cupcakes mit den Lavendelblüten garnieren.

Lemon-Pie nach Shaker Art I

Erfrischend

16 Stücke

Pro Stück: E: 3 g, F: 14 g, Kh: 36 g,
kJ: 1212, kcal: 290, BE: 3,0

Zum Vorbereiten:

2 mittelgroße,
reife Bio-Zitronen
(unbehandelt, ungewachst)
250 g Zucker

Für den Knetteig:

250 g Weizenmehl
½ TL Dr. Oetker Backin
1 Prise Salz
120 g Zucker
1 Pck. Dr. Oetker Vanillin-
Zucker
1 Eigelb (Größe M)
200 g Butter oder Margarine

Zum Bestreichen:

etwas zerlassene Butter oder
Margarine

Für den Belag:

etwas 180 ml Zitronensaft
(von den Bio-Zitronen)
3 Eier (Größe M)
20 g Butter

Zum Bestäuben:

etwas Puderzucker

Zubereitungszeit: 45 Minuten,
ohne Saftzieh- und Abkühlzeit
Backzeit: 40–45 Minuten

1. Zum Vorbereiten die Zitronen heiß abwaschen, abtrocknen, längs halbieren, Spitzen und Stängelansätze großzügig abschneiden. Die Zitronen in hauchdünne Scheiben schneiden und entkernen. Zitronenscheiben halbieren, in eine Schüssel geben, mit dem Zucker mischen. Die Zitronenscheiben zugedeckt mindestens 6 Stunden stehen lassen.

2. Zitronenscheiben umrühren, in ein Sieb geben und abtropfen lassen, den Saft dabei auffangen, 180 ml davon abmessen und für den Belag beiseitestellen.

3. Für den Teig Mehl mit Backpulver und Salz in einer Rührschüssel mischen. Restliche Zutaten hinzufügen und mit einem Mixer (Knethaken) zunächst kurz auf niedrigster, dann auf höchster Stufe gut durcharbeiten.

4. Anschließend auf einer leicht bemehlten Arbeitsfläche kurz zu einem Teig verkneten. Sollte er kleben, ihn in Frischhaltefolie gewickelt eine Zeit lang in den Kühlschrank legen.

5. Den Backofen vorheizen.
Ober-/Unterhitze: etwa 200 °C
Heißluft: etwa 180 °C

6. Zwei Drittel des Teiges zwischen 2 Lagen Backpapier zu einer runden Platte (Ø etwa 34 cm) ausrollen. Die Teigplatte in eine Pieform (Ø 28 cm, gefettet) geben und andrücken. Den Teigboden mehrmals mit einer Gabel einstechen, mit Butter oder Margarine bestreichen.

7. Für den Belag die abgetropften Zitronenscheiben auf dem Teigboden verteilen. Den aufgefangenen Zitronensaft mit den Eiern kurz verschlagen und auf den Zitronenscheiben verteilen. Butterflöckchen daraufsetzen. Den überstehenden Teigrand nach innen auf die Füllung legen.

8. Den restlichen Teig wie unter Punkt 6 beschrieben zu einer runden Platte (Ø etwa 30 cm) ausrollen. Die Teigplatte mithilfe des Backpapiers auf den Kuchen legen. Das Backpapier vorsichtig abziehen.

9. Den Teig am Rand andrücken. Die Teigplatte mehrmals mit einem Messer einritzen.

10. Die Form auf dem Rost in den vorgeheizten Backofen schieben. und die Lemon-Pie **40–45 Minuten backen.**

11. Die Form auf einen Kuchenrost stellen. Den Kuchen in der Form erkalten lassen, dann mit Puderzucker bestäubt servieren.

Luftige Kissen I

Raffiniert

6 Stück

Pro Stück: E: 11 g, F: 42 g, Kh: 37 g,
kJ: 2390, kcal: 571, BE: 3,0

Für den Brandteig:

      200 ml Wasser
        60 g Butter
     120 g Dinkelmehl (Type 630)
       30 g Speisestärke
  1 Prise Salz
     3–4 Eier (Größe M)
  1 Msp. Dr. Oetker Backin

       2 EL gehobelte Mandeln
      1 TL brauner Zucker

Für die Füllung:

     500 g Schlagsahne
           (mind. 30 % Fett)
  2 Pck. Sahnesteif
     200 g Pfirsichjoghurt
         4 Weinbergpfirsiche oder
           weiße Pfirsiche

Zubereitungszeit: 30 Minuten, ohne Abkühlzeit
Backzeit: 30–35 Minuten

1. Den Backofen vorheizen.
Ober-/Unterhitze: etwa 200 °C
Heißluft: etwa 180 °C

2. Für den Teig Wasser mit Butter am besten in einem Stieltopf zum Kochen bringen. Mehl mit Speisestärke und Salz auf einmal in die von der Kochstelle genommene Flüssigkeit schütten, zu einem glatten Kloß rühren und unter Rühren etwa 1 Minute erhitzen. Den heißen Kloß sofort in eine Schüssel geben.

3. Nach und nach Eier mit einem Mixer (Knethaken) auf höchster Stufe unterarbeiten. Die Eiermenge hängt von der Beschaffenheit des Teiges ab. Er muss stark glänzen und so vom Löffel abreißen, dass lange Spitzen hängen bleiben. Backpulver unter den erkalteten Teig rühren.

4. Den Teig portionsweise in einen Spritzbeutel mit großer Sterntülle füllen. Den Teig in 6 Kissen auf ein Backblech (mit Backpapier belegt) spritzen (je 3 dicht aneinanderliegende Streifen, 8–10 cm lang, aufspritzen, sodass ein Rechteck entsteht). Dabei genügend Abstand zwischen den Kissen lassen. Die Teigkissen mit Mandeln und Zucker bestreuen.

5. Backblech in den vorgeheizten Backofen schieben. Die Kissen **30–35 Minuten backen.** Während der ersten 20 Minuten die Backofentür nicht öffnen, da das Gebäck sonst zusammenfällt.

6. Das Backblech auf einen Kuchenrost stellen. Sofort von jedem Kissen einen Deckel abschneiden. Die Kissen auf dem mit Backpapier belegten Kuchenrost erkalten lassen.

7. Für die Füllung Sahne mit Sahnesteif steif schlagen. Den Joghurt in einer Schüssel glatt rühren. Die Sahne unterheben.

8. Pfirsiche abwaschen, abtrocknen, halbieren und entkernen. Die Hälften in feine Spalten schneiden. Die Joghurtcreme in einen Spritzbeutel mit großer Sterntülle geben und auf die unteren Kissen spritzen. Die Joghurtcreme mit den Pfirsichspalten belegen. Die oberen Kissen darauflegen und leicht andrücken. Die luftigen Kissen sofort servieren.

Tipp: Sie können auch abgetropfte Pfirsichspalten (aus der Dose) verwenden.

Macadamia-Mango-Tarte I

Für Nussliebhaber – schnell

12 Stücke

Pro Stück: E: 3 g, F: 16 g, Kh: 24 g,
kJ: 1030, kcal: 246, BE: 2,0

Für den Knetteig:

75 g	ungesalzene Macadamia-nüsse
150 g	Weizenmehl
1 Msp.	Dr. Oetker Backin
50 g	Zucker
1 Pck.	Dr. Oetker Vanillin-Zucker
100 g	Butter oder Margarine

Für den Belag:

2	reife Mangos
1 Pck.	ungezuckerter Tortenguss, klar
50 ml	Zitronensaft
200 ml	Wasser
25 g	Zucker
50 g	ungesalzene Macadamia-nüsse

Zubereitungszeit: 20 Minuten, ohne Abkühlzeit
Backzeit: etwa 15 Minuten

1. Für den Teig die Macadamianüsse fein hacken. Mehl mit Backpulver in einer Rührschüssel mischen.

2. Zucker, Vanillin-Zucker, Butter oder Margarine hinzugeben und mit einem Mixer (Knethaken) zunächst kurz auf niedrigster, dann auf höchster Stufe gut durcharbeiten.

3. Zuletzt die Macadamianüsse unter den Teig kneten. Anschließend auf einer leicht bemehlten Arbeitsfläche zu einem glatten Teig verkneten. Sollte er kleben, ihn in Frischhaltefolie gewickelt eine Zeit lang in den Kühlschrank legen.

4. Den Backofen vorheizen.
Ober-/Unterhitze: etwa 200 °C
Heißluft: etwa 180 °C

5. Den Teig auf der leicht bemehlten Arbeitsfläche zu einer runden Platte (Ø etwa 30 cm) ausrollen und eine Tarteform (Ø 28 cm, gefettet) damit auslegen. Den Teigboden mehrmals mit einer Gabel einstechen.

6. Die Form auf dem Rost in den vorgeheizten Backofen schieben. Den Tarteboden **etwa 15 Minuten backen.**

7. Die Form auf einen Kuchenrost stellen. Den Tarteboden erkalten lassen.

8. Für den Belag in der Zwischenzeit Mangos halbieren. Das Fruchtfleisch vom Stein schneiden und schälen. Mangofruchtfleisch in dünne Spalten schneiden und kranzförmig auf den Tarteboden legen.

9. Aus Tortengusspulver, Saft, Wasser und Zucker nach Packungsanleitung einen Guss zubereiten. Den Guss auf dem Obst verteilen.

10. Die Macadamianüsse grob hacken, daraufstreuen und den Guss fest werden lassen.

Tipps: Die Macadamianüsse zum Garnieren erst in einer Pfanne ohne Fett mit 1/2 Teelöffel Zucker unter Wenden anrösten. Statt frischer Mangos schmeckt auch abgetropftes Mangofruchtfleisch (aus dem Glas).

Macaronstorte mit Blutorangen I

Braucht etwas Zeit

14 Stücke

Pro Stück: E: 7 g, F: 17 g, Kh: 41 g,
kJ: 1455, kcal: 348, BE: 3,5

Für den Teig:

50 g	Marzipan-Rohmasse
90 g	Butter oder Margarine (zimmerwarm)
40 g	Zucker
1 Pck.	Dr. Oetker Bourbon-Vanille-Zucker
1	Ei (Größe M) abgeriebene Schale und Saft von
½	Bio-Limette (unbehandelt, ungewachst)
100 g	Weizenmehl
20 g	Speisestärke
1 gestr. TL	Dr. Oetker Backin

Für die Macarons:

180 g	abgezogene, gem. Mandeln
3	Eiweiß (Größe M)
1 Prise	Salz
240 g	gesiebter Puderzucker
1 TL	Dr. Oetker Finesse Orangenschalen-Aroma
etwas	gelbe Speisefarbe

Für die Füllung:

1 Pck.	Dr. Oetker Pudding-Pulver Mandel-Geschmack
2 EL	Zucker
3 EL	Schlagsahne
350 ml	frisch gepresster Blutorangensaft (von 3–4 Blutorangen)
100 g	Vollmilch-Schokolade (etwa 30 % Kakaoanteil)
3 TL	Lemoncurd (aus dem Glas)

Zubereitungszeit: 45 Minuten, ohne Abkühlzeit
Back-/Trockenzeit: etwa 95 Minuten

1. Den Backofen vorheizen.
Heißluft: etwa 160 °C
(Ober-/Unterhitze nicht empfehlenswert!)

2. Für den Teig Marzipan in sehr dünne Scheiben schneiden. Marzipanscheiben, Butter oder Margarine, Zucker und Vanille-Zucker mit einem Mixer (Rührstäbe) auf höchster Stufe etwa 2 Minuten glatt rühren. Ei, Limettenschale und -saft unterrühren.

3. Mehl mit Speisestärke und Backpulver mischen, kurz unterrühren. Dann alles auf höchster Stufe in etwa 1 Minute zu einem glatten Teig verarbeiten.

4. Den Teig in eine Springform (Ø 26 cm, Boden gefettet, mit Backpapier belegt) geben und glatt streichen. Die Form auf dem Rost in den vorgeheizten Backofen schieben. Tortenboden **etwa 35 Minuten backen.**

5. Für die Macarons in der Zwischenzeit die Mandeln kurz in einem Blitzhacker noch feiner mahlen. Eiweiß mit Salz mit einem Mixer (Rührstäbe) auf höchster Stufe so steif schlagen, dass ein Messerschnitt sichtbar bleibt. Nach und nach Puderzucker unterschlagen. So lange schlagen, bis der Eischnee stark glänzt. Die Orangenschale, Speisefarbe und Mandeln unterheben.

6. Die Springform auf einen Kuchenrost stellen. Den Tortenboden abkühlen lassen. Die Backofentemperatur auf etwa 80 °C herunterschalten.

7. Die Hälfte der Mandel-Baiser-Masse auf dem Tortenboden verstreichen. Form wieder auf dem Rost in den heißen Backofen schieben. Mandel-Baiser-Masse **etwa 20 Minuten trocknen lassen.** Anschließend die Temperatur auf 160 °C heraufschalten und den Tortenboden **weitere 12–14 Minuten backen.**

8. Die Form auf einen Kuchenrost stellen. Den Tortenboden in der Form erkalten lassen. Die Backofentemperatur erneut auf 80 °C herunterschalten.

9. Die restliche Mandel-Baiser-Masse in einen Spritzbeutel mit Lochtülle (Ø 1 cm) geben. Tupfen (Ø etwa 3 cm) auf ein Backblech (gefettet, mit Backpapier belegt, dünn mit Butter bestrichen) spritzen. Dabei genügend Abstand zwischen den Tupfen lassen.

10. Das Backblech in den heißen Backofen schieben. Die Macarons **etwa 20 Minuten trocknen.** Anschließend die Backofentemperatur wieder auf 160 °C heraufschalten. Die Macarons **weitere 8–10 Minuten backen.** Das Backblech auf einen Kuchenrost stellen. Die Macarons auf dem Backblech erkalten lassen.

11. Für die Füllung Pudding-Pulver mit Zucker und Sahne glatt rühren. Den Saft zum Kochen bringen. Das angerührte Pudding-Pulver in den von der Kochstelle genommen Saft rühren, unter Rühren wieder zum Kochen bringen. Topf von der Kochstelle nehmen.

12. Schokolade in Stücke brechen. Schokolade zu der Puddingmasse geben und unter Rühren darin schmelzen. Zuletzt Lemoncurd untermischen. Den Pudding mit dem Mixer (Rührstäbe) kalt rühren.

13. Den Tortenboden aus der Form lösen. Das Backpapier abziehen und den Boden auf eine Tortenplatte setzen.

14. Den Tortenboden vorsichtig mit der Puddingcreme bestreichen. Die Tortenoberfläche dekorativ mit den Macarons belegen.

Mandarinen-Amarena-Kuchen I

Gut vorzubereiten

16 Stücke

Pro Stück: E: 7 g, F: 6 g, Kh: 27 g,
kJ: 818, kcal: 195, BE: 2,5

Für den Teig:

150 g	Weizenmehl
3 gestr. TL	Dr. Oetker Backin
1 Pck.	Dr. Oetker Pudding-Pulver Sahne-Geschmack
70 g	Zucker
2	Eier (Größe M)
80 g	Butter oder Margarine (zimmerwarm)
100 g	Joghurt (3,5 % Fett)
130 g	abgetropfte Amarena-Kirschen (aus dem Glas)

Für die Creme:

6 Blatt	weiße Gelatine
175 g	abgetropfte Mandarinen (aus der Dose)
500 g	Magerquark
100 ml	Milch (1,5 % Fett)
75 g	Zucker
2 EL	Zitronensaft
1 Pck.	Dr. Oetker Finesse Geriebene Zitronenschale
3 EL	Mandarinensaft (aus der Dose)

Für den Guss und den Rand:

	Mandarinensaft (aus der Dose)
2 EL	Kirschsaft (aus dem Glas)
1 Pck.	ungezuckerter Tortenguss, klar
1 EL	gehackte Pistazienkerne

Zubereitungszeit: 35 Minuten, ohne Kühlzeit
Backzeit: 25–30 Minuten

1. Den Backofen vorheizen.
Ober-/Unterhitze: etwa 180 °C
Heißluft: etwa 160 °C

2. Für den Teig das Mehl mit Backpulver und Pudding-Pulver in einer Rührschüssel mischen. Danach Zucker, Eier, Butter oder Margarine und Joghurt hinzufügen. Die Zutaten mit einem Mixer (Rührstäbe) zunächst kurz auf niedrigster, dann auf höchster Stufe in etwa 2 Minuten zu einem glatten Teig verrühren. Den Teig in eine Springform (Ø 26 cm, Boden gefettet, mit Backpapier belegt) geben und glatt streichen.

3. Von den Kirschen den Saft auffangen und beiseitestellen. Etwa 10 Kirschen beiseitelegen. Die restlichen Kirschen auf dem Teig verteilen.

4. Die Form auf dem Rost in den vorgeheizten Backofen (unteres Drittel) schieben. Den Kuchenboden **25–30 Minuten backen.** Form auf einen Kuchenrost stellen. Kuchenboden etwa 10 Minuten in der Form stehen lassen, aus der Form lösen und auf einem Kuchenrost erkalten lassen. Kuchenboden auf eine Tortenplatte legen. Einen Tortenring darumstellen.

5. Für die Creme Gelatine nach Packungsanleitung einweichen. Von den Mandarinen den Saft auffangen und beiseitestellen. Quark mit Milch, Zucker, Zitronensaft und -schale verrühren.

6. Die Gelatine leicht ausdrücken und mit 3 Esslöffeln Mandarinensaft in einem Topf unter Rühren auflösen. Aufgelöste Gelatine zuerst mit 2 Esslöffeln von der Quarkmasse verrühren, dann mit der restlichen Quarkmasse verrühren. Die Hälfte der Mandarinen unterheben. Die Creme auf dem Kuchenboden verstreichen und zugedeckt mindestens 2 Stunden in den Kühlschrank stellen.

7. Restliche Mandarinen und die beiseitegelegten Kirschen auf der Cremeschicht verteilen. Restlichen Mandarinensaft mit 2 Esslöffeln Kirschsaft verrühren und mit Wasser auf 250 ml auffüllen. Aus Tortengusspulver und Saftmischung nach Packungsanleitung einen Guss bereiten, diesen auf der Kuchenoberfläche verstreichen.

8. Kuchen zugedeckt nochmals mindestens 60 Minuten in den Kühlschrank stellen. Den Tortenring vorsichtig lösen und entfernen. Kuchenrand mit Pistazien bestreuen.

Mandarinen-Haselnuss-Kuchen, kleiner ▌

Für Nussliebhaber
12 Stücke

Pro Stück: E: 4 g, F: 18 g, Kh: 18 g,
kJ: 1062, kcal: 254, BE: 1,5

Für den Rührteig:

        50 g *Marzipan-Rohmasse*
        75 g *Butter oder Margarine*
              (zimmerwarm)
        70 g *Zucker*
    1 Prise *Salz*
    1 Pck. *Dr. Oetker Vanillin-Zucker*
        2 Eier *(Größe M)*
        70 g *Weizenmehl*
½ gestr. TL *Dr. Oetker Backin*
        70 g *gem. Haselnusskerne*

Für die Füllung:

      250 g *Schlagsahne*
              (mind. 30 % Fett)
        2 EL *Puderzucker*
    1 Pck. *Sahnesteif*

      175 g *abgetropfte Mandarinen*
              (aus der Dose)

Zubereitungszeit: 35 Minuten, ohne Abkühlzeit
Backzeit: etwa 50 Minuten

1. Den Backofen vorheizen.
Ober-/Unterhitze: etwa 180 °C
Heißluft: etwa 160 °C

2. Für den Teig Marzipan in sehr dünne Scheiben schneiden und in eine Schüssel geben. Butter oder Margarine hinzufügen und mit einem Mixer (Rührstäbe) auf höchster Stufe geschmeidig rühren. Nach und nach Zucker, Salz und Vanillin-Zucker unterrühren. So lange rühren, bis eine gebundene Masse entstanden ist.

3. Eier nach und nach unterrühren (jedes Ei etwa ½ Minute). Mehl mit Backpulver mischen und auf mittlerer Stufe kurz unterrühren. Zuletzt die Nüsse kurz unterrühren. Den Teig in eine Gugelhupfform (Ø 16 cm, gefettet) geben und glatt streichen. Die Form auf dem Rost in den vorgeheizten Backofen schieben. Den Gugelhupf **etwa 50 Minuten backen.**

4. Die Form auf einen Kuchenrost stellen. Den Kuchen etwa 5 Minuten in der Form stehen lassen. Dann auf einen mit Backpapier belegten Kuchenrost stürzen und erkalten lassen.

5. Den Kuchen dreimal waagerecht durchschneiden, sodass 4 Gebäckringe entstehen.

6. Für die Füllung Sahne mit Puderzucker und Sahnesteif steif schlagen. Von den Mandarinen 12 Stück zum Garnieren beiseitelegen. Die restlichen Mandarinen mit dem Mixer (Rührstäbe) so unter die Sahne rühren, dass sie stückig zerreißen.

7. Die Füllung in einen Spritzbeutel mit großer Lochtülle (Ø 12 mm) füllen.

8. Auf die unteren 3 Gebäckringe jeweils ein Viertel der Creme spritzen. Den Gugelhupf wieder zusammensetzen. Den Gugelhupf mit der restlichen Sahne verzieren und mit den restlichen Mandarinenspalten garnieren.

Tipps: Zum leichteren Stürzen des Kuchens Form mehrmals auf die Arbeitsfläche klopfen. Der Kuchen ist ohne Füllung gefriergeeignet; er schmeckt auch ohne Füllung sehr gut. Wenn Sie keinen Spritzbeutel haben, geben Sie die Füllung in einen Gefrierbeutel und schneiden eine Ecke ab.

Mandarinen-Limetten-Schnitten mit Haferstreuseln I

Erfrischend

20 Stücke

Pro Stück: E: 3 g, F: 17 g, Kh: 35 g, kJ: 1284, kcal: 307, BE: 3,0

Für den Streuselteig:

200 g kalte Butter oder Margarine
300 g Weizenmehl
50 g Zucker
50 g Puderzucker
1 Eigelb (Größe M)
1 Prise Salz

Für die Creme:

1 Pck. Dr. Oetker Pudding-Pulver Vanille- oder Sahne-Geschmack
200 ml Wasser
300 g Schlagsahne
120 g Zucker
100 ml Limettensaft (frisch gepresst, von etwa 5 Limetten)
1 Pck. Dr. Oetker Finesse Geriebene Zitronenschale

Zum Belegen:

525 g abgetropfte Mandarinen (aus der Dose)

Für die Streusel:

100 g Weizenmehl
75 g Butter oder Margarine (zimmerwarm)
etwa 2 EL zarte Haferflocken
50 g brauner Zucker

Zubereitungszeit: 25 Minuten
Backzeit: etwa 42 Minuten

1. Den Backofen vorheizen.
Ober-/Unterhitze: etwa 180 °C
Heißluft: etwa 160 °C

2. Für den Teig Butter oder Margarine mit Mehl, Zucker, Puderzucker, Eigelb und Salz in eine Rührschüssel geben. Die Zutaten mit einem Mixer (Rührstäbe) zuerst auf niedrigster, dann auf höchster Stufe zu feinen Streuseln verarbeiten.

3. Die Streusel in ein tiefes Backblech oder eine Fettpfanne (30 x 40 cm, gefettet, mit Backpapier belegt) geben und mit bemehlten Händen zu einem festen Teig andrücken.

4. Das Backblech in den vorgeheizten Backofen schieben. Den Streuselteigboden **etwa 12 Minuten vorbacken.**

5. Für die Creme Pudding-Pulver mit 4 Esslöffeln von dem Wasser in einer kleinen Schüssel anrühren.

6. Sahne, restliches Wasser, Zucker, Limettensaft und geriebene Zitronenschale unter ständigem Rühren in einem Topf zum Kochen bringen.

7. Den Topf von der Kochstelle nehmen und das angerührte Pudding-Pulver hinzugeben. Topf wieder auf die Kochstelle stellen und den Pudding etwa 1 Minute unter Rühren kochen lassen.

8. Die Puddingcreme auf den vorgebackenen Boden geben und glatt streichen. Die Mandarinen auf der Puddingcreme verteilen.

9. Für die Streusel Mehl, Butter oder Margarine, Haferflocken und Zucker in einer Rührschüssel mit dem Mixer (Rührstäbe) zu Streuseln von gewünschter Größe verarbeiten. Sollte der Teig kleben, können noch einige Haferflocken zugegeben werden. Die Streusel gleichmäßig auf den Mandarinen verteilen.

10. Das Backblech wieder in den heißen Backofen schieben. Die Mandarinen-Limetten-Schnitten **bei gleicher Backofentemperatur in etwa 30 Minuten fertig backen.**

11. Das Backblech auf einen Kuchenrost stellen. Den Kuchen erkalten lassen und in gleich große Stücke schneiden.

Tipp: Servieren Sie die Mandarinen-Limetten-Schnitten mit einer Kugel Zitroneneis.

Mandarinen-Vanille-Muffins I

Fettarm – schnell

12 Stück

Pro Stück: E: 3 g, F: 8 g, Kh: 29 g,
kJ: 818, kcal: 195, BE: 2,5

Für den Teig:

170 g	Weizenmehl
1 Pck.	Gala Bourbon-Vanille-
	Pudding-Pulver
3 gestr. TL	Dr. Oetker Backin
1 Prise	Salz
120 g	Zucker
150 ml	Milch (1,5 % Fett)
80 ml	neutrales Speiseöl,
	z. B. Sonnenblumenöl
1	Ei (Größe M)
350 g	abgetropfte Mandarinen
	(aus der Dose)

Außerdem:

12 Muffin-Papierbackförmchen

Zubereitungszeit: 25 Minuten
Backzeit: etwa 25 Minuten

1. Die Mulden einer Muffinform (für 12 Muffins) mit den Papierbackförmchen auslegen.

2. Den Backofen vorheizen.
Ober-/Unterhitze: etwa 180 °C
Heißluft: etwa 160 °C

3. Für den Teig Mehl, Pudding-Pulver, Backpulver, Salz und Zucker in einer Rührschüssel mit einem Schneebesen verrühren.

4. Milch, Speiseöl und Ei in einem Rührbecher mit dem Schneebesen verrühren.

5. Die flüssigen Zutaten zu der Mehl-Pudding-Pulver-Mischung in die Rührschüssel geben und zu einem glatten Teig verrühren. Die Hälfte der Mandarinen unterheben.

6. Den Teig in die Muffinmulden geben und mit den restlichen Mandarinen belegen.

7. Die Form auf dem Rost in den vorgeheizten Back-ofen schieben. Die Mandarinen-Vanille-Muffins **etwa 25 Minuten backen.**

8. Die Form auf einen Kuchenrost stellen. Die Man-darinen-Vanille-Muffins etwa 5 Minuten in der Form abkühlen lassen, dann aus der Form lösen und auf dem Kuchenrost erkalten lassen.

Tipp: Halbieren Sie sehr große Mandarinenstücke.

Mango-Biskuitrolle I

Exotisch

16 Stücke

Pro Stück: E: 4 g, F: 10 g, Kh: 33 g,
kJ: 1017, kcal: 243, BE: 2,5

Für den Biskuitteig:

6 Eier (Größe M)
120 g Zucker
120 g Weizenmehl

Für die Füllung:

1 große, reife Mango (etwa 500 g)
4 EL Aprikosenkonfitüre
1 Bio-Zitrone
(unbehandelt, ungewachst)
400 g Schlagsahne (mind. 30 % Fett)
80 g Zucker

Zum Bestäuben:

50 g Puderzucker

Zubereitungszeit: 35 Minuten, ohne Kühlzeit
Backzeit: etwa 12 Minuten

1. Den Backofen vorheizen.
Ober-/Unterhitze: etwa 180 °C
Heißluft: etwa 160 °C

2. Für den Teig Eier in einer Rührschüssel mit einem Mixer (Rührstäbe) auf höchster Stufe in 1 Minute schaumig schlagen. Zucker in 1 Minute einstreuen, dann noch etwa 4 Minuten schlagen, bis ein elastischer Schaum entstanden ist.

3. Mehl kurz auf niedrigster Stufe unterrühren. Den Teig auf ein Backblech (30 x 40 cm, mit Backpapier belegt) geben und glatt streichen. An der offenen Seite des Backbleches das Backpapier unmittelbar vor dem Teig zur Falte knicken, sodass ein Rand entsteht. Das Backblech in den vorgeheizten Backofen schieben. Die Biskuitplatte **etwa 12 Minuten backen.**

4. Die Biskuitplatte sofort vom Rand lösen und auf ein mit Zucker bestreutes Geschirrtuch oder auf mit Zucker bestreutes Backpapier stürzen. Mitgebackenes

Backpapier mit kaltem Wasser bestreichen. Das Backpapier vorsichtig, aber schnell abziehen. Die Biskuitplatte mithilfe des Geschirrtuches oder Backpapiers aufrollen und erkalten lassen.

5. Für die Füllung Mango halbieren und den Stein herauslösen. Mangohälften schälen und in kleine Würfel schneiden. Konfitüre in einer Schüssel glatt rühren. Zitrone heiß abwaschen, abtrocknen und die Schale fein abreiben. Zitrone halbieren und den Saft auspressen. Zitronenschale zu der Konfitüre geben. Mangowürfel unterrühren. Sahne mit Zucker steif schlagen. Zitronensaft unter die Sahne rühren.

6. Die Biskuitrolle vorsichtig auseinanderrollen. Die Mango-Konfitüren-Masse darauf verteilen, dabei an den Rändern etwa 5 cm frei lassen. Die Sahne esslöffelweise auf die Mango-Konfitüren-Masse geben und glatt streichen. Die Biskuitrolle von der längeren Seite aus aufrollen, auf eine Platte legen und zugedeckt etwa 2 Stunden in den Kühlschrank stellen. Die Biskuitrolle vor dem Servieren mit Puderzucker bestäuben.

Tipp: Die Biskuitrolle mit einem Elektromesser in Scheiben schneiden.

Mango-Quark-Kuchen mit Kokosstreuseln I

Exotisch

20 Stücke

Pro Stück: E: 11 g, F: 26 g, Kh: 33 g, kJ: 1720, kcal: 411, BE: 2,5

Für die Streusel:

320 g	Weizenmehl
2 gestr. TL	Dr. Oetker Backin
150 g	Kokosraspel
200 g	Zucker
250 g	Butter
2	Mangos

Für die Füllung:

100 g	zerlassene, abgekühlte Butter oder Margarine
100 g	flüssiger Honig
8	Eier (Größe M)
50 g	Hartweizengrieß
100 g	Kokosraspel
100 ml	Kokosmilch
1 Pck.	Dr. Oetker Finesse Geriebene Zitronenschale
750 g	Magerquark

Zubereitungszeit: 40 Minuten
Backzeit: 45–50 Minuten

1. Für die Streusel das Mehl mit Backpulver in einer Rührschüssel vermischen. Kokosraspel, Zucker und Butter hinzufügen.

2. Die Zutaten mit einem Mixer (Rührstäbe) zu Streuseln von gewünschter Größe verarbeiten.

3. Die Hälfte der Streusel in einem tiefen Backblech oder einer Fettpfanne (30 x 40 cm, gefettet, mit Backpapier belegt) verteilen und mit bemehlten Händen zu einem Boden andrücken.

4. Mangos abspülen, abtrocknen, halbieren und das Fruchtfleisch vom Stein schneiden. Mango schälen und in Scheiben schneiden.

5. Den Backofen vorheizen.
Ober-/Unterhitze: etwa 180 °C
Heißluft: etwa 160 °C

6. Für die Füllung Butter oder Margarine, Honig, Eier, Grieß, Kokosraspel, -milch, Zitronenschale und Quark mit dem Mixer (Rührstäbe) verrühren.

7. Zunächst die Quarkmasse auf den Teigboden geben und glatt streichen. Die Mangoscheiben daraufflegen und mit den restlichen Streuseln bestreuen.

8. Das Backblech in den vorgeheizten Backofen schieben. Den Kuchen **45–50 Minuten backen.**

9. Das Backblech auf einen Kuchenrost stellen. Den Kuchen erkalten lassen und in Stücke schneiden.

Maracuja-Cheesecake I

Ohne zu backen

8 Stücke

Pro Stück: E: 5 g, F: 16 g, Kh: 30 g,
kJ: 1183, kcal: 284, BE: 2,5

Für den Boden:

100 g *weiße Schokolade*
2 EL *Speiseöl, z. B. Sonnenblumenöl*
180 g *Knuspermüsli mit Nüssen*

Für die Creme:

100 ml *Maracujasaft*
6 Blatt *weiße Gelatine*
180 g *Doppelrahm-Frischkäse*
120 g *Zucker*
3 *Maracujas (etwa 140 g)*
2 EL *Aprikosenkonfitüre*
150 g *Joghurt (3,5 % Fett)*
200 g *Schlagsahne*
(mind. 30 % Fett)

Zubereitungszeit: 35 Minuten, ohne Kühlzeit

1. Für den Boden Schokolade in kleine Stücke brechen. Zwei Drittel davon mit dem Speiseöl in einem Topf im Wasserbad bei schwacher Hitze unter Rühren schmelzen. Den Topf aus dem Wasserbad nehmen und die restliche Schokolade darin unter Rühren schmelzen. Das Knuspermüsli in einen Gefrierbeutel geben. Den Beutel fest verschließen. Knuspermüsli mit einer Teigrolle grob zerbröseln und in eine Rührschüssel geben. Die geschmolzene Schokolade hinzugeben und gut verrühren.

2. Einen Tortenring (Ø 20 cm) auf eine mit Backpapier belegte Kuchenplatte stellen. Die Bröselmasse mit einem Esslöffel gleichmäßig in dem Tortenring verteilen und mindestens 10 Minuten in den Kühlschrank stellen.

3. Für die Creme den Saft in einem kleinen Topf zum Kochen bringen. Den Topf von der Kochstelle nehmen. 5 Blatt Gelatine nach Packungsanleitung einweichen, leicht ausdrücken und in dem heißen Saft unter Rühren auflösen.

4. Frischkäse und Zucker in einer Rührschüssel glatt rühren. Den Gelatinesaft zunächst mit 3 Esslöffeln der Frischkäsemasse verrühren, dann unter die restliche Frischkäsemasse rühren, beiseitestellen.

5. Maracujas halbieren und das Fruchtfleisch aus den Schalen lösen. Restliche Gelatine nach Packungsanleitung einweichen. Konfitüre in einem kleinen Topf kurz aufkochen. Den Topf von der Kochstelle nehmen. Eingeweichte Gelatine leicht ausdrücken und in der heißen Konfitüre unter Rühren auflösen, Maracujafruchtfleisch unterrühren.

6. Joghurt mit einem Schneebesen unter die beiseitegestellte Frischkäsemasse rühren. Sobald die Joghurt-Frischkäse-Masse anfängt dicklich zu werden, Sahne steif schlagen und unterheben.

7. Die Frischkäsecreme auf den Bröselboden geben und glatt streichen. Maracujamasse mit einem Teelöffel in Klecksen auf der Frischkäsecreme verteilen und mit einem Löffelstiel etwas marmorieren. Den Cheesecake zugedeckt mindestens 4 Stunden in den Kühlschrank stellen.

8. Zum Servieren Cheesecake mit einem Messer vom Tortenringrand lösen, dabei das Messer vorher in heißes Wasser tauchen. Cheesecake in Stücke schneiden.

Maracujatarte aus Blätterteig I

Exotisch – fettarm

16 Stücke

Pro Stück: E: 3 g, F: 8 g, Kh: 19 g,
kJ: 674, kcal: 161, BE: 1,5

Für den Teig:
> 300 g TK-Blätterteig

Für die Füllung:
> 5–6 reife Maracujas
> 3 Eiweiß (Größe M)
> 3 Eigelb (Größe M)
> 40 g Butter
> 100 g Zucker
> 50 g Weizenmehl
> ½ gestr. TL Dr. Oetker Backin
> ½ TL Dr. Oetker Finesse
> Geriebene Zitronenschale
> 1–2 TL Zitronensaft
> 100 ml Maracujanektar

Zum Garnieren und Bestäuben:
> einige vorbereitete Zitronenmelisse-
> blättchen
> etwas Puderzucker

Zubereitungszeit: 45 Minuten, ohne Auftauzeit
Backzeit: etwa 30 Minuten

1. Für den Teig Blätterteigplatten nach Packungsanleitung auftauen lassen.

2. Den Backofen vorheizen.
Ober-/Unterhitze: etwa 200 °C
Heißluft: etwa 180 °C

3. Die Teigplatten aufeinanderlegen und auf einer leicht bemehlten Arbeitsfläche zu einem Quadrat (etwa 34 x 34 cm) ausrollen.

4. Den Teig in eine Tarteform (Ø 28 cm, mit herausnehmbarem Boden, gefettet) legen.

5. Die überstehenden Teigränder abschneiden. Teigboden mehrmals mit einer Gabel einstechen.

6. Für die Füllung die Maracujas halbieren und das Fruchtfleisch mit einem Löffel herauskratzen. Eiweiß mit einem Mixer (Rührstäbe) steif schlagen.

7. In einer anderen Rührschüssel Eigelb mit Butter und Zucker mit dem Mixer (Rührstäbe) auf höchster Stufe cremig schlagen. Mehl mit Backpulver mischen und auf mittlerer Stufe kurz unterrühren. Zitronenschale, -saft, Maracujanektar und Fruchtfleisch unterrühren. Zuletzt den Eischnee unterheben.

8. Die Frucht-Eier-Masse auf den Teigboden geben und glatt streichen. Die Form auf dem Rost in den vorgeheizten Backofen schieben. Maracujatarte **etwa 30 Minuten backen.**

9. Die Form auf einen Kuchenrost stellen. Die Tarte erkalten lassen.

10. Die Maracujatarte mit einigen Zitronenmelisseblättchen belegen und dick mit Puderzucker bestäuben. Die Zitronenmelisseblättchen vorsichtig abheben, vom Puderzucker „befreien" und dekorativ auf die Tarte legen.

Melonen-Granatapfel-Torte ❙

Exotisch
12 Stücke

Pro Stück: E: 4 g, F: 13 g, Kh: 39 g,
kJ: 1218, kcal: 290, BE: 3,0

Für den Knetteig:

125 g	Weizenmehl
1 Msp.	Dr. Oetker Backin
50 g	Zucker
1 Pck.	Dr. Oetker Vanillin-Zucker
4 Tropfen	Zitronen-Aroma
80 g	Butter oder Margarine

Für den Belag:

1	Galia- oder Ogen-Melone (etwa 900 g)
1	Granatapfel
2 Pck.	Aranca Zitronen-Geschmack (Dessertpulver)
250 g	Schlagsahne (mind. 30 % Fett)
2 Pck.	Sahnesteif
25 g	Zucker
150 g	Joghurt (3,5 % Fett)

Zubereitungszeit: 50 Minuten, ohne Kühlzeit
Backzeit: etwa 15 Minuten

1. Den Backofen vorheizen.
Ober-/Unterhitze: etwa 200 °C
Heißluft: etwa 180 °C

2. Für den Teig Mehl mit Backpulver in einer Rührschüssel mischen. Restliche Zutaten hinzufügen und mit einem Mixer (Knethaken) zunächst kurz auf niedrigster, dann auf höchster Stufe gut durcharbeiten. Anschließend auf einer leicht bemehlten Arbeitsfläche kurz zu einem Teig verkneten. Sollte er kleben, ihn in Frischhaltefolie gewickelt eine Zeit lang in den Kühlschrank legen.

3. Teig auf dem Boden einer Springform (Ø 26 cm, gefettet) ausrollen, mehrmals mit einer Gabel einstechen, den Springformrand darumstellen. Die Form auf dem Rost in den vorgeheizten Backofen schieben. Den Knetteigboden **etwa 15 Minuten backen.**

4. Die Form auf einen Kuchenrost stellen. Den Springformrand lösen und entfernen. Den Knetteigboden vom Springformboden lösen, aber darauf erkalten lassen. Dann den Knetteigboden auf eine Tortenplatte legen und einen Tortenring oder den gesäuberten Springformrand darumstellen.

5. Für den Belag die Melone halbieren, entkernen und mit einem Kugelausstecher 10–12 große Kugeln ausstechen. Das restliche Fruchtfleisch herausschneiden, 300 g davon abwiegen und pürieren. Restliches Fruchtfleisch in kleine Würfel schneiden. Den Granatapfel vierteln. Die Kerne vorsichtig herauslösen (Trennhäute entfernen).

6. Dessertpulver mit Melonenpüree mit dem Mixer (Rührstäbe) etwa 3 Minuten aufschlagen. Melonenwürfel vorsichtig unter die Creme heben. Die Hälfte der Melonencreme auf den Knetteigboden geben und glatt streichen. Granatapfelkerne (einige zum Garnieren beiseitelegen) darauf verteilen, dabei rundherum einen etwa 1 cm breiten Rand frei lassen. Die restliche Melonencreme daraufgeben und glatt streichen.

7. Sahne mit Sahnesteif und Zucker steif schlagen, Joghurt unterrühren. Die Joghurt-Sahne-Creme mit einem Esslöffel unregelmäßig auf der Melonencreme verstreichen. Die Torte zugedeckt etwa 2 Stunden in den Kühlschrank stellen.

8. Kurz vor dem Servieren die Torte mit Melonenkugeln und Granatapfelkernen garnieren.

Melonentörtchen I

Raffiniert
12 Stück

Pro Stück: E: 3 g, F: 21 g, Kh: 20 g,
kJ: 1171, kcal: 280, BE: 1,5

> 300 g TK-Blätterteig
> etwas Zucker

Für die Füllung:

> 1 kleine Kantalup-Melone
> 2 gestr. TL gem. Gelatine, weiß
> 2 EL kaltes Wasser
> 50 g Zartbitter-Kuvertüre
> abgeriebene Schale und Saft von
> 1 Bio-Limette
> (unbehandelt, ungewachst)
> 4 TL Zucker
> 500 g Schlagsahne (mind. 30 % Fett)
> 1 Pck. Dr. Oetker Vanillin-Zucker

Zubereitungszeit: 40 Minuten, ohne Auftauzeit
Backzeit: etwa 15 Minuten je Backblech

1. Die Blätterteigplatten nach Packungsanleitung auftauen lassen.

2. Den Backofen vorheizen.
Ober-/Unterhitze: etwa 200 °C
Heißluft: etwa 180 °C

3. Die Blätterteigplatten aufeinanderlegen und auf einer leicht bemehlten Arbeitsfläche knapp 1/2 cm dick ausrollen. Aus dem Teig 12 runde Platten mit Wellenrand (Ø etwa 10 cm) ausstechen.

4. Die Blätterteigplatten auf Backbleche (mit Backpapier belegt) legen, mit Zucker bestreuen und etwa 3 Minuten ruhen lassen. Die Backbleche nacheinander (bei Heißluft zusammen) in den vorgeheizten Backofen schieben. Die Blätterteigplatten **etwa 15 Minuten je Backblech backen.**

5. Die Blätterteigplatten mit dem Backpapier von den Backblechen auf Kuchenroste ziehen. Blätterteigplatten erkalten lassen, dann einmal waagerecht durchschneiden.

6. Für die Füllung die Melone längs halbieren, Kerne herausschaben, die Hälften schälen, in dünne Spalten schneiden, auf Küchenpapier legen und gut trocken tupfen.

7. Die Gelatine nach Packungsanleitung in einem kleinen Topf mit dem Wasser anrühren und quellen lassen.

8. In der Zwischenzeit die Kuvertüre in kleine Stücke hacken. Zwei Drittel davon in einem Topf im Wasserbad bei schwacher Hitze unter Rühren schmelzen. Den Topf aus dem Wasserbad nehmen und die restliche Kuvertüre darin unter Rühren schmelzen. Melonenspalten zur Hälfte damit überziehen. Die Kuvertüre fest werden lassen.

9. Gequollene Gelatine im Topf mit Limettenschale und Zucker unter Rühren bei schwacher Hitze auflösen. 2 Esslöffel Limettensaft hinzufügen und verrühren.

10. Die Sahne mit dem Vanillin-Zucker fast steif schlagen. Die lauwarme Gelatinelösung unter Rühren hinzufügen und die Sahne vollkommen steif schlagen.

11. Die Sahnemasse in einen Spritzbeutel mit Lochtülle füllen. Die unteren Blätterteigplatten mit Melonenspalten belegen, mit Sahne bespritzen und mit den oberen Blätterteigplatten belegen.

Mirabellen-Aprikosen Kuchen I

Wunderbar saftig

14 Stücke

Pro Stück: E: 5 g, F: 13 g, Kh: 25 g,
kJ: 1007, kcal: 240, BE: 2,0

Zum Vorbereiten:

100 g *getrocknete Soft-Aprikosen*

Für den Rührteig:

125 g *Butter oder Margarine (zimmerwarm)*
100 g *Zucker*
1 Pck. *Dr. Oetker Vanillin-Zucker*
1 Prise *Salz*
2 *Eier (Größe M)*
150 g *Weizenmehl*
125 g *nicht abgezogene, gem. Mandeln*
2 gestr. TL *Dr. Oetker Backin*
100 ml *Buttermilch (zimmerwarm)*

Für den Belag:

400 g *Mirabellen*
1 ½ EL *Orangensaft*
25 g *Puderzucker*

Zubereitungszeit: 25 Minuten
Backzeit: etwa 55 Minuten

1. Den Backofen vorheizen.
Ober-/Unterhitze: etwa 180 °C
Heißluft: etwa 160 °C

2. Zum Vorbereiten die Aprikosen fein hacken.

3. Für den Teig die Butter oder Margarine mit einem Mixer (Rührstäbe) auf höchster Stufe geschmeidig rühren. Nach und nach Zucker, Vanillin-Zucker und Salz unterrühren. So lange rühren, bis eine gebundene Masse entstanden ist.

4. Die Eier nach und nach unterrühren (jedes Ei etwa ½ Minute). Die Aprikosen unterrühren. Das Mehl mit Mandeln und Backpulver mischen und abwechselnd mit der Buttermilch in 2 Portionen auf mittlerer Stufe kurz unterrühren.

5. Den Teig in eine Springform (Ø 26 cm, Boden gefettet, mit Backpapier belegt) geben und glatt streichen.

6. Für den Belag Mirabellen abwaschen, abtrocknen, halb einschneiden und den Kern herauslösen. Mirabellen auf den Teig setzen. Die Form auf dem Rost in den vorgeheizten Backofen schieben. Den Kuchen **etwa 55 Minuten backen.**

7. Die Form auf einen Kuchenrost stellen. Den Kuchen etwas abkühlen lassen. Danach aus der Form lösen und mit dem Backpapier auf den Kuchenrost ziehen. Saft mit Puderzucker glatt rühren. Den noch warmen Kuchen damit bestreichen und erkalten lassen.

Tipps: Wenn Sie keine frischen Mirabellen bekommen, können Sie die gleiche Menge gut abgetropfte Mirabellen (aus dem Glas) verwenden. Oder Sie ersetzen die Mirabellen durch Aprikosen oder Renekloden.

Mirabellen-Cookies-Torte I

Raffiniert – einfach

14 Stücke

Pro Stück: E: 4 g, F: 16 g, Kh: 33 g, kJ: 1249, kcal: 298, BE: 3,0

Für den All-in-Teig:

150 g	Weizenmehl
1 Pck.	Gala Schokoladen-Pudding-Pulver
3 gestr. TL	Dr. Oetker Backin
100 g	Zucker
1 Prise	Salz
4	Eier (Größe M)
200 g	Butter oder Margarine (zimmerwarm)
etwa 100 g	Pekannuss-Cookies

Für den Belag:

125 g	Pumpernickel
300 g	Mirabellen
3 EL	Aprikosenkonfitüre
1 TL	brauner Zucker

Zum Bestäuben:

1 EL Puderzucker

Zubereitungszeit: 40 Minuten, ohne Abkühlzeit
Backzeit: etwa 40 Minuten

1. Den Backofen vorheizen.
Ober-/Unterhitze: etwa 180 °C
Heißluft: etwa 160 °C

2. Für den Teig Mehl mit Pudding-Pulver und Backpulver in einer Rührschüssel mischen. Die restlichen Zutaten bis auf die Cookies hinzufügen und mit einem Mixer (Rührstäbe) zunächst kurz auf niedrigster Stufe, dann auf höchster Stufe in etwa 2 Minuten zu einem glatten Teig verarbeiten.

3. Die Cookies in grobe Stücke brechen und unter den Teig heben.

4. Den Teig in eine Springform (Ø 26 cm, Boden gefettet) geben und glatt streichen.

5. Für den Belag Pumpernickel mit den Fingern oder im Blitzhacker fein zerbröseln. Die Brösel in einen tiefen Teller geben.

6. Die Mirabellen abwaschen, abtrocknen, längs einschneiden (nicht halbieren) und den Kern herauslösen.

7. Konfitüre in einen Topf geben und unter Rühren erwärmen. Mirabellen hinzugeben und gut mit der Konfitüre vermischen.

8. Die Mirabellen nach und nach in den Bröseln wenden (sie „panieren"), dann auf den Teig setzen.

9. Die Mirabellen mit den restlichen Pumpernickelbröseln und dem braunem Zucker bestreuen.

10. Die Form auf dem Rost in den vorgeheizten Backofen schieben. Die Torte **etwa 40 Minuten backen.**

11. Die Form auf einen Kuchenrost stellen und die Mirabellen-Cookies-Torte in der Form erkalten lassen. Anschließend aus der Form lösen und auf eine Tortenplatte setzen. Die Torte mit Puderzucker bestäubt servieren.

Tipps: Die Mirabellen können Sie durch die gleiche Menge Kirschen oder Zwetschen ersetzen. Servieren Sie den Kuchen mit halbsteif geschlagener Sahne.

Mirabellen-Kaiserschmarrn-Torte I

Ohne zu backen

14 Stücke

Pro Stück: E: 6 g, F: 13 g, Kh: 26 g, kJ: 1016, kcal: 242, BE: 2,0

Für den Boden:
- 1 Pck. Kaiserschmarrn nach klassischer Art (Süße Mahlzeit)
- 200 ml Milch (1,5 % Fett)
- 1 Ei (Größe M)
- 2 Eiweiß (Größe M)
- 1 TL Butterschmalz
- 100 g Vollmilch-Schokolade (etwa 30 % Kakaoanteil)

Für den Belag:
- 200 g Mirabellen
- 1 EL Zucker
- 150 ml Apfelsaft
- 1 EL Apfel- oder Quittengelee

Für die Füllung:
- 7 Blatt weiße Gelatine
- 250 g Schlagsahne (mind. 30 % Fett)
- 3 Maracujas
- 500 g Sahne-Pudding Vanille-Geschmack (aus dem Kühlregal)

Zubereitungszeit: 25 Minuten, ohne Kühlzeit

1. Für den Boden den Kaiserschmarrn mit der Milch und dem Ei nach Packungsanleitung zubereiten. Das Eiweiß mit einem Mixer (Rührstäbe) so steif schlagen, dass ein Messerschnitt sichtbar bleibt. Den Eischnee unter den Teig heben.

2. Butterschmalz in einer Pfanne zerlassen. Aus dem Teig in dem heißen Butterschmalz nach Packungsanleitung einen Kaiserschmarrn zubereiten (die Stücke sollten etwa 2 x 2 cm groß sein).

3. Schokolade in kleine Stücke brechen. Zwei Drittel davon in einem Topf im Wasserbad bei schwacher Hitze unter Rühren schmelzen. Topf aus dem Wasser-bad nehmen und die restliche Schokolade darin unter Rühren schmelzen.

4. Kaiserschmarrn auf dem Boden einer Springform (Ø 26 cm, Boden gefettet, mit Backpapier belegt) gleichmäßig verteilen und mit einem Löffel etwas andrücken.

5. Den Kaiserschmarrn mit der flüssigen Schokolade beträufeln.

6. Die Form zugedeckt etwa 30 Minuten in den Kühl-schrank stellen.

7. Für den Belag in der Zwischenzeit Mirabellen ab-waschen, halbieren und entkernen. Zucker in einem Edelstahltopf schmelzen, mit Apfelsaft ablöschen und kurz aufkochen lassen.

8. Die Mirabellen hinzufügen und zugedeckt 3–5 Mi-nuten bei schwacher Hitze dünsten. Gelee unterrühren und die Masse abkühlen lassen.

9. Für die Füllung die Gelatine nach Packungsanlei-tung einweichen. Sahne steif schlagen. Die Maracujas halbieren, das Fruchtfleisch mit einem Teelöffel he-rausschaben und unter den Pudding rühren.

10. Die Gelatine leicht ausdrücken und mit 1 Teelöffel der Sahne-Pudding-Masse in einem kleinen Topf bei schwacher Hitze unter Rühren auflösen.

11. Die aufgelöste Gelatine zuerst mit etwa 4 Esslöf-feln der Sahne-Pudding-Masse verrühren, dann unter die restliche Sahne-Pudding-Masse rühren. Zuletzt die steif geschlagene Sahne unterheben.

12. Die Puddingcreme auf den vorbereiteten Boden geben und wellenförmig verstreichen. Die Mirabellen darauf verteilen.

13. Die Mirabellen-Kaiserschmarrn-Torte zugedeckt etwa 2 Stunden in den Kühlschrank stellen.

Tipp: Wenn Sie keine frischen Mirabellen bekommen, können Sie auch abgetropfte Mirabellen (aus dem Glas) verwenden. Diese kalt mit dem Gelee verrühren.

Mirabellen-Mandel-Kuchen I

Knuspergenuss
20 Stücke

Pro Stück: E: 10 g, F: 24 g, Kh: 22 g,
kJ: 1434, kcal: 342, BE: 2,0

Für den Belag:
770 g abgetropfte Mirabellen
(aus dem Glas)

Für den Rührteig:
150 g Butter oder Margarine
(zimmerwarm)
125 g Zucker
1 Pck. Dr. Oetker Vanillin-Zucker
½ Röhrchen Rum-Aroma
8 Eigelb (Größe M)
400 g gem. Mandeln
100 g gehackte Mandeln
1 gestr. TL Dr. Oetker Backin
8 Eiweiß (Größe M)
1 Prise Salz
25 g Zucker

Für den Guss:
1 Pck. ungezuckerter Tortenguss,
klar
1 TL Zucker
250 ml Mirabellensaft
(aus dem Glas)

Zum Garnieren:
100 g Haselnuss-Schokolade
1 TL Speiseöl, z. B. Sonnenblumenöl

Zubereitungszeit: 35 Minuten, ohne Abkühlzeit
Backzeit: etwa 35 Minuten

1. Für den Belag von den Mirabellen den Saft auffangen. Die Mirabellen vorsichtig entsteinen und nochmals abtropfen lassen. Von dem Saft 250 ml für den Guss abmessen und beiseitestellen.

2. Den Backofen vorheizen.
Ober-/Unterhitze: etwa 180 °C
Heißluft: etwa 160 °C

3. Für den Teig Butter oder Margarine mit einem Mixer (Rührstäbe) auf höchster Stufe geschmeidig rühren. Nach und nach Zucker, Vanillin-Zucker und Aroma unterrühren. So lange rühren, bis eine gebundene Masse entstanden ist.

4. Eigelb nach und nach unterrühren. Die gemahlene und gehackte Mandeln mit Backpulver mischen und in 2 Portionen auf mittlerer Stufe kurz unterrühren. Eiweiß mit Salz und Zucker steif schlagen und vorsichtig unter den Mandelteig heben.

5. Einen Backrahmen auf ein Backblech (30 x 40 cm, mit Backpapier belegt) stellen. Den Teig auf das Backblech geben und glatt streichen.

6. Die Mirabellen in kleinen Gruppen darauf verteilen.

7. Das Backblech in den vorgeheizten Backofen schieben. Den Kuchen **etwa 35 Minuten backen.**

8. Das Backblech auf einen Kuchenrost stellen. Den Kuchen erkalten lassen.

9. Für den Guss aus Tortengusspulver, Zucker und dem beiseitegestellten Mirabellensaft einen Guss nach Packungsanleitung zubereiten.

10. Den Guss auf den Mirabellen verteilen. Guss fest werden lassen.

11. Zum Garnieren Schokolade in Stücke brechen. Zwei Drittel davon mit dem Öl in einem Topf im Wasserbad bei schwacher Hitze unter Rühren schmelzen. Den Topf aus dem Wasserbad nehmen und die restliche Schokolade darin unter Rühren schmelzen. Die Kuchenoberfläche mit der Schokolade garnieren. Die Schokolade fest werden lassen.

12. Den Backrahmen lösen und entfernen. Den Kuchen in Stücke schneiden.

Tipps: Die Mandeln in einer Pfanne ohne Fett unter Rühren leicht rösten, herausnehmen und auf einem Teller erkalten lassen. Zum Verzieren statt Haselnuss-Schokolade 100 g Zartbitter-Schokolade mit 50 g gehackten Mandeln schmelzen.

Möhren-Kürbis-Kuchen mit Ananasteig I

Für Nussliebhaber

20 Stücke

Pro Stück: E: 8 g, F: 27 g, Kh: 20 g,
kJ: 1491, kcal: 356, BE: 1,5

Zum Vorbereiten:

50 g	*Kürbiskerne*
1	*Möhre (etwa 100 g)*
1 Stück	*Hokkaido-Kürbis*
	(etwa 150 g)
100 g	*frisches Ananasfruchtfleisch*
50 g	*frischer Ingwer*

Für den Teig:

6	*Eiweiß (Größe M)*
1 Prise	*Salz*
6	*Eigelb (Größe M)*
200 g	*Zucker*
2 Pck.	*Dr. Oetker Bourbon-*
	Vanille-Zucker
80 g	*Weizenmehl*
3 ½ gestr. TL	*Dr. Oetker Backin*
400 g	*gem. Haselnusskerne*

Für den Belag:

400 g	*Schlagsahne*
	(mind. 30 % Fett)
400 g	*Schmand (Sauerrahm)*
2 EL	*Zucker*
1 gestr. TL	*gem. Zimt*

Zubereitungszeit: 30 Minuten, ohne Abkühlzeit
Backzeit: 35–40 Minuten

1. Zum Vorbereiten Kürbiskerne grob hacken und in einer Pfanne ohne Fett unter Wenden goldbraun rösten. Kürbiskerne auf einen Teller geben und zum Garnieren beiseitestellen.

2. Möhre putzen, schälen und auf der Küchenreibe fein raspeln. Kürbis abwaschen, gut abtropfen lassen und mit der Schale ebenfalls fein raspeln. Ananas in kleine Würfel schneiden. Ingwer schälen und auf der Küchenreibe fein raspeln.

3. Den Backofen vorheizen.
Ober-/Unterhitze: etwa 180 °C
Heißluft: etwa 160 °C

4. Für den Teig das Eiweiß und Salz mit einem Mixer (Rührstäbe) so steif schlagen, dass ein Messerschnitt sichtbar bleibt. In einer anderen Rührschüssel das Eigelb mit Zucker und Vanille-Zucker mit dem Mixer (Rührstäbe) auf höchster Stufe in etwa 5 Minuten dick-schaumig schlagen.

5. Mehl mit Backpulver mischen und mit der Hälfte der Haselnüsse auf niedrigster Stufe unterrühren. Möhren-, Kürbis- und Ingwerraspel kurz unterrühren, Ananaswürfel untermischen. Die Hälfte des Eischnees unterheben, dann die restlichen Haselnüsse und zuletzt den restlichen Eischnee unterheben.

6. Den Teig in ein tiefes Backblech oder eine Fettpfanne (30 x 40 cm, gefettet, gemehlt) geben und glatt streichen. Das Backblech in den vorgeheizten Backofen (unteres Drittel) schieben und den Kuchen **35–40 Minuten backen.**

7. Das Backblech auf einen Kuchenrost stellen. Den Kuchen erkalten lassen.

8. Für den Belag Sahne steif schlagen. Den Schmand glatt rühren, die Sahne unterziehen. Die Schmandsahne auf den Kuchen geben und in Wellen darauf verstreichen.

9. Zucker mit Zimt vermischen. Den Kuchen damit und mit den Kürbiskernen bestreuen. Möhren-Kürbis-Kuchen zugedeckt etwa 60 Minuten in den Kühlschrank stellen.

Möhren-Orangen-Kuchen I

Wunderbar saftig

20 Stücke

Pro Stück: E: 8 g, F: 21 g, Kh: 41 g,
kJ: 1629, kcal: 389, BE: 3,5

Zum Vorbereiten:
> 375 g Möhren

Für den Biskuitteig:
> 6 Eier (Größe M)
> 300 g Zucker
> 2 Pck. Dr. Oetker Vanillin-Zucker
> 1 Prise Salz
> 4 EL Apfelsaft
> 90 g Weizenmehl
> 3 gestr. TL Dr. Oetker Backin
> 300 g nicht abgezogene,
> gem. Mandeln

Für den Belag:
> 4 Blatt weiße Gelatine
> 2 Pck. Dr. Oetker Pudding-Pulver
> Vanille-Geschmack
> 150 g Zucker
> 750 ml Orangensaft
> 250 g Schmand (Sauerrahm)
> 1 Pck. Dr. Oetker Finesse
> Orangenschalen-Aroma
> 500 g Schlagsahne (mind. 30 % Fett)

Zum Garnieren:
> 350 g abgetropfte Mandarinen
> (aus der Dose)
> 30 g Zartbitter-Schokolade
> (etwa 50 % Kakaoanteil)

Zubereitungszeit: 50 Minuten, ohne Kühlzeit
Backzeit: etwa 30 Minuten

1. Zum Vorbereiten die Möhren putzen, schälen, abspülen, abtropfen lassen und fein raspeln.

2. Den Backofen vorheizen.
Ober-/Unterhitze: etwa 180 °C
Heißluft: etwa 160 °C

3. Für den Teig die Eier mit einem Mixer (Rührstäbe) auf höchster Stufe in 1 Minute schaumig schlagen. Den Zucker mit Vanillin-Zucker und Salz mischen, in 1 Minute einstreuen und dann noch etwa 2 Minuten schlagen. Den Apfelsaft unterrühren.

4. Mehl mit Backpulver und 150 g von den Mandeln mischen. Die Hälfte davon auf die Eiercreme geben und kurz auf niedrigster Stufe unterrühren. Restliches Mehl-Mandel-Gemisch auf die gleiche Weise unterarbeiten. Zuletzt die restlichen Mandeln und die Möhrenraspel unterheben.

5. Den Teig auf ein Backblech (30 x 40 cm, gefettet) geben und glatt streichen. Das Backblech in den vorgeheizten Backofen schieben. Den Biskuitboden **etwa 30 Minuten backen.**

6. Das Backblech auf einen Kuchenrost stellen. Den Biskuitboden darauf erkalten lassen. Einen Backrahmen um den erkalteten Biskuitboden stellen.

7. Für den Belag Gelatine nach Packungsanleitung einweichen. Aus Pudding-Pulver, Zucker und Orangensaft einen Pudding nach Packungsanleitung (aber mit den hier angegebenen Zutaten und Mengen) zubereiten. Den Pudding in eine Schüssel geben. Die Gelatine leicht ausdrücken und unter Rühren in dem Pudding auflösen. Sofort Frischhaltefolie direkt auf die Puddingoberfläche legen. Den Pudding erkalten lassen.

8. Schmand und Aroma unter den Pudding rühren. Sahne steif schlagen und unterheben. Die Puddingcreme auf den Biskuitboden geben und glatt streichen. Nach Belieben mit einem Tortengarnierkamm oder einer Gabel ein Muster in die Oberfläche ziehen.

9. Den Möhren-Orangen-Kuchen zugedeckt mindestens 3 Stunden in den Kühlschrank stellen.

10. Zum Garnieren die Mandarinen dekorativ auf den Kuchen legen. Schokolade in kleine Stücke brechen. Zwei Drittel davon in einem Topf im Wasserbad bei schwacher Hitze unter Rühren schmelzen. Den Topf aus dem Wasserbad nehmen und die restliche Schokolade darin unter Rühren schmelzen.

11. Schokolade in einen Gefrierbeutel geben und eine kleine Ecke abschneiden. Möhren-Orangen-Kuchen mit Schokolade besprenkeln. Schokolade fest werden lassen. Den Backrahmen vorsichtig lösen, entfernen.

Tipps: Ersetzen Sie den Apfelsaft im Teig durch die gleiche Menge Rum. Eine feinere Note bekommt der Kuchen, wenn Sie abgezogene, gemahlene Mandeln unter den Teig heben.

Mokka-Pfirsich-Kuppeltorte I

Für Gäste
16 Stücke

Pro Stück: E: 9 g, F: 26 g, Kh: 23 g,
kJ: 1505, kcal: 360, BE: 2,0

Für den Biskuitteig:

       3 Eier (Größe M)
       3 EL heißes Wasser
     100 g Zucker
       1 Pck. Dr. Oetker Vanillin-Zucker
       1 Prise Salz
      50 g Weizenmehl
      50 g Speisestärke
     ½ TL Dr. Oetker Backin
       2 gestr. TL Instant-Mokka-Pulver

Für die Füllung:

       5 gelbfleischige Pfirsiche
         (etwa 700 g)
      10 Blatt weiße Gelatine
     600 g Doppelrahm-Frischkäse
     300 g saure Sahne
     100 ml flüssiger Honig,
         z. B. Orangenblütenhonig
     500 g Schlagsahne (mind. 30 % Fett)
       1 Pck. Sahnesteif

       2 EL gehackte Pistazienkerne

Zubereitungszeit: 60 Minuten, ohne Kühlzeit
Backzeit: etwa 25 Minuten

1. Den Backofen vorheizen.
Ober-/Unterhitze: etwa 180 °C
Heißluft: etwa 160 °C

2. Für den Teig die Eier und Wasser mit einem Mixer (Rührstäbe) auf höchster Stufe in 1 Minute schaumig schlagen. Den Zucker mit Vanillin-Zucker und Salz mischen, in 1 Minute einstreuen, dann noch etwa 2 Minuten schlagen.

3. Mehl mit Speisestärke, Back- und Mokkapulver mischen, auf die Eiercreme geben und kurz auf niedrigster Stufe unterrühren. Den Teig in eine Springform

(Ø 26 cm, Boden gefettet, mit Backpapier belegt) geben und glatt streichen.

4. Die Form auf dem Rost in den vorgeheizten Backofen schieben. Den Boden **etwa 25 Minuten backen.**

5. Den Biskuitboden vorsichtig aus der Form lösen und auf einen mit Backpapier belegten Kuchenrost stürzen. Das mitgebackene Backpapier abziehen und den Biskuitboden erkalten lassen. Anschließend den Biskuitboden einmal so waagerecht durchschneiden, dass der obere Boden etwas dünner als der untere ist. Den unteren Boden auf eine Tortenplatte legen.

6. Für die Füllung Pfirsiche kreuzweise einschneiden, mit kochendem Wasser übergießen (nicht kochen lassen), dann herausnehmen und enthäuten. Pfirsiche halbieren und entsteinen. 2 Pfirsiche in Würfel, 2 in Spalten schneiden und 1 Pfirsich zum Garnieren beiseitelegen.

7. Gelatine nach Packungsanleitung einweichen. Die Gelatine leicht ausdrücken und in einem kleinen Topf bei schwacher Hitze unter Rühren auflösen.

8. Frischkäse mit saurer Sahne und Honig verrühren. Die aufgelöste Gelatine zuerst mit etwa 4 Esslöffeln von der Frischkäsemasse verrühren, dann unter die restliche Frischkäsemasse rühren und in den Kühlschrank stellen. Sobald die Frischkäsemasse anfängt dicklich zu werden, 200 g Sahne steif schlagen und zusammen mit den Pfirsichwürfeln unterheben.

9. Die Hälfte der Frischkäse-Pfirsich-Creme auf den unteren Boden geben und glatt streichen. Die Pfirsichspalten in die Mitte auf die Creme legen. Die restliche Creme kuppelförmig darauf verteilen und etwas fest werden lassen. Dann den oberen Biskuitboden darauflegen und leicht andrücken. Die Mokka-Pfirsich-Kuppeltorte zugedeckt etwa 2 Stunden in den Kühlschrank stellen.

10. Die restliche Sahne mit Sahnesteif steif schlagen. Die Torte rundherum damit bestreichen. Den beiseitegelegten Pfirsich in sehr dünne Spalten schneiden. Mokka-Pfirsich-Kuppeltorte kurz vor dem Servieren damit garnieren und mit Pistazienkernen bestreuen.

Nektarinen-Brombeer-Cobbler I

Schmeckt auch als Dessert

12 Stücke

Pro Stück: E: 4 g, F: 17 g, Kh: 54 g,
kJ: 1632, kcal: 390, BE: 4,5

Zum Vorbereiten:

4	Nektarinen (450–500 g)
250 g	frische Brombeeren

Für den Streuselteig:

380 g	Weizenmehl
2 gestr. TL	Dr. Oetker Backin
180 g	brauner Zucker
1 Pck.	Dr. Oetker Vanillin-Zucker
1 Prise	Salz
1/2 TL	gem. Zimt
1/2 TL	ger. Muskatnuss
1	Ei (Größe M)
225 g	Butter oder Margarine
20 g	brauner Zucker

Für den Guss:

100 g	Puderzucker
3 EL	Wasser

Zubereitungszeit: 30 Minuten, ohne Abkühlzeit
Backzeit: etwa 55 Minuten

1. Den Backofen vorheizen.
Ober-/Unterhitze: etwa 180 °C
Heißluft: etwa 160 °C

2. Zum Vorbereiten die Nektarinen waschen, abtrocknen, halbieren und entsteinen. Die Fruchthälften in schmale Spalten schneiden.

3. Die Brombeeren verlesen, evtl. kurz abspülen und vorsichtig trocken tupfen.

4. Für den Teig Mehl mit Backpulver in einer Rührschüssel mischen. Zucker, Vanillin-Zucker, Salz, Zimt, Muskat, Ei und Butter oder Margarine hinzufügen. Die Zutaten mit einem Mixer (Rührstäbe) zu Streuseln von gewünschter Größe verarbeiten.

5. Die Hälfte der Streusel in eine Tarte- oder Springform (Ø 26 cm, gefettet) geben und andrücken, dabei einen etwa 3 cm hohen Rand formen.

6. Nektarinenspalten und Brombeeren mit Zucker mischen und auf den Teigboden geben. Restliche Streusel darauf verteilen und leicht andrücken. Die Form auf dem Rost in den vorgeheizten Backofen schieben. Nektarinen-Brombeer-Cobbler **etwa 55 Minuten backen.**

7. Die Form auf einen Kuchenrost stellen. Den Nektarinen-Brombeer-Cobbler etwa 15 Minuten abkühlen lassen.

8. Für den Guss Puderzucker mit Wasser zu einer dickflüssigen Masse verrühren. Den Guss auf den Kuchen träufeln. Den Cobbler lauwarm servieren.

Tipp: Dazu steif geschlagene Sahne servieren.

Nektarinenkuchen I

Zum Mitnehmen

Pro Stück: E: 3 g, F: 13 g, Kh: 23 g,
kJ: 926, kcal: 221, BE: 2,0

Für den Knetteig:

400 g	Weizenmehl
300 g	kalte Butter
5 EL	kaltes Wasser
½ gestr. TL	Salz

3 EL	Weizenmehl

Für den Belag:

10	Nektarinen (etwa 1 kg)
150 g	Butter (zimmerwarm)
170 g	brauner Zucker
5	Eier (Größe L)
200 g	Zuckerrübensirup
1 Pck.	Dr. Oetker Bourbon-Vanille-Zucker

Zubereitungszeit: 25 Minuten, ohne Kühlzeit
Backzeit: etwa 55 Minuten

1. Für den Teig Mehl in eine Rührschüssel geben. Die Butter in dünne Scheiben schneiden, mit Wasser und Salz hinzufügen. Die Zutaten mit einem Mixer (Knethaken) zunächst kurz auf niedrigster, dann auf höchster Stufe gut durcharbeiten. Anschließend auf einer leicht bemehlten Arbeitsfläche kurz zu einem Teig verkneten. Den Teig in Frischhaltefolie gewickelt etwa 60 Minuten in den Kühlschrank legen.

2. Den Teig mit Mehl bestäuben und auf einem Backblech (30 x 40 cm, gefettet, mit Backpapier belegt) ausrollen, dabei einen etwa 1 cm hohen Rand andrücken.

3. Den Backofen vorheizen.
Ober-/Unterhitze: etwa 220 °C
Heißluft: etwa 200 °C

4. Für den Belag Nektarinen heiß waschen, abtrocknen, vierteln und die Kerne herauslösen.

5. Butter mit Zucker in einer Rührschüssel mit dem Mixer (Rührstäbe) in etwa 3 Minuten schaumig schlagen. Eier nach und nach unterrühren. Zuckerrübensirup und Vanille-Zucker unterschlagen.

6. Die Sirupmasse auf dem Teig verteilen. Die Nektarinenviertel mit der Hautseite nach unten auf die Sirupmasse legen. Das Backblech in den vorgeheizten Backofen schieben. Den Nektarinenkuchen zunächst **etwa 10 Minuten backen.** Dann die Backofentemperatur um etwa 40 °C herunterschalten. Den Nektarinenkuchen **in etwa 45 Minuten fertig backen.**

7. Das Backblech auf einen Kuchenrost stellen. Den Nektarinenkuchen erkalten lassen und in etwa 5 x 7 cm große Stücke schneiden.

Tipps: Für einen Pfirsichkuchen die Nektarinen durch 960 g abgetropfte Pfirsichhälften (aus der Dose) ersetzen. Die Butter für den Belag muss sehr weich sein. Evtl. die Rührschüssel mit der Butter vor der Zubereitung in heißes Wasser tauchen.

Nektarinen-Nuss-Schnitte I

Für Gäste
12 Stücke

Pro Stück: E: 10 g, F: 24 g, Kh: 37 g,
kJ: 1687, kcal: 404, BE: 3,0

Für den Biskuitteig:

200 g	Nusskern-Mischung
100 g	Zwieback
5	Eigelb (Größe M)
3 EL	heißes Wasser
100 g	Zucker
1 Pck.	Dr. Oetker Vanillin-Zucker
1 Pck.	Grießbrei nach klassischer Art (Süße Mahlzeit)
2 gestr. TL	Dr. Oetker Backin
5	Eiweiß (Größe M)
1 Prise	Salz
1 TL	Zucker

Zum Bestreichen:

100 g	Nuss-Nougat

Für die Füllung:

5 Blatt	weiße Gelatine
250 g	Schlagsahne (mind. 30 % Fett)
400 g	griechischer Sahnejoghurt
20 g	Puderzucker
1 Pck.	Dr. Oetker Bourbon-Vanille-Zucker
300 g	Nektarinen

Zubereitungszeit: 40 Minuten, ohne Kühlzeit
Backzeit: 10–15 Minuten

1. Für den Teig Nusskerne und Zwieback im Blitzhacker fein mahlen. Dann in einer Pfanne ohne Fett unter Rühren leicht rösten. Nuss-Zwieback-Mischung auf einem Teller erkalten lassen.

2. Den Backofen vorheizen.
Ober-/Unterhitze: etwa 180 °C
Heißluft: etwa 160 °C

3. Das Eigelb und Wasser mit einem Mixer (Rührstäbe) auf höchster Stufe in 1 Minute schaumig schlagen.

Zucker mit Vanillin-Zucker mischen, in 1 Minute einstreuen, dann noch etwa 2 Minuten schlagen. Die Nuss-Zwieback-Mischung (1 Esslöffel davon abnehmen und beiseitestellen) mit Grießbrei und Backpulver mischen, kurz auf niedrigster Stufe unterrühren. Eiweiß mit Salz steif schlagen und den Zucker kurz unterschlagen. Den Eischnee vorsichtig unter den Teig heben.

4. Den Teig auf ein Backblech (30 x 40 cm, gefettet, mit Backpapier belegt) geben und glatt streichen. Das Backpapier an der offenen Seite des Backblechs so zur Falte knicken, dass ein Rand entsteht. Das Backblech in den vorgeheizten Backofen schieben. Den Nussboden **10–15 Minuten backen.**

5. Das Backblech auf einen Kuchenrost stellen. Den Nussboden erkalten lassen.

6. Zum Bestreichen Nuss-Nougat in einem kleinen Topf im heißen Wasserbad bei schwacher Hitze unter Rühren schmelzen. Den Nussboden auf eine Kuchenplatte stürzen. Das mitgebackene Backpapier abziehen. Den Nussboden senkrecht halbieren, sodass 2 Platten (etwa 20 x 30 cm) entstehen. Einen Nussboden mit der gebackenen Seite auf eine Tortenplatte legen und einen Backrahmen darumstellen. Den Boden mit der Nuss-Nougat-Creme (gut 1 Esslöffel davon zurücklassen) bestreichen und in den Kühlschrank stellen. Nougat fest werden lassen.

7. Für die Füllung Gelatine nach Packungsanleitung einweichen. Sahne steif schlagen. Joghurt mit Puderzucker und Vanille-Zucker glatt rühren. Eingeweichte Gelatine leicht ausdrücken und in einem kleinen Topf bei schwacher Hitze unter Rühren auflösen. Gelatine zuerst mit etwa 4 Esslöffeln von dem Joghurt verrühren, dann unter den restlichen Joghurt rühren. Die Sahne unterheben.

8. Nektarinen heiß abwaschen, abtrocknen, halbieren, entsteinen, in kleine Stücke schneiden, unter die Hälfte der Joghurtsahne heben, auf dem bestrichenen Nussboden verteilen und glatt streichen. Den zweiten Boden darauflegen. Restliche Joghurtsahne darauf glatt verstreichen und mit der übrigen Nuss-Zwieback-Mischung bestreuen.

9. Die Nussschnitte mit der restlichen Nuss-Nougat-Creme verzieren und zugedeckt etwa 2 Stunden in den Kühlschrank stellen. Den Backrahmen entfernen.

Tipps: Die Kuchenoberfläche nach Belieben mit Nektarinenspalten garnieren. Statt Nektarinen können auch Aprikosen verwendet werden.

Nussbiskuitrolle mit Himbeeren I

Mit Alkohol

16 Stücke

Pro Stück: E: 6 g, F: 18 g, Kh: 16 g,
kJ: 1054, kcal: 252, BE: 1,5

Für den Biskuitteig:

4 *Eier (Größe M)*
2 EL *heißes Wasser*
60 g *Zucker*
1 Pck. *Dr. Oetker Vanillin-Zucker*
1 Prise *Salz*
50 g *Weizenmehl*
½ gestr. TL *Dr. Oetker Backin*
100 g *gem. Haselnusskerne*

Für die Füllung:

3 Blatt *weiße Gelatine*
175 g *Frischkäse mit Joghurt*
3 EL *Nuss-Nougat-Creme*
100 ml *Irish-Cream-Likör*
400 g *Schlagsahne (mind. 30 % Fett)*
1 Pck. *Sahnesteif*
200 g *frische Himbeeren*

30 g *Raspelschokolade*

Zubereitungszeit: 40 Minuten, ohne Kühlzeit
Backzeit: etwa 14 Minuten

1. Den Backofen vorheizen.
Ober-/Unterhitze: etwa 200 °C
Heißluft: etwa 180 °C

2. Für den Teig die Eier und Wasser mit einem Mixer (Rührstäbe) auf höchster Stufe in etwa 1 Minute schaumig schlagen. Zucker mit Vanillin-Zucker und Salz mischen, in etwa 1 Minute einstreuen, dann noch etwa 2 Minuten schlagen.

3. Das Mehl mit Backpulver und Nüssen mischen, auf die Eiercreme geben und kurz auf niedrigster Stufe unterrühren. Den Teig auf ein Backblech (30 x 40 cm, gefettet, mit Backpapier belegt) geben und glatt streichen. Das Backblech in den vorgeheizten Backofen schieben. Die Biskuitplatte **etwa 14 Minuten backen.**

4. Die Biskuitplatte sofort nach dem Backen auf ein mit Zucker bestreutes Stück Backpapier stürzen und das mitgebackene Backpapier abziehen. Die Biskuitplatte – zugedeckt mit dem Backblech – erkalten lassen.

5. Für die Füllung Gelatine nach Packungsanleitung einweichen. Frischkäse mit Nuss-Nougat-Creme und Likör glatt rühren. Die Gelatine leicht ausdrücken und mit 1 Teelöffel der Frischkäsecreme in einem kleinen Topf unter Rühren bei schwacher Hitze auflösen. Die aufgelöste Gelatine zuerst mit etwa 4 Esslöffeln der Frischkäsecreme verrühren, dann unter die restliche Creme rühren. Sahne mit Sahnesteif steif schlagen und unterheben.

6. Etwa zwei Drittel der Frischkäsecreme auf die Biskuitplatte geben und glatt streichen, dabei rundherum einen etwa 2 cm breiten Rand frei lassen. Die Himbeeren verlesen, zwei Drittel der Himbeeren gleichmäßig auf die Frischkäsecreme streuen und leicht andrücken.

7. Die Biskuitplatte mithilfe des Backpapiers von der langen Seite aus aufrollen. Die Biskuitrolle mit der restlichen Creme bestreichen und mit den restlichen Beeren garnieren. Die Biskuitrolle zugedeckt mindestens 60 Minuten in den Kühlschrank stellen. Vor dem Servieren Biskuitrolle mit Schokoraspeln bestreuen.

Tipps: Verwenden Sie eine Mischung aus frischen Maul- und Himbeeren. Möchten Sie auf Alkohol verzichten, ersetzen Sie den Likör durch die gleiche Menge Kakaotrunk.

Obstkuchen mit Buttermilch I

Schnell – einfach
20 Stücke

Pro Stück: E: 7 g, F: 7 g, Kh: 49 g,
kJ: 1204, kcal: 288, BE: 4,0

Für den All-in-Teig:

300 g	Weizenmehl
1 Pck.	Dr. Oetker Backin
300 g	Zucker
1 Pck.	Dr. Oetker Vanillin-Zucker
3	Eier (Größe M)
125 g	zerlassene, abgekühlte Butter
100 ml	Buttermilch

Für den Belag:

1 kg	abgetropfter Fruchtcocktail (aus der Dose)
2 Pck.	Quarkfein Vanille (Dessertpulver)
1 Pck.	Quarkfein Zitrone (Dessertpulver)
400 ml	Buttermilch
500 g	Magerquark

Für den Guss:

3 Pck.	ungezuckerter Tortenguss, klar
750 ml	Fruchtcocktailsaft (aus der Dose)

Zubereitungszeit: 35 Minuten, ohne Kühlzeit
Backzeit: etwa 20 Minuten

1. Den Backofen vorheizen.
Ober-/Unterhitze: etwa 180 °C
Heißluft: etwa 160 °C

2. Für den Teig Mehl mit Backpulver in einer Rührschüssel mischen. Restliche Zutaten hinzufügen und
mit einem Mixer (Rührstäbe) zunächst kurz auf niedrigster, dann auf höchster Stufe in etwa 2 Minuten
zu einem glatten Teig verarbeiten.

3. Den Teig auf ein Backblech (30 x 40 cm, gefettet)
geben und glatt streichen. Das Backblech in den vorgeheizten Backofen schieben. Gebäckboden **etwa
20 Minuten backen.**

4. Das Backblech auf einen Kuchenrost stellen. Den
Gebäckboden erkalten lassen. Einen Backrahmen
darumstellen.

5. Für den Belag von dem Fruchtcocktail den Saft auffangen und 750 ml davon abmessen, evtl. mit Wasser
auffüllen. Den Saft für den Guss beiseitestellen.

6. Alle Quarkfein-Sorten zusammen nach Packungsanleitung (aber mit der angegebenen Menge Buttermilch) zubereiten. Den Quark unterrühren. Die Masse
auf den Gebäckboden geben und glatt streichen. Die
Fruchtcocktailfrüchte darauf verteilen.

7. Für den Guss aus Tortengusspulver und dem aufgefangenen Fruchtsaft nach Packungsanleitung (aber
ohne Zucker) einen Guss zubereiten und auf den
Früchten verteilen. Den Obstkuchen zugedeckt etwa
2 Stunden in den Kühlschrank stellen. Den Backrahmen vorsichtig lösen und entfernen.

Obsttorte mit Joghurtsahne I

Erfrischend

12 Stücke

Pro Stück: E: 4 g, F: 14 g, Kh: 35 g,
kJ: 1173, kcal: 280, BE: 3,0

Zum Vorbereiten:

25 g gehackte Mandeln

Für den Knetteig:

150 g Weizenmehl
1/2 gestr. TL Dr. Oetker Backin
65 g Zucker
1 Pck. Dr. Oetker Vanillin-Zucker
1 Ei (Größe M)
65 g Butter oder Margarine

1 gestr. EL Weizenmehl
1/2 Pck. Sahnesteif

Für den Belag:

750 g abgetropftes Obst, z. B. Aprikosen
oder Pfirsiche (aus der Dose)

Für den Guss:

1 Pck. ungezuckerter Tortenguss, klar
20 g Zucker
250 ml Wasser

Für die Joghurtsahne:

250 g Schlagsahne (mind. 30 % Fett)
1 1/2 Pck. Sahnesteif
50 g Zucker
150 g Joghurt (3,5 % Fett)
2–3 EL Zitronensaft

Zubereitungszeit: 65 Minuten, ohne Kühlzeit
Backzeit: 15–20 Minuten

1. Zum Vorbereiten die Mandeln in einer Pfanne ohne Fett unter Wenden goldbraun rösten und auf einen Teller geben.

2. Den Backofen vorheizen.
Ober-/Unterhitze: etwa 200 °C
Heißluft: etwa 180 °C

3. Für den Teig Mehl mit Backpulver in einer Rührschüssel mischen. Restliche Zutaten hinzufügen und mit einem Mixer (Knethaken) zunächst kurz auf niedrigster, dann auf höchster Stufe gut durcharbeiten. Anschließend auf einer leicht bemehlten Arbeitsfläche kurz zu einem Teig verkneten. Sollte er kleben ihn in Frischhaltefolie gewickelt in den Kühlschrank legen.

4. Zwei Drittel des Teiges auf dem Boden einer Springform (Ø 28 cm, gefettet) ausrollen. Unter den Rest des Teiges 1 Esslöffel Mehl kneten. Dann zu einer langen Rolle formen, auf den Boden legen und so an die Form drücken, dass ein etwa 3 cm hoher Rand entsteht. Den Teigboden mehrmals mit einer Gabel einstechen. Die Form auf dem Rost in den vorgeheizten Backofen schieben. Knetteigboden **15–20 Minuten backen.**

5. Den Knetteigboden aus der Form lösen und auf einem mit Backpapier belegten Kuchenrost erkalten lassen. Den Tortenboden mit Sahnesteif bestreuen. Für den Belag das Obst mit der Schnittfläche nach unten auf den Tortenboden legen.

6. Für den Guss aus Tortengusspulver, Zucker und Wasser einen Guss nach Packungsanleitung zubereiten. Den Guss mit einem Esslöffel von der Mitte aus auf dem Obst verteilen. Guss fest werden lassen.

7. Für die Joghurtsahne Sahne mit Sahnesteif und Zucker steif schlagen. Die Sahne unter den Joghurt rühren. Die Joghurtsahne mit dem Zitronensaft abschmecken. Joghurtsahne auf die Torte geben und glatt streichen. Die Torte mit den Mandeln bestreuen.

Orange-Cheesecake I

Ohne zu Backen
8 Stücke

Pro Stück: E: 9 g, F: 41 g, Kh: 30 g,
kJ: 2169, kcal: 522, BE: 2,0

Für den Boden:

50 g gehobelte Mandeln
70 g Butterkekse
80 g Butter oder Margarine

Für die Creme:

1 Bio-Orange
   (unbehandelt, ungewachst)
6 Blatt weiße Gelatine
2 EL Orangenmarmelade
3 EL Zucker
400 g Doppelrahm-Frischkäse
   (zimmerwarm)
40 g Vollmilch-Raspelschokolade
300 g Schlagsahne
   (mind. 30 % Fett)

Für den Guss:

1 Bio-Orange
   (unbehandelt, ungewachst)
3 Blatt weiße Gelatine
1 EL Zucker

Zum Garnieren:

1 EL Vollmilch-Raspelschokolade

Zubereitungszeit: 35 Minuten, ohne Kühlzeit

1. Für den Boden Mandeln in einer Pfanne ohne Fett unter Rühren goldbraun rösten und auf einen Teller geben. Kekse mit den Mandeln in einen Gefrierbeutel geben. Den Beutel fest verschließen. Keks-Mandel-Mischung mit einer Teigrolle fein zerbröseln und anschließend in eine Rührschüssel geben. Butter oder Margarine in einem kleinen Topf zerlassen, zu den Bröseln in die Rührschüssel geben und gut verrühren.

2. Einen Tortenring (Ø 20 cm) auf eine mit Backpapier belegte Kuchenplatte stellen. Die Bröselmasse mit einem Esslöffel gleichmäßig in dem Tortenring vertei-

len, dabei einen etwa 1 ½ cm hohen Rand andrücken. Den Boden festdrücken. Das Backblech mit dem Bröselboden mindestens 10 Minuten in den Kühlschrank stellen.

3. Für die Creme die Orange heiß abwaschen, abtrocknen und die Schale fein abreiben. Gelatine nach Packungsanleitung einweichen, leicht ausdrücken und in einem kleinen Topf bei schwacher Hitze mit der Orangenmarmelade, -schale, dem Zucker und 1 Esslöffel Frischkäse unter Rühren auflösen.

4. Die warme Gelatinemasse mit einem Schneebesen unter den restlichen Frischkäse rühren und erkalten lassen. Anschließend die Raspelschokolade unterheben.

5. Sahne steif schlagen und mit einem Schneebesen unter die Frischkäse-Orangen-Masse heben. Die Masse auf dem Bröselboden verteilen und glatt streichen. Cheesecake zugedeckt etwa 60 Minuten in den Kühlschrank stellen.

6. Für den Guss insgesamt 2 Orangen (1 Orange von der Creme) halbieren und den Saft auspressen.

7. Gelatine nach Packungsanleitung einweichen, leicht ausdrücken und in einem kleinen Topf bei schwacher Hitze mit 2 Esslöffeln Orangensaft und Zucker unter Rühren auflösen.

8. Von dem restlichen Orangensaft 160 ml abmessen und unter die Gelatinemasse rühren. Den Orangensaft erkalten lassen.

9. Den kalten Orangensaft auf den Cheesecake gießen und weitere etwa 3 Stunden in den Kühlschrank stellen.

10. Die restliche Orange so schälen, dass die weiße Haut vollständig entfernt wird. Die Orange filetieren.

11. Zum Servieren die Cheesecake mit einem Messer vom Tortenringrand lösen.

12. Orange-Cheesecake mit der Raspelschokolade und den Orangenfilets garnieren.

Orangen-Mandarinen-Rolle I

Erfrischend

16 Stücke

Pro Stück: E: 5 g, F: 8 g, Kh: 28 g,
kJ: 840, kcal: 200, BE: 2,5

Für den Biskuitteig:

4	Eier (Größe M)
2 EL	heißes Wasser
60 g	Zucker
1 Pck.	Dr. Oetker Vanillin-Zucker
1 Pck.	Dr. Oetker Finesse Orangenschalen-Aroma
1 Prise	Salz
100 g	Weizenmehl
½ gestr. TL	Dr. Oetker Backin

Für die Füllung:

3 Blatt	weiße Gelatine
1 Pck.	Mousse au Citron (Dessertpulver)
250 ml	Buttermilch
250 g	Schlagsahne (mind. 30 % Fett)
1 Pck.	Sahnesteif
80 g	Lemoncurd (aus dem Glas)
175 g	abgetropfte Mandarinen (aus der Dose)

Zum Garnieren:

60 g	Lemoncurd (aus dem Glas)
60 g	Baiserschalen oder -tropfen (Fertigprodukt)
	feine Streifen von
1	Bio-Orangenschale (unbehandelt, ungewachst)

Zubereitungszeit: 35 Minuten, ohne Kühlzeit
Backzeit: etwa 14 Minuten

1. Den Backofen vorheizen.
Ober-/Unterhitze: etwa 200 °C
Heißluft: etwa 180 °C

2. Für den Teig die Eier und Wasser mit einem Mixer (Rührstäbe) auf höchster Stufe in 1 Minute schaumig schlagen. Zucker mit Vanillin-Zucker, Orangenschale und Salz mischen, in 1 Minute einstreuen, dann noch etwa 2 Minuten schlagen.

3. Mehl mit Backpulver mischen, auf die Eiercreme geben und kurz auf niedrigster Stufe unterrühren. Den Teig auf ein Backblech (30 x 40 cm, gefettet, mit Backpapier belegt) geben und glatt streichen. Das Backblech in den vorgeheizten Backofen schieben. Die Biskuitplatte **etwa 14 Minuten backen**.

4. Die Biskuitplatte sofort nach dem Backen auf ein mit Zucker bestreutes Stück Backpapier stürzen und das mitgebackene Backpapier abziehen. Die Biskuitplatte – zugedeckt mit dem Backblech – erkalten lassen.

5. Für die Füllung Gelatine nach Packungsanleitung einweichen. Aus Dessertpulver und Buttermilch nach Packungsanleitung (aber mit der Buttermilch) eine Mousse zubereiten. Gelatine leicht ausdrücken und mit 1 Teelöffel der Buttermilch-Mousse in einem kleinen Topf bei schwacher Hitze unter Rühren auflösen.

6. Die aufgelöste Gelatine zunächst mit etwa 4 Esslöffeln der Mousse verrühren, dann unter die restliche Mousse rühren und kurz in den Kühlschrank stellen. Sobald die Mousse anfängt dicklich zu werden, Sahne mit Sahnesteif steif schlagen und unterheben.

7. Lemoncurd auf die Biskuitplatte geben und glatt streichen, dabei rundherum einen etwa 2 cm breiten Rand frei lassen. Die Mousse daraufgeben und ebenfalls so glatt streichen, dass rundherum der Rand frei bleibt. Die Mandarinen darauf verteilen und leicht eindrücken.

8. Die Biskuitplatte mithilfe des Backpapiers von der langen Seite aus aufrollen und zugedeckt mindestens 60 Minuten in den Kühlschrank stellen.

9. Zum Garnieren die Rolle mit Lemoncurd bestreichen und mit grob gehacktem Baiser bestreuen. Die Orangen-Mandarinen-Rolle mit vorbereiteten, feinen Streifen Orangenschale belegen.

Orangen-Pie mit Marshmallow-Haube I

Raffiniert

12 Stücke

Pro Stück: E: 8 g, F: 13 g, Kh: 51 g,
kJ: 1498, kcal: 358, BE: 4,0

Für den Knetteig:

200 g	Weizenmehl
1 gestr. TL	Dr. Oetker Backin
80 g	Zucker
1 Pck.	Dr. Oetker Finesse Orangenschalen-Aroma
1	Eigelb (Größe M)
1	Ei (Größe M)
100 g	Butter (zimmerwarm)

Für die Füllung:

50 ml	Orangensaft
50 ml	Zitronensaft
2	Eier (Größe M)
2	Eigelb (Größe M)
400 g	gezuckerte Kondensmilch

Für den Belag:

3	Orangen
150 g	weiße Marshmallows

Zubereitungszeit: 35 Minuten, ohne Abkühlzeit
Backzeit: etwa 45 Minuten

1. Für den Teig Mehl mit Backpulver in einer Rührschüssel mischen. Restliche Zutaten hinzufügen und mit einem Mixer (Knethaken) zunächst kurz auf niedrigster, dann auf höchster Stufe gut durcharbeiten. Anschließend auf einer leicht bemehlten Arbeitsfläche kurz zu einem Teig verkneten. Sollte er kleben, ihn in Frischhaltefolie gewickelt eine Zeit lang in den Kühlschrank legen.

2. Den Backofen vorheizen.
Ober-/Unterhitze: etwa 200 °C
Heißluft: etwa 180 °C

3. Zwei Drittel des Teiges auf dem Boden einer Springform (Ø 26 cm, gefettet) ausrollen und mehrfach mit

einer Gabel einstechen. Den Springformrand darumstellen.

4. Die Form auf dem Rost in den vorgeheizten Backofen schieben. Den Knetteigboden **etwa 15 Minuten vorbacken.**

5. Die Form auf einen Kuchenrost stellen. Den Boden etwas abkühlen lassen.

6. Restlichen Teig zu einer langen Rolle formen, auf den vorgebackenen Boden legen und so an die Form drücken, dass ein etwa 3 cm hoher Rand entsteht.

7. Für die Füllung Orangensaft, Zitronensaft, Eier und Eigelb mit dem Mixer (Rührstäbe) auf höchster Stufe in 3–4 Minuten dick-schaumig schlagen, dann die Kondensmilch unterrühren. Die Masse auf den vorgebackenen Boden gießen.

8. Form wieder auf dem Rost (unteres Drittel) in den heißen Backofen schieben. Pie **bei gleicher Backofentemperatur in etwa 30 Minuten fertig backen.**

9. Die Form auf einen Kuchenrost stellen. Pie in der Form erkalten lassen.

10. Den Backofengrill vorheizen.

11. Für den Belag die Orangen so schälen, dass die weiße Haut vollständig entfernt wird. Die Orangen filetieren. Orangenfilets auf Küchenpapier abtropfen lassen. Die Marshmallows grob zerkleinern.

12. Orangenfilets fächerartig auf die Pie-Oberfläche legen. Marshmallows dicht an dicht darauf verteilen.

13. Pie auf dem Rost (Mitte) unter den heißen Backofengrill schieben. Die Marshmallows in 1–2 Minuten bräunen.

14. Die Form auf einen Kuchenrost stellen. Orangen-Pie erkalten lassen, aus der Form lösen und servieren.

Tipp: Wenn Sie einen Gasbrenner haben, dann können Sie die Marshmallow-Haube auch damit vorsichtig goldbraun grillen.

Pancake-Törtchen | Raffiniert

6 Stück

Pro Stück: E: 12 g, F: 38 g, Kh: 62 g,
kJ: 2712, kcal: 648, BE: 5,0

Für den Teig:

250 g	Weizenmehl
3 gestr. TL	Dr. Oetker Backin
2 EL	Zucker
1 Pck.	Dr. Oetker Vanillin-Zucker
1 Prise	Salz
2 TL	Dr. Oetker Finesse Geriebene Zitronenschale
3	Eier (Größe M)
300 ml	Buttermilch
3 EL	Butterschmalz

Für die Füllung:

400 g	Himbeeren
4 EL	feste Himbeerkonfitüre
500 g	gekühlte Schlagsahne (mind. 30 % Fett)
2 Pck.	Sahnesteif

Zum Bestäuben:

1 TL	Puderzucker

Zubereitungszeit: 30 Minuten, ohne Abkühlzeit
Bratzeit: 15–20 Minuten

1. Für den Teig Mehl mit Backpulver, Zucker, Vanillin-Zucker, Salz und Zitronenschale in einer Rührschüssel mischen.

2. In einer anderen Rührschüssel Eier und Buttermilch mit einem Mixer (Rührstäbe) verrühren. Die Ei-Buttermilch-Mischung zu der Mehlmischung geben und auf mittlerer Stufe etwa 2 Minuten unterrühren.

3. Von dem Butterschmalz 1 Esslöffel in einer Pfanne zerlassen. Pro Pancake etwa 2 Esslöffel Teig in die Pfanne geben und leicht verstreichen (Ø 6–8 cm). Jeden Pancake von beiden Seiten goldbraun backen, dann auf Küchenpapier abtropfen lassen. Nach und nach aus dem restlichen Teig in dem restlichen But-

terschmalz weitere Pancakes (insgesamt 18 Stück) backen. Die Pancakes erkalten lassen.

4. Für die Füllung Himbeeren verlesen, evtl. kurz abspülen und gut abtropfen lassen. 3 Esslöffel von den Himbeeren mit der Konfitüre fein pürieren. Sahne mit Sahnesteif steif schlagen und in einen Spritzbeutel mit Sterntülle füllen.

5. Auf 12 Pancakes je einen Ring aus Sahne spritzen. Darauf jeweils 1–2 Teelöffel von dem Himbeerpüree geben. Je 2 garnierte Pancakes aufeinandersetzen.

6. Die restlichen Pancakes mit der restlichen Sahne verzieren, mit dem restlichen Himbeerpüree beträufeln und mit den restlichen Himbeeren garnieren. Diese Pancakes vorsichtig als Deckel auf jeden Pancake-Turm setzen und mit Puderzucker bestäubt servieren.

Papaya-Weintrauben-Torte **I**

Ohne zu backen
12 Stücke

Pro Stück: E: 6 g, F: 20 g, Kh: 29 g,
kJ: 1332, kcal: 318, BE: 2,5

Für den Belag:
½ große Papaya (etwa 600 g)
200 g kernlose, blaue Weintrauben
8 Blatt weiße Gelatine
200 ml klarer Apfelsaft
75 g flüssiger Honig

Für den Tortenboden:
225 g Hafer-Mürbekekse
100 g Butter

Für die Creme:
4 Blatt weiße Gelatine
500 g Vanillejoghurt (3,5 % Fett)
2 EL flüssiger Honig
250 g Schlagsahne
(mind. 30 % Fett)

Zubereitungszeit: 50 Minuten, ohne Kühlzeit

1. Für den Belag die Papayahälfte entkernen und schälen. Von dem Fruchtfleisch 400 g abwiegen und in etwa ½ cm dicke Scheiben schneiden. Weintrauben abspülen und gut trocken tupfen. Die Gelatine nach Packungsanleitung einweichen.

2. Den Apfelsaft mit Honig in einem Topf zum Kochen bringen. Papayascheiben und Weintrauben dazugeben und etwa 1 Minute bei schwacher Hitze unter vorsichtigem Rühren dünsten. Den Topf von der Kochstelle nehmen. Gelatine leicht ausdrücken und in der Fruchtmasse unter vorsichtigem Rühren auflösen. Die Fruchtmasse abkühlen lassen und in den Kühlschrank stellen.

3. Für den Boden Kekse in einen Gefrierbeutel geben. Den Beutel fest verschließen. Kekse mit einer Teigrolle fein zerbröseln und in eine Rührschüssel geben. Butter zerlassen, zu den Bröseln geben und gut verrühren.

4. Einen Springformrand oder Tortenring (Ø 26 cm) auf eine mit Tortenspitze oder Backpapier belegte Tortenplatte stellen. Die Bröselmasse gleichmäßig darin verteilen und mit einem Löffel gut zu einem Boden andrücken. Den Tortenboden zugedeckt in den Kühlschrank stellen.

5. Für die Creme Gelatine nach Packungsanleitung einweichen. Joghurt mit Honig verrühren. Sahne steif schlagen. Gelatine leicht ausdrücken und in einem kleinen Topf bei schwacher Hitze unter Rühren auflösen. Die Gelatine zunächst mit 2–3 Esslöffeln des Joghurts verrühren, dann unter den restlichen Joghurt rühren. Die Sahne unterheben.

6. Die Joghurt-Sahne-Creme auf den Bröselboden geben und glatt streichen. Sobald die Papaya-Weintrauben-Masse anfängt dicklich zu werden, sie auf die Joghurt-Sahne-Creme geben und leicht eindrücken. Die Torte zugedeckt etwa 3 Stunden in den Kühlschrank stellen. Den Springformrand oder Tortenring lösen und entfernen.

Tipps: Den Tortenrand nach Belieben mit Vollkornkeksbröseln bestreuen. Statt blauer Weintrauben können auch kernlose, grüne Weintrauben verwendet werden.

Pfirsich-Flammkuchen I

Für Gäste

12 Stücke

Pro Stück: E: 4 g, F: 14 g, Kh: 27 g,
kJ: 1067, kcal: 255, BE: 2,5

Für den Hefeteig:

> 200 g Weizenmehl (Type 550)
> ½ Pck. frische Hefe (21 g)
> 1 Prise Zucker
> 100 ml lauwarmes Wasser
> 1 Prise Salz
> 2 EL flüssiger Honig
> 3 EL Olivenöl

Zum Bestreuen:

> 40 g Zucker
> 2 EL fein geschnittene
> Zitronenmelisseblättchen
> 1 TL fein gehackte
> Zitronenthymianblättchen

Für den Belag:

> 600 g Pfirsiche
> (etwa 5 Stück)
>
> 40 g zerlassene Butter
> 250 g Mascarpone
> (ital. Frischkäse)
> 20 g Zucker
> 1 Pck. Dr. Oetker Bourbon-
> Vanille-Zucker

Zubereitungszeit: 35 Minuten, ohne Teiggehzeit
Backzeit: etwa 15 Minuten

1. Für den Teig Mehl in eine Rührschüssel geben und in die Mitte eine Vertiefung eindrücken. Hefe hineinbröckeln, mit Zucker und etwas Wasser verrühren und etwa 10 Minuten stehen lassen.

2. Salz, Honig, restliches Wasser und Olivenöl hinzufügen. Die Zutaten mit einem Mixer (Knethaken) zunächst kurz auf niedrigster, dann auf höchster Stufe in etwa 5 Minuten zu einem glatten Teig verarbeiten. Den Teig zugedeckt so lange an einem warmen Ort

gehen lassen, bis er sich sichtbar vergrößert hat (etwa 30 Minuten).

3. Zum Bestreuen inzwischen Zucker mit Zitronenmelisse und -thymian in einer kleinen Schüssel gut verrühren und etwa 30 Minuten ziehen lassen.

4. Für den Belag Pfirsiche heiß abwaschen, abtrocknen, halbieren und entsteinen. Die Pfirsichhälften in schmale Spalten schneiden.

5. Den Backofen vorheizen.
Ober-/Unterhitze: etwa 200 °C
Heißluft: etwa 180 °C

6. Den gegangenen Teig auf einer leicht bemehlten Arbeitsfläche nochmals gut durchkneten. Den Teig halbieren. Jede Teighälfte zu 2 ovalen Platten (je etwa 30 x 15 cm) ausrollen.

7. Die Teigränder etwas hochdrücken, sodass eine kleine Kante entsteht. Teigböden mehrmals mit einer Gabel einstechen.

8. Die Teigplatten auf ein Backblech (mit Backpapier belegt) legen und mit einem Teil der zerlassenen Butter bestreichen.

9. Mascarpone mit Zucker und Vanille-Zucker verrühren und auf den Teigplatten verteilen, dabei am Rand (Teigkante) jeweils etwa 1 cm frei lassen.

10. Die Pfirsichspalten auf die Creme legen, mit dem Zitronen-Thymian-Zucker (bis auf 1 Esslöffel) bestreuen und mit der restlichen Butter beträufeln.

11. Das Backblech in den vorgeheizten Backofen schieben. Die Flammkuchen **etwa 15 Minuten backen.**

12. Die Pfirsich-Flammkuchen sofort mit dem restlichen Zitronen-Thymian-Zucker bestreuen und auf einem Kuchenrost erkalten lassen. Pfirsich-Flammkuchen in Stücke schneiden und nach Belieben lauwarm servieren.

Tipp: Statt Zitronenmelisse und -thymian 2 Esslöffel frisch gehackte Rosmarinnadeln verwenden.

Pfirsich-Joghurt-Schnitten I

Sommergenuss vom Blech

14 Stücke

Pro Stück: E: 8 g, F: 3 g, Kh: 49 g,
kJ: 1095, kcal: 261, BE: 4,0

Zum Vorbereiten:

480 g abgetropfte Pfirsichhälften
(aus der Dose)

Für den All-in-Teig:

250 g Weizenmehl
1 Pck. Dr. Oetker Backin
250 g Zucker
1 Pck. Dr. Oetker Vanillin-Zucker
3 Eier (Größe M)
250 ml Buttermilch

Zum Bestreichen und Bestreuen:

2 EL Aprikosenkonfitüre
1 EL Wasser
1 EL gehackte Pistazienkerne

Für die Füllung:

6 Blatt weiße Gelatine
250 g Schichtkäse (20 % Fett)
500 g Joghurt Pfirsich-
Maracuja-Geschmack
(1,5 % Fett)
50 g Puderzucker
1 EL Zitronensaft

Zubereitungszeit: 45 Minuten, ohne Kühlzeit
Backzeit: etwa 30 Minuten

1. Zum Vorbereiten die Hälfte der Pfirsichhälften in dünne Spalten (etwa 3 mm) schneiden. Die restlichen Pfirsichhälften klein würfeln und beiseitestellen.

2. Den Backofen vorheizen.
Ober-/Unterhitze: etwa 180 °C
Heißluft: etwa 160 °C

3. Für den Teig Mehl mit Backpulver in einer Rührschüssel mischen. Restliche Zutaten hinzufügen und mit einem Mixer (Rührstäbe) zunächst kurz auf nied-

rigster, dann auf höchster Stufe in etwa 2 Minuten zu einem glatten Teig verarbeiten.

4. Den Teig auf ein Backblech (30 x 40 cm, gefettet, mit Backpapier belegt) geben und glatt streichen. Die Hälfte des Teiges (etwa 20 x 30 cm) mit den Pfirsichspalten belegen. Das Backblech in den vorgeheizten Backofen (unteres Drittel) schieben und die Gebäckplatte **etwa 30 Minuten backen.**

5. Zum Bestreichen und Bestreuen in der Zwischenzeit die Konfitüre durch ein Sieb in einen Kochtopf streichen. Etwa 2 Minuten vor Ende der Backzeit die Konfitüre mit dem Wasser unter Rühren kurz aufkochen. Den Topf von der Kochstelle nehmen.

6. Das Backblech auf einen Kuchenrost stellen. Die mit Pfirsichspalten belegte Gebäckhälfte sofort mit der Konfitüre bestreichen und mit Pistazienkernen bestreuen.

7. Die Gebäckplatte mit dem Backpapier vom Backblech auf einen Kuchenrost ziehen und erkalten lassen.

8. Anschließend die Gebäckplatte in der Mitte so durchschneiden, dass eine Hälfte mit Pfirsichspalten und eine Hälfte ohne entsteht. Die Gebäckplatten evtl. mithilfe eines langen Messers vorsichtig vom Backpapier lösen.

9. Für die Füllung Gelatine nach Packungsanleitung einweichen. Schichtkäse mit Joghurt, Puderzucker und Zitronensaft verrühren. Die Gelatine leicht ausdrücken und in einem kleinen Topf bei schwacher Hitze unter Rühren auflösen. Die aufgelöste Gelatine zuerst mit etwa 4 Esslöffeln von der Schichtkäse-Joghurt-Masse verrühren, dann unter die restliche Schichtkäse-Joghurt-Masse rühren und in den Kühlschrank stellen.

10. Ein Backblech oder eine sehr große Tortenplatte mit einem großen Stück Alufolie (etwa 65 x 55 cm) belegen und die nicht belegte Gebäckhälfte darauflegen. Überstehende Alufolie so falten und einschneiden, dass ein 4–5 cm hoher stabiler Rand entsteht, der als Backrahmen dient.

11. Sobald die Schichtkäse-Joghurt-Masse anfängt dicklich zu werden, die beiseitegestellten Pfirsich-würfel unterrühren. Die Masse auf der Gebäckplatte verteilen.

12. Die mit Pfirsichspalten belegte Gebäckplatte darauflegen. Den Kuchen etwa 4 Stunden zugedeckt in den Kühlschrank stellen. Vor dem Servieren die Alufolie entfernen.

Pfirsich-Mandel-Blechkuchen I

Einfach – raffiniert
20 Stücke

Pro Stück: E: 6 g, F: 10 g, Kh: 39 g,
kJ: 1166, kcal: 278, BE: 3,5

Für die Streusel:

100 g	Semmelbrösel
80 g	Butter oder Margarine (zimmerwarm)
40 g	Zucker
etwas	ger. Muskatnuss

Für die Füllung:

1 Pck.	Dr. Oetker Pudding-Pulver Vanille-Geschmack
40 g	Zucker
500 ml	Milch
100 g	abgezogene, gem. Mandeln

Für den Quark-Öl-Teig:

400 g	Weizenmehl
1 Pck.	Dr. Oetker Backin
250 g	Magerquark
100 g	Zucker
100 ml	Milch
1 Prise	Salz
50 ml	Speiseöl, z. B. Sonnenblumenöl
940 g	abgetropfte Pfirsichhälften (aus der Dose)

Zubereitungszeit: 50 Minuten, ohne Abkühlzeit
Backzeit: etwa 45 Minuten

1. Für die Streusel Semmelbrösel in eine Rührschüssel geben. Butter oder Margarine, Zucker und Muskatnuss hinzufügen und mit einem Mixer (Rührstäbe) zu Streuseln von gewünschter Größe verarbeiten. Die Streusel zugedeckt in den Kühlschrank stellen.

2. Für die Füllung aus Pudding-Pulver, Zucker und Milch einen Pudding nach Packungsanleitung zubereiten. Die Puddingoberfläche sofort mit Frischhaltefolie belegen. Pudding abkühlen lassen, anschließend 50 g von den Mandeln unterrühren.

3. Den Backofen vorheizen.
Ober-/Unterhitze: etwa 180 °C
Heißluft: etwa 160 °C

4. Für den Teig das Mehl mit dem Backpulver in einer Rührschüssel mischen. Quark, Zucker, Milch, Salz und Speiseöl hinzufügen. Die Zutaten mit dem Mixer (Knethaken) zunächst auf niedrigster, dann auf höchster Stufe in etwa 1 Minute zu einem Teig verarbeiten (nicht zu lange, Teig klebt sonst). Teig auf der leicht bemehlten Arbeitsfläche zu einer Platte (etwa 30 x 40 cm) ausrollen. Die Teigplatte in ein tiefes Backblech oder eine Fettpfanne (30 x 40 cm, gefettet) legen.

5. Die Pudding-Mandel-Masse gleichmäßig auf dem Teig verstreichen und mit den restlichen Mandeln bestreuen.

6. Die Pfirsichhälften in der Mitte durchschneiden und auf die Puddingschicht legen. Die Streusel darauf verteilen.

7. Das Backblech bzw. die Fettpfanne in den vorgeheizten Backofen schieben. Den Kuchen **etwa 45 Minuten backen.**

8. Das Backblech bzw. die Fettpfanne auf einen Kuchenrost stellen. Den Kuchen erkalten lassen und in Stücke schneiden.

Pfirsich-Rotwein-Tarte I

Mit Alkohol
16 Stücke

Pro Stück: E: 3 g, F: 11 g, Kh: 30 g,
kJ: 1001, kcal: 239, BE: 2,5

Zum Vorbereiten:
> 4 Stängel Rosmarin
> 25 g Zucker

Für den Knetteig:
> 300 g Weizenmehl
> 200 g Butter oder Margarine
> 50 g Zucker
> 50 g Puderzucker
> 1 Prise Salz
> 1 Eigelb (Größe M)

Für den Belag:
> 8–9 reife Pfirsiche
> 150 ml Rotwein
> 1 Vanilleschote
> 50 g Extra Gelierzucker 2:1

Zubereitungszeit: 40 Minuten
Backzeit: etwa 40 Minuten

1. Den Backofen vorheizen.
Ober-/Unterhitze: etwa 180 °C
Heißluft: etwa 160 °C

2. Zum Vorbereiten Rosmarin abspülen und trocken tupfen. Von 3 Stängeln die Nadeln abzupfen und klein schneiden. Diese in einen Mörser geben und mit dem Zucker zerreiben.

3. Für den Teig Mehl in eine Rührschüssel geben. Die Hälfte des Rosmarinzuckers sowie Butter oder Margarine, Zucker, Puderzucker, Salz und Eigelb hinzufügen. Die Zutaten mit einem Mixer (Knethaken) zunächst kurz auf niedrigster, dann auf höchster Stufe gut durcharbeiten.

4. Anschließend auf einer leicht bemehlten Arbeitsfläche kurz zu einem Teig verkneten. Den Teig zu einer runden Platte (Ø etwa 34 cm) ausrollen. Den Teigrand etwa 2 cm nach innen einschlagen. Die Teigplatte auf ein Backblech (mit Backpapier belegt) legen. Den restlichen Rosmarinzucker auf den Teigboden streuen.

5. Für den Belag Pfirsiche in kochendes Wasser legen (nicht kochen lassen), mit kaltem Wasser abspülen, enthäuten und halbieren. Die Pfirsichhälften mit der Wölbung nach oben auf den Teigboden legen. Das Backblech in den vorgeheizten Backofen schieben. Den Knetteigboden **etwa 40 Minuten backen.**

6. Rotwein und den restlichen Rosmarinstängel in einen Topf geben. Vanilleschote längs aufschneiden und das Mark mit einem Messerrücken herausschaben.

7. Vanilleschote und -mark zu dem Rotwein in den Topf geben. Die Zutaten zum Kochen bringen. Den Rotwein etwa 5 Minuten bei schwacher Hitze auf etwa 100 ml einkochen lassen. Gelierzucker unterrühren und aufkochen lassen. Eine Gelierprobe machen. Dafür einen Tropfen des Gelees auf einen kalten Teller geben. Wird er fest, aber nicht zäh, die Vanilleschote und den Rosmarinzweig entfernen.

8. Die Form auf einen Kuchenrost stellen. Rotwein-Vanille-Gelee auf den Pfirsichhälften verteilen. Die Tarte warm servieren.

Pfirsich-Streifen-Kuchen I

Schmeckt auch Kindern – fettarm
20 Stücke

Pro Stück: E: 5 g, F: 4 g, Kh: 34 g,
kJ: 811, kcal: 194, BE: 3,0

Zum Vorbereiten:

2 Pck.	Gala Bourbon-Vanille-Pudding-Pulver
80 g	Zucker
700 ml	Milch (1,5 % Fett)
150 g	Crème légère
480 g	abgetropfte Pfirsichhälften (aus der Dose)

Für den Hefeteig:

375 g	Weizenmehl
1 Pck.	Hefeteig Garant
50 g	Zucker
1 Pck.	Dr. Oetker Vanillin-Zucker
1 Prise	Salz
3 Tropfen	Bittermandel-Aroma
180 ml	Milch (1,5 % Fett)
75 g	Halbfett-Margarine (24 % Fett, zimmerwarm)

Für die Creme:

1 EL	Milch (1,5% Fett)
2 EL	gesiebtes Kakaopulver

Zum Aprikotieren:

4 EL	Aprikosenkonfitüre
2 EL	Wasser

Zubereitungszeit: 55 Minuten,
ohne Abkühl- und Ruhezeit
Backzeit: etwa 25 Minuten

1. Zum Vorbereiten aus Pudding-Pulver, Zucker und Milch einen Pudding nach Packungsanleitung (aber mit den hier angegebenen Mengen) zubereiten. Die Crème légère unterrühren. Die Puddingcreme in eine Rührschüssel geben. Sofort Frischhaltefolie direkt auf die Puddingoberfläche legen. Pudding erkalten lassen.

2. Die Pfirsichhälften in Spalten schneiden.

3. Den Backofen vorheizen.
Ober-/Unterhitze: etwa 180 °C
Heißluft: etwa 160 °C

4. Für den Teig Mehl in eine Rührschüssel geben und mit Hefeteig Garant sorgfältig vermischen. Zucker, Vanillin-Zucker, Salz, Aroma, Milch und Margarine hinzufügen.

5. Die Zutaten mit einem Mixer (Knethaken) zunächst kurz auf niedrigster, dann auf höchster Stufe in etwa 2 Minuten zu einem glatten Teig verarbeiten.

6. Den Teig auf einer leicht bemehlten Arbeitsfläche nochmals kurz durchkneten, dann zu einer Rolle formen und auf einem Backblech (30 x 40 cm, gefettet, mit Backpapier belegt) ausrollen.

7. Die vorbereitete Puddingcreme mit dem Mixer (Rührstäbe) cremig rühren. Die Creme in 2 gleich große Portionen teilen.

8. Eine Portion in einen Spritzbeutel mit Lochtülle (Ø 8 mm) füllen. Die Creme in gleichmäßigen Abständen von etwa 2 cm in Streifen auf den Hefeteigboden spritzen.

9. Die restliche Puddingcreme mit Milch und Kakao verrühren, ebenfalls in einen Spritzbeutel mit Lochtülle (Ø 8 mm) füllen und in die Zwischenräume spritzen.

10. Die Pfirsichspalten auf der Creme verteilen. Den Kuchen etwa 15 Minuten ruhen lassen.

11. Das Backblech in den vorgeheizten Backofen schieben (unteres Drittel). Pfirsich-Streifen-Kuchen **etwa 25 Minuten backen.**

12. Das Backblech auf einen Kuchenrost stellen.

13. Zum Aprikotieren Konfitüre durch ein Sieb streichen, mit Wasser unter Rühren etwas einkochen lassen. Den Kuchen sofort damit bestreichen und erkalten lassen.

Tipp: Statt Pfirsichen schmecken auch abgetropfte Aprikosenhälften (aus der Dose).

Pflaumen-Hefe-Cupcakes I

Für Gäste

12 Stück

Pro Stück: E: 4 g, F: 13 g, Kh: 25 g,
kJ: 958, kcal: 229, BE: 2,0

6 große Pflaumen (etwa 450 g)

Für den Teig:

220 g Weizenmehl
½ Pck. frische Hefe (21 g)
140 ml Milch (1,5 % Fett, zimmerwarm)
30 g Zucker
2 Prisen Salz
1 Eigelb (Größe M)
50 g Butter (zimmerwarm)

2 EL gehackte Haselnüsse

Für das Topping:

3 EL Zucker
1 TL gem. Zimt
250 g Schlagsahne (mind. 30 % Fett)
einige Zitronenmelisseblättchen

Außerdem:

12 Muffin-Papierbackförmchen

Zubereitungszeit: 40 Minuten,
ohne Teiggeh- und Abkühlzeit
Backzeit: 25–30 Minuten

1. Die Mulden einer Muffinform für 12 Muffins mit den Papierbackförmchen auslegen.

2. Die Pflaumen abspülen, abtrocknen, halbieren, entsteinen und jede Hälfte in 4 Spalten schneiden.

3. Für den Teig Mehl in eine Rührschüssel geben und in die Mitte eine Vertiefung eindrücken. Hefe hineinbröckeln, mit etwas Milch und Zucker verrühren und zugedeckt etwa 15 Minuten stehen lassen.

4. Anschließend die restlichen Zutaten hinzufügen und mit einem Mixer (Knethaken) zunächst kurz auf niedrigster, dann auf höchster Stufe in etwa 5 Minuten zu einem glatten Teig verarbeiten. Den Teig zugedeckt so lange an einem warmen Ort gehen lassen, bis er sich sichtbar vergrößert hat (etwa 30 Minuten).

5. Den Backofen vorheizen.
Ober-/Unterhitze: etwa 180 °C
Heißluft: etwa 160 °C

6. Den Teig gleichmäßig in den Muffinmulden verteilen. In jeden Cupcake 4 Pflaumenspalten drücken. Die Pflaumenspalten mit den gehackten Nüssen bestreuen. Cupcakes zugedeckt nochmals so lange an einem warmen Ort gehen lassen, bis sie sich sichtbar vergrößert haben (etwa 30 Minuten).

7. Die Muffinform auf dem Rost in den vorgeheizten Backofen schieben. Die Cupcakes **25–30 Minuten backen.**

8. Die Muffinform auf einen Kuchenrost stellen. Cupcakes nach etwa 5 Minuten aus der Form lösen und auf dem Kuchenrost erkalten lassen.

9. Für das Topping den Zucker mit Zimt mischen. Die Sahne mit 1 Esslöffel von dem Zimt-Zucker steif schlagen.

10. Vor dem Servieren auf jeden Cupcake 1 Esslöffel Zimtsahne geben und mit Zimt-Zucker bestreuen. Die Cupcakes mit abgespülten, trocken getupften Zitronenmelisseblättchen garnieren.

Pflaumenkuchen, friesischer I

Einfach

18 Stücke

Pro Stück: E: 11 g, F: 16 g, Kh: 43 g,
kJ: 1514, kcal: 362, BE: 3,5

Zum Vorbereiten:

     250 g Butter

Für den Streuselteig:

     375 g Weizenmehl
     120 g Zucker
     1 Pck. Dr. Oetker Vanillin-Zucker
½ gestr. TL gem. Zimt
     1 Ei (Größe M)

Für den Belag:

     330 g Holsteiner Pflaumenmus,
        stückig
     395 g Pflaumenhälften
        (aus dem Glas)
     1 kg Magerquark
     125 g Schlagsahne
     75 g Zucker
     1 Pck. Dr. Oetker Pudding-Pulver
        Vanille-Geschmack
     3 Eier (Größe M)

   evtl. etwas Puderzucker

Zubereitungszeit: 40 Minuten, ohne Abkühlzeit
Backzeit: etwa 45 Minuten

1. Zum Vorbereiten Butter in einem kleinen Topf zerlassen und abkühlen lassen.

2. Für den Teig das Mehl in eine Rührschüssel geben. Zucker, Vanillin-Zucker, Zimt, Ei und 175 g von der zerlassenen Butter hinzufügen. Die Zutaten mit einem Mixer (Rührstäbe) zunächst kurz auf niedrigster, dann auf höchster Stufe zu Streuseln von gewünschter Größe verarbeiten.

3. Einen Backrahmen auf ein Backblech (30 x 40 cm, gefettet) stellen. Zwei Drittel der Teigstreusel auf dem Backblech verteilen und zu einem Boden andrücken.

4. Den Backofen vorheizen.
Ober-/Unterhitze: etwa 180 °C
Heißluft: etwa 160 °C

5. Für den Belag Pflaumenmus auf den Streuselboden geben und glatt streichen. Die Pflaumenhälften darauf verteilen.

6. Quark mit Sahne, Zucker, Pudding-Pulver, Eiern und der restlichen zerlassenen Butter (75 g) gut verrühren. Die Quark-Sahne-Masse vorsichtig auf den Pflaumenhälften verteilen. Die restlichen Teigstreusel daraufstreuen. Das Backblech in den vorgeheizten Backofen schieben. Den Kuchen **etwa 45 Minuten backen.**

7. Das Backblech auf einen Kuchenrost stellen. Den Pflaumenkuchen erkalten lassen, in Stücke schneiden und nach Belieben mit Puderzucker bestäuben.

Pflaumenkuchen mit Zimtrahm I

Sommergenuss vom Blech

20 Stücke

Pro Stück: E: 3 g, F: 16 g, Kh: 35 g,
kJ: 1266, kcal: 303, BE: 3,0

Für den Knetteig:

300 g	Weizenmehl
250 g	Butter oder Margarine
150 g	Zucker
1 Pck.	Dr. Oetker Bourbon-Vanille-Zucker
1	Eigelb (Größe M)
1 Prise	Salz

Für den Belag:

1 ½ kg	Pflaumen (Zwetschen)

Für den Zimtrahmguss:

300 g	Schlagsahne
2	Eier (Größe M)
1	Eiweiß (Größe M)
150 g	Zucker
2 TL	gem. Zimt

Zum Bestäuben:

1 EL	Puderzucker

Zubereitungszeit: 60 Minuten
Backzeit: etwa 75 Minuten

1. Den Backofen vorheizen.
Ober-/Unterhitze: etwa 180 °C
Heißluft: etwa 160 °C

2. Für den Teig Mehl in eine Rührschüssel geben. Restliche Zutaten hinzufügen und mit einem Mixer (Knethaken) zunächst kurz auf niedrigster, dann auf höchster Stufe gut durcharbeiten. Anschließend auf einer leicht bemehlten Arbeitsfläche kurz zu einem Teig verkneten.

3. Den Teig mit Mehl bestäuben und in einem tiefen Backblech oder einer Fettpfanne (30 x 40 cm, gefettet, mit Backpapier belegt) ausrollen. Dabei einen etwa 2 cm hohen Rand andrücken. Den Teigboden

mit einer Gabel mehrmals einstechen. Das Backblech oder die Fettpfanne in den vorgeheizten Backofen schieben. Den Knetteigboden **etwa 25 Minuten hellbraun vorbacken.**

4. In der Zwischenzeit für den Belag die Pflaumen waschen, abtrocknen, halbieren und entsteinen.

5. Das Backblech oder die Fettpfanne auf einen Kuchenrost stellen. Den Knetteigboden etwas abkühlen lassen.

6. Für den Guss Sahne, Eier, Eiweiß, Zucker und Zimt in einer Rührschüssel mit dem Mixer (Rührstäbe) gut verrühren.

7. Die Pflaumenhälften auf den vorgebackenen Knetteigboden legen. Guss darauf verteilen. Das Backblech oder die Fettpfanne wieder in den heißen Backofen schieben. Den Kuchen **bei gleicher Backofentemperatur in etwa 50 Minuten fertig backen.**

8. Das Backblech oder die Fettpfanne auf einen Kuchenrost stellen und den Pflaumenkuchen in etwa 7 x 8 cm große Stücke schneiden, mit Puderzucker bestäubt warm oder kalt servieren.

Pflaumen-Mango-Schneckenkuchen I

Raffiniert

30 Stücke

Pro Stück: E: 2 g, F: 8 g, Kh: 17 g,
kJ: 612, kcal: 146, BE: 1,5

> *750 g Blätterteig (10 rechteckige*
> *Platten, je 10 x 20 cm)*

Zum Bestreichen und Bestreuen:
> *75 g Butter*
> *70 g Zucker*
> *1 Pck. Dr. Oetker Vanillin-Zucker*
> *50 g fein ger. Zwiebackbrösel*

Für den Belag:
> *3–4 dicke Pflaumen (etwa 300 g)*
> *1 reife Mango*
> *(etwa 400 g Fruchtfleisch)*
> *¼ TL gem. Zimt*
> *2 EL Aprikosenkonfitüre*

Zubereitungszeit: 50 Minuten, ohne Auftauzeit
Backzeit: etwa 40 Minuten

1. Die Blätterteigplatten nach Packungsanleitung auftauen lassen. Anschließend die einzelnen Platten jeweils längs in 3 Streifen schneiden.

2. Zum Bestreichen und Bestreuen Butter zerlassen. Zucker mit Vanillin-Zucker mischen. Die Teigstreifen mit einem Drittel der Butter bestreichen und mit je einem Drittel der Zuckermischung und der Zwiebackbrösel bestreuen.

3. Den Backofen vorheizen.
Ober-/Unterhitze: etwa 200 °C
Heißluft: etwa 180 °C

4. Für den Belag Pflaumen abspülen, gut abtrocknen, entstielen, halbieren und jeweils den Stein herauslösen. Die Pflaumenhälften in sehr dünne (etwa 2 mm) Scheiben schneiden. Von der Mango das Fruchtfleisch vom Stein schneiden und schälen. Fruchtfleisch (etwa 400 g) in etwa ½ cm dicke Scheiben schneiden.

5. Die Hälfte der Blätterteigstreifen mit den Pflaumenscheiben belegen, sodass die Scheiben etwas überlappen und am oberen Ende des Streifens 1 cm frei bleibt. Den frei gebliebenen Teig mit etwas von der restlichen zerlassenen Butter bestreichen. Die Teigstreifen vorsichtig zu einer Schnecke aufrollen, dabei die Teigenden gut andrücken.

6. Einen Backrahmen (etwa 28 x 38 cm) auf ein Backblech (mit Backpapier belegt) stellen. Das Backpapier mit etwas von der restlichen zerlassenen Butter bestreichen und mit den restlichen Zwiebackbröseln bestreuen.

7. Die restlichen Teigstreifen mit den Mangoscheiben belegen, wie zuvor beschrieben jeweils zu einer Schnecke aufrollen und die Teigenden gut andrücken.

8. Die Pflaumen- und Mangoschnecken im Wechsel mit einem Abstand von etwa 2 cm auf das vorbereitete Backblech setzen. Die Schnecken mit der Hälfte des restlichen Zuckers bestreuen. Das Backblech in den vorgeheizten Backofen schieben. Die Pflaumen-Mango-Schnecken **etwa 40 Minuten backen.**

9. Das Backblech auf einen Kuchenrost stellen. Nur die Pflaumenschnecken mit der restlichen Butter bestreichen. Restlichen Zucker mit Zimt mischen und daraufstreuen.

10. Die Aprikosenkonfitüre in einem kleinen Topf kurz aufkochen lassen. Nur die heißen Mangoschnecken damit bestreichen. Die Schnecken erkalten lassen und sofort servieren.

Pflaumen-Tiramisu-Schnitten |

Schmeckt auch als Dessert

18 Stücke

Pro Stück: E: 5 g, F: 10 g, Kh: 33 g,
kJ: 996, kcal: 238, BE: 2,5

Für den Biskuitteig:

2	Eier (Größe M)
2 EL	Wasser
80 g	Zucker
1 Pck.	Dr. Oetker Vanillin-Zucker
75 g	Weizenmehl
50 g	gem. Mandeln
1 gestr. TL	Dr. Oetker Backin

Für die Füllung:

750 g	Pflaumen
75 g	Zucker
300 ml	roter Traubensaft
1 Pck.	Rote Grütze Himbeer-Geschmack (Dessertpulver)
60 g	Zucker
100 g	Löffelbiskuits

Zum Tränken:
etwa 3 EL Traubensaft

Für den Belag:

2 Blatt	weiße Gelatine
250 g	Ricotta (ital. Frischkäse)
50 g	Zucker
250 g	Schlagsahne (mind. 30 % Fett)

etwa 30 g geraspelte Zartbitter-Schokolade

Zubereitungszeit: 40 Minuten, ohne Kühlzeit
Backzeit: etwa 15 Minuten

1. Den Backofen vorheizen.
Ober-/Unterhitze: etwa 180 °C
Heißluft: etwa 160 °C

2. Für den Teig Eier und Wasser in einer Rührschüssel mit einem Mixer (Rührstäbe) auf höchster Stufe in 1 Minute schaumig schlagen. Zucker mit Vanillin-Zucker mischen, in 1 Minute einstreuen, dann noch etwa 2 Minuten schlagen.

3. Mehl mit Mandeln und Backpulver mischen, kurz auf niedrigster Stufe unterrühren. Einen Backrahmen (etwa 20 x 30 cm) auf ein Backblech (mit Backpapier belegt) stellen. Den Teig im Backrahmen verteilen und glatt streichen.

4. Das Backblech in den vorgeheizten Backofen schieben. Die Biskuitplatte **etwa 15 Minuten backen.**

5. Das Backblech auf einen Kuchenrost stellen. Die Biskuitplatte erkalten lassen.

6. Für die Füllung die Pflaumen abspülen, abtrocknen, entstielen, halbieren, entsteinen und vierteln. Pflaumenviertel mit Zucker und 200 ml des Traubensaftes in einem Topf zum Kochen bringen, etwa 2 Minuten bei schwacher Hitze kochen lassen. Restlichen Traubensaft mit dem Rote-Grütze-Pulver und dem Zucker anrühren, unter die Pflaumenmasse rühren und unter Rühren aufkochen. Das Kompott unter gelegentlichem Rühren abkühlen lassen.

7. Das Pflaumenkompott lauwarm auf der Biskuitplatte verstreichen. Die Löffelbiskuits darauf verteilen und mit dem Fruchtsaft tränken. Den Kuchen etwa 2 Stunden in den Kühlschrank stellen.

8. Für den Belag Gelatine nach Packungsanleitung einweichen. Die Gelatine leicht ausdrücken und in einem kleinen Topf bei schwacher Hitze unter Rühren auflösen. Ricotta mit Zucker in einer Rührschüssel verrühren, 1 Esslöffel davon mit der Gelatine verrühren, dann unter die restliche Ricottamasse rühren. Sahne steif schlagen und unter die Ricottamasse heben.

9. Die Ricottasahne auf die Löffelbiskuits geben und verstreichen. Den Kuchen zugedeckt wieder etwa 60 Minuten in den Kühlschrank stellen.

10. Backrahmen lösen und entfernen, mitgebackenes Backpapier entfernen. Pflaumen-Tiramisu-Schnitten zum Servieren mit geraspelter Schokolade bestreuen.

Pink-Grapefruit-Birnen-Kuchen I
Erfrischend
20 Stücke

Pro Stück: E: 5 g, F: 19 g, Kh: 37 g,
kJ: 1419, kcal: 339, BE: 3,0

Für den Streuselteig:
- 200 g Weizenmehl
- 70 g Zucker
- 150 g Butter oder Margarine (zimmerwarm)

Für den Rührteig:
- 200 g Butter oder Margarine (zimmerwarm)
- 150 g Puderzucker
- 1 Pck. Dr. Oetker Vanillin-Zucker
- 3 Eier (Größe M)
- 150 g Weizenmehl
- 1 gestr. TL Dr. Oetker Backin
- 1 Pck. Dr. Oetker Pudding-Pulver Vanille-Geschmack
- 100 g abgezogene, gem. Mandeln

Für den Belag:
- 460 g abgetropfte Birnenhälften (aus der Dose)
- 4–5 Pink Grapefruits

Zum Bestreichen:
- etwa 3 EL Zitronen- oder Apfelgelee
- 1–2 EL Grapefruitsaft (von den Grapefruits)

Zubereitungszeit: 50 Minuten, ohne Abkühlzeit
Backzeit: etwa 40 Minuten

1. Den Backofen vorheizen.
Ober-/Unterhitze: etwa 180 °C
Heißluft: etwa 160 °C

2. Für den Streuselteig Mehl in eine Rührschüssel geben, Zucker und Butter oder Margarine hinzufügen. Die Zutaten mit einem Mixer (Rührstäbe) zunächst kurz auf niedrigster, dann auf höchster Stufe zu Streuseln verarbeiten.

3. Einen Backrahmen auf ein Backblech (30 x 40 cm, gefettet) stellen. Den Streuselteig daraufgeben und zu einem Boden andrücken.

4. Das Backblech in den vorgeheizten Backofen schieben und den Streuselboden **etwa 10 Minuten backen.**

5. Das Backblech auf einen Kuchenrost stellen. Den Streuselboden erkalten lassen.

6. Für den Rührteig Butter oder Margarine mit dem Mixer (Rührstäbe) auf höchster Stufe geschmeidig rühren.

7. Nach und nach Puderzucker und Vanillin-Zucker unterrühren. So lange rühren, bis eine gebundene Masse entstanden ist.

8. Eier nach und nach unterrühren (jedes Ei etwa ½ Minute). Mehl mit Backpulver und Pudding-Pulver mischen und kurz auf mittlerer Stufe unterrühren. Zuletzt die Mandeln unterrühren. Den Teig auf den Streuselboden geben und glatt streichen.

9. Für den Belag die Birnenhälften je in 3 Spalten schneiden.

10. Die Grapefruits so schälen, dass die weiße Haut vollständig entfernt wird. Grapefruits filetieren, in ein Sieb geben, abtropfen lassen und den Saft auffangen.

11. Birnenspalten und Grapefruitfilets abwechselnd in Streifen auf den Rührteig legen. Das Backblech wieder in den heißen Backofen schieben. Den Kuchen **bei gleicher Backofentemperatur in etwa 30 Minuten fertig backen.**

12. Das Backblech auf einen Kuchenrost stellen.

13. Zum Bestreichen Zitronen- oder Apfelgelee mit dem Grapefruitsaft in einem kleinen Topf unter Rühren aufkochen. Den heißen Kuchen mithilfe eines Backpinsels damit bestreichen. Den Kuchen erkalten lassen und in Stücke schneiden.

Tipp: Geschlagene Sahne dazureichen.

Quark-Mohn-Schnecken mit Mirabellen I

Wunderbar saftig

12 Stück

Pro Stück: E: 10 g, F: 12 g, Kh: 49 g, kJ: 1458, kcal: 348, BE: 4,0

Für den Quark-Öl-Teig:

- 400 g *Weizenmehl*
- 1 Pck. *Dr. Oetker Backin*
- 200 g *Magerquark*
- 75 ml *Buttermilch*
- 75 ml *Sonnenblumenöl*
- 50 g *Zucker*
- 1 TL *Dr. Oetker Finesse Geriebene Zitronenschale*
- 1 Prise *Salz*

Für die Quark-Mohn-Füllung:

- 30 g *Butter*
- 100 g *Magerquark*
- 1 *Ei (Größe M)*
- 1 *Eigelb (Größe M)*
- 50 g *Weizenmehl*
- 250 g *Mohn-Back (backfertige Mohnfüllung)*
- 2 TL *Dr. Oetker Finesse Geriebene Zitronenschale*
- 350 g *Mirabellen*

Zum Bestreichen:

- 2 EL *Aprikosenkonfitüre*

Zubereitungszeit: 30 Minuten, ohne Abkühlzeit
Backzeit: 25–30 Minuten

1. Für den Teig Mehl mit Backpulver in einer Rührschüssel mischen. Quark, Buttermilch, Öl, Zucker, Zitronenschale und Salz hinzufügen. Die Zutaten mit einem Mixer (Knethaken) auf niedrigster, dann auf höchster Stufe in etwa 1 Minute zu einem Teig verarbeiten (nicht zu lange, Teig klebt sonst).

2. Den Backofen vorheizen.
Ober-/Unterhitze: etwa 180 °C
Heißluft: etwa 160 °C

3. Für die Füllung die Butter zerlassen. Zerlassene Butter mit Quark, Ei, Eigelb, Mehl, Mohn-Back und Zitronenschale verrühren. Mirabellen waschen, abtrocknen, halbieren und den Kern herauslösen. Die Mirabellen in kleine Stücke schneiden und unter die Quark-Mohn-Masse rühren.

4. Den Teig auf einer leicht bemehlten Arbeitsfläche zu einer Rolle formen. Die Teigrolle zu einem Rechteck (etwa 30 x 40 cm) ausrollen. Die Quark-Mohn-Masse auf den Teig geben und gleichmäßig verstreichen, dabei an einer Längsseite einen etwa 2 cm breiten Rand frei lassen.

5. Den Teig von der bestrichenen Längsseite aus aufrollen. Die Teigrolle in 3–4 cm dicke Scheiben schneiden. Diese mit der Schnittseite nach oben auf ein Backblech (mit Backpapier belegt) legen.

6. Das Backblech in den vorgeheizten Backofen schieben. Die Quark-Mohn-Schnecken **25–30 Minuten backen.**

7. Die Aprikosenkonfitüre in einem Topf unter Rühren erwärmen. Die noch heißen Schnecken damit bestreichen und erkalten lassen.

Tipp: Wenn Sie keine frischen Mirabellen bekommen, können Sie die Füllung auch mit 385 g abgetropften Mirabellen (aus dem Glas) zubereiten. Diese ebenfalls halbieren, entsteinen und in kleine Stücke schneiden.

Red-Currant-Cheesecake I

Sommergenuss

8 Stücke

Pro Stück: E: 11 g, F: 20 g, Kh: 39 g,
kJ: 1574, kcal: 377, BE: 3,0

Für den Krokant:

>   60 g Zucker
>   40 g geschälte Sesamsamen

Für den Knetteig:

>   120 g Weizenmehl
>   1 Prise Salz
>   80 g Butter oder Margarine

Für die Füllung:

>   150 g Johannisbeerrispen
>   2 Eier (Größe M)
>   80 g Zucker
>   180 g Doppelrahm-Frischkäse
>   300 g Magerquark (1,5 % Fett)

Für den Guss:

>   100 g rotes Johannisbeergelee

Zubereitungszeit: 50 Minuten, ohne Kühlzeit
Backzeit: etwa 40 Minuten

1. Für den Krokant Zucker in einem kleinen Edelstahltopf goldbraun schmelzen lassen, dabei ab und zu umrühren. Sesam unterrühren. Die heiße Krokantmasse auf eine Silikonmatte oder auf Backpapier geben, eine zweite Silikonmatte oder Backpapier auf die Krokantmasse legen und mit einer Teigrolle dünn ausrollen. Krokantplatte vollständig erkalten lassen. Bei der Krokantzubereitung schnell arbeiten, damit der Krokant nicht vor dem Ausrollen fest wird.

2. Die Silikonmatte oder das Backpapier abziehen. 2–3 Krokantstücke abbrechen und zum Garnieren beiseitelegen. Restlichen Krokant in Stücke brechen und in einen Gefrierbeutel geben. Den Beutel fest verschließen. Krokant mit einer Teigrolle fein zerbröseln.

3. Für den Teig das Mehl in eine Rührschüssel geben. Salz, Butter oder Margarine und Krokantbrösel

hinzugeben. Die Zutaten mit einem Mixer (Knethaken) zunächst kurz auf niedrigster, dann auf höchster Stufe gut durcharbeiten.

4. Anschließend auf einer leicht bemehlten Arbeitsfläche kurz zu einem Teig verkneten. Den Teig in Frischhaltefolie gewickelt etwa 60 Minuten in den Kühlschrank legen.

5. Den Backofen vorheizen.
Ober-/Unterhitze: etwa 180 °C
Heißluft: etwa 160 °C

6. Die Hälfte des Teiges auf dem Boden einer Springform (Ø 18 cm, gefettet) ausrollen. Den Springformrand darumlegen.

7. Restlichen Teig zu einer Rolle formen, auf den Boden legen und so an die Form drücken, dass ein etwa 5 cm hoher Rand entsteht.

8. Für die Füllung Johannisbeerrispen abspülen und trocken tupfen. 100 g der Johannisbeeren entstielen. Restliche Johannisbeerrispen zum Garnieren beiseitelegen. Eier, Zucker, Frischkäse und Quark in eine Rührschüssel geben und mit dem Mixer (Rührstäbe) auf mittlerer Stufe glatt rühren.

9. Die Johannisbeeren (100 g) unter die Quark-Frischkäse-Masse rühren, auf dem Boden in der Springform verteilen und glatt streichen. Die Form auf dem Rost in den vorgeheizten Backofen schieben. Cheesecake **etwa 40 Minuten backen.**

10. Die Form auf einen Kuchenrost stellen. Den Cheesecake in der Form vollständig erkalten lassen. Anschließend vorsichtig aus der Form lösen und auf eine Tortenplatte setzen. Red-Currant-Cheesecake zugedeckt mindestens 4 Stunden in den Kühlschrank stellen.

11. Für den Guss Johannisbeergelee in einem kleinen Topf bei mittlerer Hitze aufkochen und etwa 1 Minute bei schwacher Hitze kochen lassen.

12. Geleemasse auf dem Cheesecake verteilen, mit den beiseitegelegten Johannisbeerrispen und den Krokantstücken garnieren.

Renekloden-Mirabellen-Teilchen I

Beliebt

12 Stück

Pro Stück: E: 5 g, F: 6 g, Kh: 37 g,
kJ: 930, kcal: 222, BE: 3,0

Für die Füllung:

je 400 g Renekloden und Mirabellen
2 EL Zucker
1 EL Zitronensaft

Für den Quark-Öl-Teig:

250 g Weizenmehl
2 gestr. TL Dr. Oetker Backin
2 TL Dr. Oetker Finesse
Geriebene Zitronenschale
2 Tropfen Zitronen-Aroma
150 g Magerquark
80 g Zucker
1 Ei (Größe M)
6 EL Sonnenblumenöl

Für den Guss:

30 g Puderzucker
1 ½ EL Zitronensaft

Zubereitungszeit: 25 Minuten, ohne Abkühlzeit
Backzeit: etwa 30 Minuten

1. Für die Füllung Renekloden und Mirabellen abwaschen, abtrocknen, entkernen und grob zerkleinern. Renekloden- und Mirabellenstücke in einem Topf mit dem Zucker und Saft zugedeckt bei mittlerer Hitze etwa 5 Minuten garen. Dann die Fruchtmasse ohne Deckel weitere etwa 5 Minuten bei mittlerer bis starker Hitze zu einem festen Kompott einkochen. Das Kompott abkühlen lassen.

2. Inzwischen den Backofen vorheizen.
Ober-/Unterhitze: etwa 200 °C
Heißluft: etwa 180 °C

3. Für den Teig das Mehl mit dem Backpulver in einer Rührschüssel mischen. Zitronenschale, Aroma, Quark, Zucker, Ei und Öl hinzufügen. Die Zutaten mit einem Mixer (Knethaken) zunächst auf niedrigster, dann auf

höchster Stufe in etwa 1 Minute zu einem Teig verarbeiten (nicht zu lange, Teig klebt sonst).

4. Den Teig auf einer leicht bemehlten Arbeitsfläche zu einer Rolle formen. Die Teigrolle halbieren. Eine Teighälfte zu einem Rechteck (etwa 20 x 30 cm) ausrollen.

5. Die Hälfte des Kompotts auf einer Hälfte des Teigrechtecks gleichmäßig verteilen, dabei an den Seiten einen etwa 2 cm breiten Rand frei lassen.

6. Die freie Teigseite darüberklappen. Die Teigränder mit den Zinken einer Gabel gut zusammendrücken.

7. Den restlichen Teig und das restliche Kompott auf die gleiche Weise verarbeiten.

8. Die Teigstücke auf ein Backblech (mit Backpapier belegt) legen. Das Backblech in den vorgeheizten Backofen schieben. Die Teigstücke **etwa 30 Minuten backen.**

9. Für den Guss Puderzucker mit Zitronensaft glatt rühren. Das Backblech auf einen Kuchenrost stellen. Die noch heißen Gebäckstücke mit dem Guss bestreichen, dann erkalten lassen. Jedes Gebäckstück in 6 gleich große Stücke schneiden.

Tipp: Als Füllung können Sie auch stückiges Apfelkompott verwenden.

Rhabarber-Aperol-Torte I

Mit Alkohol

16 Stücke

Pro Stück: E: 5 g, F: 18 g, Kh: 28 g,
kJ: 1331, kcal: 318, BE: 2,5

Für den Rührteig:

150 g	*Butter oder Margarine*
	(zimmerwarm)
125 g	*Zucker*
1 Pck.	*Dr. Oetker Vanillin-Zucker*
1 Prise	*Salz*
4	*Eier (Größe M)*
175 g	*Weizenmehl*
2 gestr. TL	*Dr. Oetker Backin*

Für die Füllung:

500 g	*vorbereiteter, roter Rhabarber*
	(dünne Stangen), z. B. Erdbeer-
	oder Himbeer-Rhabarber
100 g	*Zucker*
7 Blatt	*weiße Gelatine*
250 g	*Erdbeeren*
150 ml	*Aperol (Bitterlikör)*

Zum Tränken:

50 ml	*Aperol*

Für den Belag:

3 Blatt	*weiße Gelatine*
400 g	*Schlagsahne (mind. 30 % Fett)*
25 g	*Puderzucker*
1 Pck.	*Dr. Oetker Vanillin-Zucker*

Zubereitungszeit: 50 Minuten,
ohne Saftzieh- und Kühlzeit
Backzeit: 25–30 Minuten

1. Den Backofen vorheizen.
Ober-/Unterhitze: etwa 180 °C
Heißluft: etwa 160 °C

2. Für den Teig die Butter oder Margarine mit einem Mixer (Rührstäbe) geschmeidig rühren. Nach und nach Zucker, Vanillin-Zucker und Salz unterrühren. So lange rühren, bis eine gebundene Masse entstanden ist.

3. Die Eier nach und nach unterrühren (jedes Ei etwa ½ Minute). Mehl mit Backpulver mischen und auf mittlerer Stufe kurz unterrühren. Teig in eine Springform (Ø 26 cm, gefettet) geben und glatt streichen. Die Form auf dem Rost in den vorgeheizten Backofen schieben. Gebäckboden **25–30 Minuten backen.**

4. Den Gebäckboden aus der Form lösen und auf einem mit Backpapier belegten Kuchenrost erkalten lassen.

5. Für die Füllung den vorbereiteten Rhabarber in etwa 2 cm dicke Stücke schneiden (dicke Stangen der Länge nach halbieren und in Stücke schneiden). Rhabarberstücke in einem Topf mit Zucker mischen und etwa 30 Minuten zum Saftziehen stehen lassen.

6. Gelatine nach Packungsanleitung einweichen.

7. In der Zwischenzeit Erdbeeren putzen, abspülen, trocken tupfen, entstielen und halbieren. Größere Erdbeeren vierteln.

8. Die Rhabarberstücke 3–4 Minuten unter Rühren bei mittlerer Hitze dünsten (Rhabarberstücke sollen nach Möglichkeit ganz bleiben). Den Topf von der Kochstelle nehmen. Gelatine ausdrücken und mit den Erdbeerstücken unter die Rhabarbermasse rühren, sodass die Gelatine vollständig gelöst ist. Aperol unterrühren. Rhabarber-Erdbeer-Masse erkalten lassen.

9. Gebäckboden einmal waagerecht durchschneiden. Den unteren Gebäckboden auf eine Tortenplatte legen und mit zwei Dritteln des Aperols tränken. Einen Tortenring darumstellen. Aus dem oberen Gebäckboden einen etwa 3 cm breiten Ring schneiden. Den kleineren Gebäckboden mit dem restlichen Aperol tränken.

10. Sobald die Rhabarber-Erdbeer-Masse anfängt fest zu werden, drei Viertel davon auf den unteren Gebäckboden streichen. Den ausgeschnittenen Gebäckring darauflegen und etwas in die Rhabarber-Erdbeer-Masse drücken.

11. Die restliche Rhabarber-Erdbeer-Masse auf dem kleineren Gebäckboden verteilen. Die Torte und den kleineren Boden in den Kühlschrank stellen.

12. Für den Belag Gelatine nach Packungsanleitung einweichen. Die Gelatine leicht ausdrücken und in einem kleinen Topf bei schwacher Hitze unter Rühren auflösen.

13. Sahne mit Puderzucker und Vanillin-Zucker steif schlagen. Gelatine unterrühren. Zwei Drittel der Sahne auf der Rhabarber-Erdbeer-Masse in dem Tortenring verteilen. Den kleineren Tortenboden darauflegen.

14. Restliche Sahne in einen Spritzbeutel mit Stern-tülle (Ø 8–10 mm) füllen. Sahnetuffs auf den oberen Tortenrand spritzen. Die Torte etwa 2 Stunden in den Kühlschrank stellen. Tortenring lösen und entfernen.

Rhabarber-Brioche-Kuchen I

Französisch inspiriert

24 Stücke

Pro Stück: E: 7 g, F: 16 g, Kh: 38 g,
kJ: 1363, kcal: 326, BE: 3,0

Für den Briocheteig:

450 g Weizenmehl
1 Pck. Dr. Oetker Trockenbackhefe
120 g Zucker
150 ml lauwarme Milch
250 g Butter oder Margarine
½ TL ger. Muskatnuss
9 Eigelb (Größe M)

3–4 EL Weizenmehl

Für den Belag:

1 ¼ kg Rhabarber
4 EL schwarzes Johannisbeergelee

Für das Mandelbaiser:

9 Eiweiß (Größe M)
1 Prise Salz
280 g feiner Zucker
200 g abgezogene, gem. Mandeln
1 TL Speisestärke

Zum Bestäuben:

2 EL Puderzucker

Zubereitungszeit: 60 Minuten, ohne Teiggehzeit
Backzeit: etwa 60 Minuten

1. Für den Teig 150 g von dem Mehl mit der Trocken-backhefe und 2 Esslöffeln des Zuckers in einer Rühr-schüssel mischen. Lauwarme Milch unterrühren. Den Teig zugedeckt an einem warmen Ort etwa 30 Minu-ten gehen lassen.

2. Die Butter oder Margarine zerlassen und abkühlen lassen. Restliches Mehl, restlichen Zucker, Muskat, Eigelb und Butter oder Margarine zu dem gegangenen Teig geben. Die Zutaten mit einem Mixer (Knethaken) in etwa 5 Minuten zu einem glatten Teig verkneten.

Den Hefeteig zugedeckt weitere etwa 60 Minuten an einem warmen Ort gehen lassen.

3. Den gegangenen Teig mit Mehl bestäuben, aus der Schüssel nehmen und in einem tiefen Backblech oder einer Fettpfanne (30 x 40 cm, gefettet, mit Backpapier belegt) mit angefeuchteten Händen zu einem Boden andrücken. Den Teig nochmals zugedeckt etwa 30 Mi-nuten an einem warmen Ort gehen lassen.

4. Den Backofen vorheizen.
Ober-/Unterhitze: etwa 180 °C
Heißluft: etwa 160 °C

5. Für den Belag Rhabarber abziehen, waschen, ab-tropfen lassen, Stielenden und Blattansätze entfernen. Die Stangen in dünne Scheiben schneiden und in eine Rührschüssel geben. Das Johannisbeergelee untermi-schen. Die Rhabarberscheiben auf dem gegangenen Teig verteilen.

6. Für das Baiser Eiweiß mit Salz und 50 g des Zu-ckers in eine Rührschüssel geben und mit dem Mixer (Rührstäbe) steif schlagen. Den restlichen Zucker ein-streuen und weitere etwa 4 Minuten schlagen. Man-deln mit der Speisestärke vermischen und unter den Eischnee heben.

7. Die Baisermasse portionsweise in einen Spritz-beutel mit Lochtülle (Ø 1 ½ cm) füllen und große Tupfen auf den Rhabarberbelag spritzen.

8. Das Backblech oder die Fettpfanne in den vor-geheizten Backofen schieben und den Rhabarber-Brioche-Kuchen **etwa 60 Minuten backen.**

9. Das Backblech oder die Fettpfanne auf einen Kuchenrost stellen. Den Kuchen erkalten lassen.

10. Die Kuchenränder evtl. gerade schneiden. Den Rhabarber-Brioche-Kuchen in etwa 6 x 7 cm große Stücke schneiden. Vor dem Servieren den Kuchen mit Puderzucker bestäuben.

Tipp: Wenn Sie die Teiggehzeit verkürzen möchten, können Sie die Teigschüssel einfach in eine größere Schüssel mit warmem Wasser stellen.

Rhabarberkuchen mit Himbeerbaiser I

Für Gäste – fruchtig
16 Stücke

Pro Stück: E: 4 g, F: 13 g, Kh: 31 g,
kJ: 1077, kcal: 257, BE: 2,5

Für den Rührteig:

200 g	Butter oder Margarine (zimmerwarm)
120 g	Zucker
1 Pck.	Dr. Oetker Vanillin-Zucker
1	Ei (Größe M)
3	Eigelb (Größe M)
250 g	Weizenmehl
2 gestr. TL	Dr. Oetker Backin

Für den Belag:

900 g	Himbeer-Rhabarber (rotfleischiger, milder Rhabarber)

Für das Baiser:

125 g	Himbeeren
15 g	Speisestärke
1 TL	Zucker
3	Eiweiß (Größe M)
1 Prise	Salz
150 g	Zucker

Zubereitungszeit: 45 Minuten
Backzeit: 35–40 Minuten

1. Für den Teig Butter oder Margarine mit einem Mixer (Rührstäbe) auf höchster Stufe geschmeidig rühren. Nach und nach Zucker und Vanillin-Zucker unterrühren. So lange rühren, bis eine gebundene Masse entstanden ist.

2. Ei und Eigelb nach und nach unterrühren. Mehl mit Backpulver mischen und in 2 Portionen auf mittlerer Stufe kurz unterrühren.

3. Einen Backrahmen auf ein Backblech (30 x 40 cm, gefettet) stellen. Den Teig auf das Backblech geben und glatt streichen.

4. Den Backofen vorheizen.
Ober-/Unterhitze: etwa 180 °C
Heißluft: etwa 160 °C

5. Für den Belag Rhabarber putzen, abspülen und gut trocken tupfen. Stielenden und Blattansätze entfernen. Die Stangen in etwa 2 ½ cm lange Stücke schneiden (evtl. dicke Stangen der Länge nach halbieren). Rhabarberstücke auf dem Teig verteilen. Das Backblech in den vorgeheizten Backofen schieben. Den Kuchen **etwa 25 Minuten backen.**

6. Für das Baiser Himbeeren verlesen, evtl. kurz abspülen, auf Küchenpapier gut abtropfen lassen und in einen tiefen Teller geben. Himbeeren mit einer Gabel zerdrücken. Speisestärke mit Zucker mischen und unter das Himbeermus rühren.

7. Eiweiß und Salz mit dem Mixer (Rührstäbe) auf höchster Stufe steif schlagen. Der Schnee muss so fest sein, dass ein Messerschnitt sichtbar bleibt. Nach und nach Zucker unterschlagen. So lange schlagen, bis der Eischnee stark glänzt. Himbeermus unter die Baisermasse heben, auf dem vorgebackenen Kuchen glatt streichen. Das Backblech wieder in den heißen Backofen schieben. Den Kuchen **bei gleicher Backofentemperatur in 10–15 Minuten fertig backen.**

8. Das Backblech auf einen Kuchenrost stellen. Den Rhabarberkuchen erkalten lassen. „Rosa Tränchen" bilden sich, wenn der Kuchen richtig abgekühlt ist.

Rhabarber-Pie I

Frühjahrsgenuss
16 Stücke

Pro Stück: E: 4 g, F: 15 g, Kh: 17 g,
kJ: 912, kcal: 218, BE: 1,0

Für den Belag:

    500 g Rhabarber

Für den Rührteig:

    125 g Butter oder Margarine
            (zimmerwarm)
     75 g Zucker
  1 Pck. Dr. Oetker Vanillin-Zucker
 ½ Pck. Dr. Oetker Finesse
            Geriebene Zitronenschale
1 Prise Salz
      2 Eier (Größe M)
    125 g Weizenmehl
    1 TL Dr. Oetker Backin
    100 g abgezogene, gem. Mandeln

Für den Guss:

      2 Eiweiß (Größe M)
      2 Eigelb (Größe M)
     75 g Zucker
    ½ TL gem. Zimt
    150 g Crème fraîche

Zum Bestäuben:

       etwas Puderzucker

Zubereitungszeit: 45 Minuten, ohne Kühlzeit
Backzeit: etwa 50 Minuten

1. Den Backofen vorheizen.
Ober-/Unterhitze: etwa 180 °C
Heißluft: etwa 160 °C

2. Für den Belag Rhabarber putzen, abspülen, abtropfen lassen und in 2 cm lange Stücke schneiden schneiden.

3. Für den Teig die Butter oder Margarine mit einem Mixer (Rührstäbe) auf höchster Stufe geschmeidig rühren. Nach und nach Zucker, Vanillin-Zucker, Zitro-

nenschale und Salz unterrühren. So lange rühren, bis eine gebundene Masse entstanden ist.

4. Eier nach und nach unterrühren (jedes Ei etwa ½ Minute). Das Mehl mit Backpulver und Mandeln mischen und in 2 Portionen auf mittlerer Stufe kurz unterrühren. Den Teig in eine Pie- oder Tarteform (Ø 28 cm, gefettet) geben, glatt streichen, am Rand etwas hochziehen. Die Rhabarberstücke auf dem Teig verteilen. Die Form auf dem Rost in den vorgeheizten Backofen schieben. Rhabarber-Pie **etwa 30 Minuten backen.**

5. Die Form auf einen Kuchenrost stellen.

6. Für den Guss Eiweiß steif schlagen. In einer anderen Schüssel Eigelb mit Zucker zu einer hellen Creme aufschlagen. Zimt und Crème fraîche unterrühren. Eischnee mit einem Teigschaber unter die Eigelbmasse heben. Die Masse auf den Rhabarberstücken verteilen. Die Form wieder auf dem Rost in den heißen Backofen schieben. Die Rhabarber-Pie **bei gleicher Backofentemperatur in etwa 20 Minuten fertig backen.**

7. Die Form auf einen Kuchenrost stellen. Rhabarber-Pie lauwarm servieren, vor dem Servieren mit Puderzucker bestäuben.

Rosenkuchen mit Äpfeln und Mohn I

Beliebt

20 Stücke

Pro Stück: E: 6 g, F: 14 g, Kh: 37 g, kJ: 1262, kcal: 301, BE: 3,0

Zum Vorbereiten:
　　　450 g　TK-Blätterteig

Für den Hefeteig:
　　　300 g　Weizenmehl (Type 550)
　　1/2 Pck.　frische Hefe (21 g)
　　125 ml　lauwarme Milch (1,5 % Fett)
　　　50 g　Zucker
　　　　2　Eigelb (Größe M)
　　　50 g　zerlassene, abgekühlte Butter
　　　　　oder Margarine

Für die Füllung:
　　　500 g　Mohn-Back
　　　　　(backfertige Mohnfüllung)
　　　　1　Ei (Größe M)
　　1 Pck.　Saucenpulver Vanille-
　　　　　Geschmack zum Kochen
　　　50 ml　Milch (1,5 % Fett)
　　　　2　mittelgroße, säuerliche Äpfel
　　　50 g　gehackte Walnuss-, Pekannuss-
　　　　　oder Paranusskerne
　　　30 g　grob gehackter, kandierter
　　　　　Ingwer
　　　50 g　fein gewürfeltes Zitronat
　　　　　(Sukkade)

　　　　2　Eiweiß
　　2 EL　Puderzucker

Zubereitungszeit: 40 Minuten, ohne Teiggeh- und Abkühlzeit
Backzeit: etwa 30 Minuten

1. Zum Vorbereiten Blätterteigplatten nach Packungs- anleitung auftauen lassen.

2. Für den Hefeteig in der Zwischenzeit Mehl in eine Rührschüssel geben und in die Mitte eine Vertiefung eindrücken. Hefe hineinbröckeln, mit etwas Milch und Zucker verrühren und etwa 15 Minuten stehen lassen.

3. Anschließend restliche Zutaten hinzufügen und mit einem Mixer (Knethaken) zunächst kurz auf nied- rigster, dann auf höchster Stufe in etwa 5 Minuten zu einem glatten Teig verarbeiten. Den Teig zugedeckt so lange an einem warmen Ort gehen lassen, bis er sich sichtbar vergrößert hat (etwa 30 Minuten).

4. Für die Füllung in der Zwischenzeit Mohn-Back mit Ei, Saucenpulver und Milch gut verrühren. Äpfel abspülen, abtrocknen, schälen, vierteln und entker- nen. Apfelviertel grob raspeln. Apfelraspel, Nusskerne, Ingwer und Zitronat hinzufügen. Die Zutaten gut ver- rühren.

5. Blätterteigplatten aufeinanderlegen und auf ei- ner leicht bemehlten Arbeitsfläche dünn zu einem Rechteck (etwa 40 x 60 cm) ausrollen. Das Eiweiß verschlagen und das Teigrechteck damit bestreichen.

6. Den gegangenen Hefeteig auf der leicht bemehlten Arbeitsfläche nochmals kurz durchkneten und eben- falls zu einem Rechteck (etwa 40 x 60 cm) ausrollen. Das Teigrechteck über eine Teigrolle aufwickeln, auf der Blätterteigplatte wieder abrollen und etwas andrü- cken. Die Mohnmasse draufgeben und glatt streichen. Den Teig von der längeren Seite aus aufrollen.

7. Die Teigrolle in etwa 3 cm dicke Scheiben schnei- den. Die Teigschnecken nebeneinander (sie sollen sich fast berühren) auf ein Backblech (30 x 40 cm, gefet- tet) legen. Die Teigschnecken nochmals zugedeckt an einem warmen Ort etwa 15 Minuten gehen lassen.

8. In der Zwischenzeit den Backofen vorheizen.
Ober-/Unterhitze: etwa 180 °C
Heißluft: etwa 160 °C

9. Das Backblech in den vorgeheizten Backofen schieben. Den Rosenkuchen **etwa 30 Minuten backen.**

10. Das Backblech auf einen Kuchenrost stellen. Den Kuchen erkalten lassen und mit Puderzucker bestäubt servieren.

Rosmarin-Apfelkuchen I

Etwas Besonderes – einfach
20 Stücke

Pro Stück: E: 3 g, F: 9 g, Kh: 24 g,
kJ: 773, kcal: 185, BE: 2,0

Zum Vorbereiten:
2–3 Stängel Rosmarin
40 g Zucker

Für den All-in-Teig:
275 g Weizenmehl
2 gestr. TL Dr. Oetker Backin
125 g Zucker
abgeriebene Schale von
½ Bio-Zitrone
(unbehandelt, ungewachst)
4 Eier (Größe M)
175 g Butter oder Margarine
(zimmerwarm)
2 EL Zitronensaft

Für den Belag:
etwa 800 g rotschalige Äpfel, z. B. Gala,
Elstar, Pink Lady

Zum Bestreichen:
2 EL Zitronensaft

Zubereitungszeit: 40 Minuten,
ohne Durchzieh- und Abkühlzeit
Backzeit: etwa 35 Minuten

1. Zum Vorbereiten Rosmarin abspülen und trocken tupfen. Die Nadeln von den Stängeln zupfen, 2 Esslöffel davon abmessen, fein hacken und in eine kleine Schüssel geben. Zucker hinzugeben, unterrühren und etwa 20 Minuten durchziehen lassen.

2. Den Backofen vorheizen.
Ober-/Unterhitze: etwa 180 °C
Heißluft: etwa 160 °C

3. Für den Teig Mehl mit Backpulver mischen und in eine Rührschüssel geben. Zucker, Zitronenschale, Eier, Butter oder Margarine und Zitronensaft hinzufügen.

Die Zutaten mit einem Mixer (Rührstäbe) zunächst kurz auf niedrigster, dann auf höchster Stufe in etwa 2 Minuten zu einem glatten Teig verarbeiten.

4. Den Teig auf ein Backblech (30 x 40 cm, gefettet, mit Backpapier belegt) geben und glatt streichen. Vor den Teig einen mehrfach geknickten Streifen Alufolie legen.

5. Für den Belag Äpfel heiß abwaschen, gut abtrocknen und mit einem Apfelausstecher je das Kerngehäuse ausstechen. Die Äpfel in etwa 2 cm dicke Scheiben schneiden und mit etwas Zitronensaft bestreichen. Apfelscheiben auf den Teig legen.

6. Von dem vorbereiteten Rosmarinzucker 1 Teelöffel abnehmen und beiseitestellen. Restlichen Rosmarinzucker auf die Apfelscheiben streuen.

7. Das Backblech in den vorgeheizten Backofen schieben. Den Kuchen **etwa 35 Minuten backen.**

8. Das Backblech auf einen Kuchenrost stellen.

9. Restlichen Rosmarinzucker und restlichen Zitronensaft in einem kleinen Topf unter Rühren zum Kochen bringen. Dann die noch heißen Apfelscheiben mit der Flüssigkeit bestreichen. Den Kuchen erkalten lassen. Den Alustreifen entfernen und den Kuchen in Stücke schneiden.

Rotweinbirnen-Käsekuchen I

Mit Alkohol

16 Stücke

Pro Stück: E: 8 g, F: 16 g, Kh: 42 g,
kJ: 1435, kcal: 344, BE: 3,5

Zum Vorbereiten:

    750 g Birnen
           (etwa 4 nicht zu reife Birnen)
    400 ml Rotwein
    125 g Zucker
      1   Zimtstange

Für den Streuselteig:

    175 g Butter oder Margarine
    300 g Weizenmehl
    150 g Zucker
      1 Pck. Dr. Oetker Vanillin-Zucker
      1   Ei (Größe M)

Für den Belag:

    500 g Magerquark
    250 g Crème fraîche
     80 g Zucker
      1 Pck. Dr. Oetker Pudding-Pulver
             Vanille-Geschmack
      2   Eigelb (Größe M)
      2   Eiweiß (Größe M)
      1   Prise Salz

Für den Guss:

     50 g Puderzucker
      1 EL Rotweinflüssigkeit
             (von den Birnen)

Zubereitungszeit: 45 Minuten,
ohne Durchzieh- und Abkühlzeit
Backzeit: 70–75 Minuten

1. Zum Vorbereiten die Birnen abspülen, abtrocknen, schälen, halbieren und entkernen. Rotwein mit Zucker und Zimt in einen Topf geben. Birnenhälften hinzufügen, zum Kochen bringen und etwa 15 Minuten bei schwacher Hitze kochen lassen (die Kochzeit richtet sich nach der Reife der Birnen). Den Topf von der Kochstelle nehmen. Die Birnenhälften in der Rotwein-

flüssigkeit erkalten und mindestens 2–3 Stunden oder über Nacht durchziehen lassen. Die Birnen in einem Sieb abtropfen lassen. Die Rotweinflüssigkeit dabei auffangen.

2. Für den Teig Butter oder Margarine zerlassen und abkühlen lassen. Mehl in eine Rührschüssel geben. Zucker, Vanillin-Zucker, Ei und Butter oder Margarine hinzufügen.

3. Die Zutaten mit einem Mixer (Rührstäbe) zunächst kurz auf niedrigster, danach auf höchster Stufe zu Streuseln verarbeiten.

4. Den Backofen vorheizen.
Ober-/Unterhitze: etwa 180 °C
Heißluft: etwa 160 °C

5. Drei Viertel der Teigstreusel in eine Springform (Ø 26 cm, gefettet) geben, zu einem Boden und einem etwa 3 cm hohen Rand andrücken.

6. Für den Belag Quark mit Crème fraîche, Zucker, Pudding-Pulver und Eigelb in einer Rührschüssel verrühren. Eiweiß mit Salz steif schlagen und unter die Quarkmasse heben.

7. Ein Viertel der Quarkmasse auf den Streuselboden geben und glatt streichen. Die Birnenhälften darauf verteilen. Restliche Quarkmasse darauf verstreichen.

8. Restliche Teigstreusel auf die Quarkmasse streuen. Die Form auf dem Rost in den vorgeheizten Backofen schieben. Den Kuchen **70–75 Minuten backen.**

9. Die Form auf einen Kuchenrost stellen. Den Kuchen etwa 15 Minuten in der Form abkühlen lassen, dann vom Springformrand und -boden lösen. Springformrand entfernen. Den Kuchen auf dem Springformboden erkalten lassen.

10. Für den Guss den Puderzucker mit so viel Rotweinflüssigkeit verrühren, dass eine dickflüssige Masse entsteht. Den Guss in einen Gefrierbeutel geben und eine kleine Ecke abschneiden. Die Kuchenoberfläche damit garnieren. Anschließend den Guss fest werden lassen.

Saarländischer Apfelkuchen I

Einfach

12 Stücke

Pro Stück: E: 2 g, F: 7 g, Kh: 22 g,
kJ: 671, kcal: 160, BE: 2,0

> 225 g TK-Blätterteig
> (5 quadratische Platten)

Für den Belag:
> 500 g Äpfel, z. B. Boskop
> 2 EL Zucker
> ½ TL Dr. Oetker Vanillin-Zucker
> 50 g gehobelte Mandeln

Zum Bestreichen:
> 150 g Aprikosenkonfitüre
> 1 EL Wasser

Zubereitungszeit: 30 Minuten,
ohne Auftau- und Abkühlzeit
Backzeit: etwa 25 Minuten

1. Blätterteigplatten nach Packungsanleitung auftauen lassen.

2. Die Teigplatten aufeinanderlegen, auf einer leicht bemehlten Arbeitsfläche ausrollen und eine runde Platte (Ø etwa 30 cm) ausschneiden.

3. Die Teigplatte auf den Boden einer Springform (Ø 26 cm, gefettet) legen und am Formrand etwas hochziehen. Blätterteig etwa 10 Minuten ruhen lassen, dabei zieht sich der Teig etwas zusammen.

4. Den Backofen vorheizen.
Ober-/Unterhitze: etwa 200 °C
Heißluft: etwa 180 °C

5. Für den Belag in der Zwischenzeit die Äpfel abspülen, abtrocknen, schälen, vierteln und entkernen. Die Apfelviertel der Länge nach in dünne Scheiben schneiden.

6. Den Teigboden mehrmals mit einer Gabel einstechen. Die Apfelscheiben auf dem Teigboden verteilen.

Zucker mit Vanillin-Zucker und Mandeln mischen und gleichmäßig auf die Apfelscheiben streuen.

7. Die Form auf dem Rost in den vorgeheizten Backofen schieben. Kuchen **etwa 25 Minuten backen.**

8. Die Form auf einen Kuchenrost stellen. Den Kuchen etwa 10 Minuten in der Form stehen lassen, dann aus der Form lösen, auf den Kuchenrost legen und etwas abkühlen lassen.

9. Zum Bestreichen Konfitüre und Wasser in einem kleinen Topf unter Rühren zum Kochen bringen. Den Kuchen damit bestreichen (stückige Konfitüre nach dem Aufkochen durch ein Sieb streichen). Den Kuchen am besten lauwarm servieren.

Sächsischer Heidelbeerkuchen I

Schmeckt auch Kindern

20 Stücke

Pro Stück: E: 4 g, F: 8 g, Kh: 29 g,
kJ: 871, kcal: 208, BE: 2,5

Für den Hefeteig:

     375 g Weizenmehl
 1 Pck. Dr. Oetker Trockenbackhefe
      50 g Zucker
 1 Pck. Dr. Oetker Vanillin-Zucker
        1 Ei (Größe M)
        2 Eigelb (Größe M)
 200 ml lauwarme Milch (1,5 % Fett)
      50 g zerlassene, abgekühlte Butter
             oder Margarine

Für den Belag:

   1 kg Heidelbeeren
    50 g zerlassene Butter
    5 EL Semmelbrösel
 100 g Zucker
 1 gestr. TL gem. Zimt
    50 g Butterflöckchen

Zum Bestäuben:

 etwas Puderzucker

Zubereitungszeit: 35 Minuten,
ohne Teiggeh- und Abkühlzeit
Backzeit: etwa 25 Minuten

1. Für den Teig Mehl in eine Rührschüssel geben und mit Trockenbackhefe sorgfältig vermischen. Zucker, Vanillin-Zucker, Ei, Eigelb, Milch und Butter oder Margarine hinzufügen. Die Zutaten mit einem Mixer (Knethaken) zunächst kurz auf niedrigster, dann auf höchster Stufe in etwa 5 Minuten zu einem glatten Teig verarbeiten. Den Teig zugedeckt so lange an einem warmen Ort gehen lassen, bis er sich sichtbar vergrößert hat (etwa 30 Minuten).

2. Den gegangenen Teig auf einer leicht bemehlten Arbeitsfläche nochmals kurz durchkneten. Anschließend auf einem Backblech (30 x 40 cm, gefettet) ausrollen und rundherum einen Rand formen. Den Teig

nochmals zugedeckt an einem warmen Ort etwa 15 Minuten gehen lassen.

3. In der Zwischenzeit den Backofen vorheizen.
Ober-/Unterhitze: etwa 200 °C
Heißluft: etwa 180 °C

4. Für den Belag Heidelbeeren entstielen, abspülen und gut abtropfen lassen. Butter zerlassen. Den Teig damit bestreichen und mit 3 Esslöffeln Semmelbröseln bestreuen. Die Heidelbeeren gleichmäßig darauf verteilen. Zucker mit Zimt vermischen und über die Heidelbeeren streuen. Die Butterflöckchen darauf verteilen und die restlichen Semmelbrösel darüberstreuen. Das Backblech in den vorgeheizten Backofen schieben. Heidelbeerkuchen **etwa 25 Minuten backen.**

5. Das Backblech auf einen Kuchenrost stellen. Den Heidelbeerkuchen darauf erkalten lassen und kurz vor dem Servieren mit Puderzucker bestäuben.

Sanddorn-Frucht-Torte | Für Gäste

16 Stücke

Pro Stück: E: 5 g, F: 15 g, Kh: 35 g,
kJ: 1251, kcal: 299, BE: 3,0

Für den Biskuitteig:

2	Eier (Größe M)
125 g	Zucker
1 Pck.	Dr. Oetker Vanillin-Zucker
200 g	Weizenmehl
2 gestr. TL	Dr. Oetker Backin
75 ml	Speiseöl
75 ml	Mineralwasser mit
	Kohlensäure

Für die Füllung:

8 Blatt	weiße Gelatine
500 ml	Kefir
100 g	Zucker
125 ml	Sanddornsaft (pur, 100 %
	Direktsaft mit Fruchtmark)
	abgeriebene Schale und Saft von
½	Bio-Zitrone
	(unbehandelt, ungewachst)
400 g	Schlagsahne
	(mind. 30 % Fett)

Zum Bestreichen:

2 EL	Aprikosenkonfitüre

Für den Guss und den Belag:

2 Blatt	weiße Gelatine
50 g	Zucker
1 EL	Zitronensaft
	(von der restlichen ½ Zitrone)
50 ml	Sanddornsaft (pur, 100 %
	Direktsaft mit Fruchtmark)
1	Banane
2	Orangen

Zubereitungszeit: 45 Minuten, ohne Kühlzeit
Backzeit: 20–25 Minuten

1. Den Backofen vorheizen.
Ober-/Unterhitze: etwa 180 °C
Heißluft: etwa 160 °C

2. Für den Teig die Eier mit einem Mixer (Rührstäbe) auf höchster Stufe in 1 Minute schaumig schlagen. Zucker mit Vanillin-Zucker mischen, in 1 Minute einstreuen, dann noch etwa 2 Minuten schlagen.

3. Das Mehl mit Backpulver mischen, kurz auf niedrigster Stufe unterrühren. Nacheinander Speiseöl und Mineralwasser kurz unterrühren. Teig in eine Springform (Ø 28 cm, Boden gefettet) geben und glatt streichen. Die Form auf dem Rost in den vorgeheizten Backofen (unteres Drittel) schieben. Den Biskuitboden **20–25 Minuten backen.**

4. Den Biskuitboden aus der Form lösen und auf einem mit Backpapier belegten Kuchenrost erkalten lassen.

5. Für die Füllung Gelatine nach Packungsanleitung einweichen. Kefir mit Zucker, Sanddornsaft, Zitronenschale und -saft verrühren. Die Gelatine leicht ausdrücken und in einem kleinen Topf bei schwacher Hitze unter Rühren auflösen.

6. Die aufgelöste Gelatine zuerst mit 3–4 Esslöffeln der Kefirmasse verrühren, dann unter die restliche Kefirmasse rühren. Sahne steif schlagen. Sobald die Kefirmasse anfängt dicklich zu werden, die Sahne unterheben.

7. Den Biskuitboden einmal waagrecht durchschneiden. Den unteren Biskuitboden auf eine Tortenplatte legen und mit Konfitüre bestreichen. Einen Tortenring darumstellen. Etwa zwei Drittel der Kefir-Sanddorn-Creme auf den Biskuitboden geben und glatt streichen. Den oberen Biskuitboden darauflegen.

8. Restliche Kefir-Sanddorn-Creme darauf verteilen und glatt streichen. Die Torte zugedeckt etwa 2 Stunden in den Kühlschrank stellen.

9. Für den Guss die Gelatine nach Packungsanleitung einweichen. Zucker und Zitronensaft in einem kleinen Topf erwärmen, sodass der Zucker vollständig gelöst ist. Sanddornsaft hinzugeben und miterwärmen. Die Gelatine leicht ausdrücken, zu der Saftflüssigkeit geben und unter Rühren vollständig darin auflösen, etwas abkühlen lassen. Der Guss muss flüssig bleiben.

10. Für den Belag Banane schälen und in dünne Scheiben schneiden. Orangen so schälen, dass die weiße Haut vollständig entfernt wird. Orangen filetieren. Bananenscheiben und Orangenfilets auf die Tortenoberfläche legen.

11. Den Guss nach und nach darauf verteilen. Die Torte evtl. zwischendurch kurz in den Kühlschrank stellen. Wenn der Guss aufgebraucht ist, die Torte nochmals zugedeckt etwa 60 Minuten in den Kühlschrank stellen. Den Tortenring lösen und entfernen.

Tipps: Zum Bestreichen statt Aprikosenkonfitüre Orangenmarmelade verwenden. Bananen oder Orangen können durch 1 Mango, geschält und in Spalten geschnitten, ausgetauscht werden.

Sauerkirsch-Pie | Sommergenuss

16 Stücke

Pro Stück: E: 3 g, F: 13 g, Kh: 21 g,
kJ: 892, kcal: 213, BE: 2,0

Für den Knetteig:

        250 g Weizenmehl
        1 Prise Salz
    1 gestr. EL Zucker
        1 Pck. Dr. Oetker Vanillin-Zucker
        2 EL kaltes Wasser
        175 g Butter oder Margarine

Für die Füllung:

        75 g Löffelbiskuits
        75 g abgezogene, gem. Mandeln
        500 g Sauerkirschen

Zum Bestreichen und Bestreuen:

        2 EL Wasser
        2 EL Zimt-Zucker

Zubereitungszeit: 40 Minuten, ohne Kühlzeit
Backzeit: etwa 45 Minuten

1. Für den Teig Mehl mit Salz in einer Rührschüssel mischen. Restliche Zutaten hinzufügen und mit einem Mixer (Knethaken) zunächst kurz auf niedrigster, dann auf höchster Stufe gut durcharbeiten.

2. Anschließend auf einer leicht bemehlten Arbeitsfläche kurz zu einem Teig verkneten. Den Knetteig in Frischhaltefolie gewickelt etwa 60 Minuten in den Kühlschrank legen.

3. Für die Füllung Löffelbiskuits in einen Gefrierbeutel geben, den Beutel fest verschließen. Biskuits mit einer Teigrolle fein zerbröseln. Biskuitbrösel mit Mandeln mischen.

4. Kirschen abspülen, abtropfen lassen, entstielen und entsteinen.

5. Den Backofen vorheizen.
Ober-/Unterhitze: etwa 200 °C
Heißluft: etwa 180 °C

6. Zwei Drittel des Knetteiges zu einer runden Platte (Ø etwa 32 cm) ausrollen. Eine Pie- oder Tarteform (Ø 28 cm, Boden gefettet) damit auslegen. Den Teig am Rand leicht andrücken. Den Teigboden mit einer Gabel mehrfach einstechen.

7. Das Biskuit-Mandel-Gemisch auf den Teigboden streuen. Die Sauerkirschen darauf verteilen. Den überstehenden Teigrand auf die Füllung legen und mit Wasser bestreichen.

8. Den restlichen Teig zu einer runden Platte in Größe der Form ausrollen. Mit einer Ausstechform in der Mitte ein Loch (Ø etwa 2 cm) ausstechen (damit beim Backen entstehender Dampf entweichen kann). Teigplatte auf die Füllung legen und am Rand andrücken.

9. Die Teigdecke mit Wasser bestreichen, mehrmals mit einer Gabel einstechen und mit Zimtzucker bestreuen.

10. Die Form auf dem Rost in den vorgeheizten Backofen schieben und die Sauerkirsch-Pie **etwa 45 Minuten backen.**

11. Die Form auf einen Kuchenrost stellen. Die Pie in der Form erkalten lassen.

Sauerkirsch-Schwarzbrot-Torte I

Etwas Besonderes

16 Stücke

Pro Stück: E: 6 g, F: 21 g, Kh: 36 g,
kJ: 1492, kcal: 357, BE: 3,0

Für den Knetteig:

120 g	Weizenmehl
1 gestr. TL	gesiebtes Kakaopulver
1 Msp.	Dr. Oetker Backin
40 g	brauner Zucker
60 g	Butter
1 EL	Milch

Für den Biskuitteig:

100 g	Pumpernickel
100 g	abgezogene, gem. Mandeln
3	Eier (Größe M)
80 g	brauner Zucker
1 Pck.	Dr. Oetker Bourbon-Vanille-Zucker
100 g	Weizenmehl
1 gestr. TL	Dr. Oetker Backin

Zum Bestreichen:

2 EL	schwarzes Johannisbeergelee

Für die Füllung:

370 g	abgetropfte Sauerkirschen (aus dem Glas)
250 ml	Kirschsaft (aus dem Glas)
1 Pck.	ungezuckerter Tortenguss, klar
1 TL	Zucker
4 Blatt	weiße Gelatine
500 g	Schlagsahne (mind. 30 % Fett)
30 g	Puderzucker

Für den Belag:

100 g	Zartbitter-Schokolade (etwa 50 % Kakaoanteil)
1 TL	Speiseöl

Zum Bestäuben:

	etwa
1 geh. TL	Kakaopulver
½ TL	Puderzucker

Zubereitungszeit: 60 Minuten, ohne Kühlzeit
Backzeit: 35–40 Minuten

1. Für den Knetteig Mehl mit Kakao und Backpulver in einer Rührschüssel mischen. Restliche Zutaten hinzufügen und mit einem Mixer (Knethaken) zunächst kurz auf niedrigster, danach auf höchster Stufe gut durcharbeiten. Den Teig in Frischhaltefolie gewickelt etwa 30 Minuten in den Kühlschrank legen.

2. In der Zwischenzeit den Backofen vorheizen.
Ober-/Unterhitze: etwa 180 °C
Heißluft: etwa 160 °C

3. Teig auf dem Boden einer Springform (Ø 26 cm, gefettet) ausrollen. Teigboden mehrmals mit einer Gabel einstechen. Einen Springformrand darumstellen. Die Form auf dem Rost in den vorgeheizten Backofen schieben. Den Knetteigboden **etwa 10 Minuten backen.**

4. Den Knetteigboden sofort vom Springformboden lösen, aber darauf auf einem Kuchenrost erkalten lassen.

5. Für den Biskuitteig in der Zwischenzeit Pumpernickel in einem Blitzhacker ganz fein hacken, mit den Mandeln gut vermischen. Eier mit einem Mixer (Rührstäbe) auf höchster Stufe in 1 Minute schaumig schlagen. Zucker mit Vanille-Zucker mischen, in 1 Minute einstreuen, dann noch etwa 2 Minuten schlagen.

6. Das Mehl mit Backpulver mischen und kurz auf niedrigster Stufe unterrühren. Pumpernickel-Mandel-Mischung unterheben.

7. Den Teig in eine Springform (Ø 26 cm, Boden gefettet, mit Backpapier belegt) geben und glatt streichen.

8. Die Form auf dem Rost in den vorgeheizten Backofen schieben. Den Biskuitboden **bei gleicher Backofentemperatur 25–30 Minuten backen.**

9. Den Biskuitboden aus der Form lösen, auf einen mit Backpapier belegten Kuchenrost stürzen, erkalten lassen. Das mitgebackene Backpapier entfernen.

10. Den Knetteigboden auf eine Tortenplatte legen und mit Gelee bestreichen. Den Biskuitboden einmal waagerecht durchschneiden. Den unteren Boden auf den Knetteigboden legen.

11. Für die Füllung von den Sauerkirschen den Saft auffangen und 250 ml davon abmessen. Die Sauerkirschen auf dem unteren Biskuitboden verteilen, dabei einen etwa 1 cm breiten Rand frei lassen. Aus Kirschsaft, Tortengusspulver und Zucker einen Guss nach Packungsanleitung zubereiten. Den Guss sofort auf den Sauerkirschen verteilen. Die Torte etwa 30 Minuten in den Kühlschrank stellen.

12. Gelatine nach Packungsanleitung einweichen. Die Sahne steif schlagen. Gelatine leicht ausdrücken und in einem kleinen Topf bei schwacher Hitze unter Rühren auflösen. Gelatine unter die Sahne rühren. Puderzucker unterrühren. Gut die Hälfte der Sahne auf den Sauerkirschen verteilen. Den oberen Biskuitboden darauflegen. Tortenoberfläche und -rand mit der restlichen Sahne bestreichen. Den Tortenrand mit einem Tortengarnierkamm verzieren. Die Torte zugedeckt etwa 2 Stunden in den Kühlschrank stellen.

13. Für den Belag Schokolade in Stücke brechen. Zwei Drittel davon mit dem Speiseöl in einem Topf im Wasserbad bei schwacher Hitze unter Rühren schmelzen. Den Topf aus dem Wasserbad nehmen und die restliche Schokolade darin unter Rühren schmelzen. Die Schokolade auf eine mit Backpapier belegte Platte gießen und zu einem Kreis (Ø etwa 24 cm) verstreichen. Schokolade fest werden lassen. Die Schokoladenplatte in Stücke brechen und in die Tortenoberfläche stecken.

14. Zum Bestäuben Kakao mit Puderzucker mischen. Die Torte damit bestäuben.

Savarin mit Beeren I

Klassisch – fettarm
8 Stücke

Pro Stück: E: 4 g, F: 2 g, Kh: 38 g,
kJ: 817, kcal: 195, BE: 3,0

Für den Biskuitteig:

2	Eier (Größe M)
2 EL	heißes Wasser
70 g	Zucker
1 Pck.	Dr. Oetker Vanillin-Zucker
120 g	Dinkelmehl (Type 630)
½ gestr. TL	Dr. Oetker Backin

Zum Tränken:

125 ml	Wasser
60 g	Zucker
1 Pck.	Dr. Oetker Vanillin-Zucker
375 ml	Apfelsaft

Für die Füllung:

250 g	Himbeeren
250 g	Brombeeren

Zum Bestäuben:

1 TL	Puderzucker

Zubereitungszeit: 30 Minuten,
ohne Abkühl- und Durchziehzeit
Backzeit: etwa 25 Minuten

1. Den Backofen vorheizen.
Ober-/Unterhitze: etwa 180 °C
Heißluft: etwa 160 °C

2. Für den Teig Eier und Wasser in einer Rührschüssel mit einem Mixer (Rührbesen) auf höchster Stufe in 1 Minute schaumig schlagen. Den Zucker mit Vanillin-Zucker mischen, in 1 Minute einstreuen, dann noch etwa 2 Minuten schlagen.

3. Dinkelmehl mit Backpulver mischen, auf die Eiercreme geben, kurz auf niedrigster Stufe unterrühren.

4. Den Teig in eine Savarinform (Ø 24 cm, gefettet, bemehlt) füllen und glatt streichen. Die Form auf dem Rost in den vorgeheizten Backofen schieben. Savarin **etwa 25 Minuten backen.**

5. Die Form auf einen Kuchenrost stellen. Savarin etwa 5 Minuten in der Form stehen lassen, dann aus der Form lösen und auf einen mit Backpapier belegten Kuchenrost stürzen. Savarin erkalten lassen.

6. Zum Tränken etwa 3 Stunden vor dem Servieren Wasser mit Zucker und Vanillin-Zucker in einem Topf zum Kochen bringen. Den Topf von der Kochstelle nehmen, Apfelsaft unterrühren.

7. Etwa ein Drittel der heißen Flüssigkeit in die gesäuberte Savarinform gießen. Savarin hineinlegen, vorsichtig mit der restlichen Flüssigkeit begießen und in den Kühlschrank stellen. Savarin gut durchziehen lassen. Anschließend den Savarin auf einen Teller stürzen.

8. Für die Füllung Himbeeren und Brombeeren verlesen. Brombeeren und evtl. Himbeeren vorsichtig abspülen, gut trocken tupfen. Die Beeren in die Mitte des Savarins geben und mit Puderzucker bestäuben.

Tipp: Dazu glatt gerührten Joghurt servieren.

Schokoladen-Kirsch-Kuchen mit Buchweizenstreuseln I

Glutenfrei
12 Stücke

Pro Stück: E: 5 g, F: 19 g, Kh: 37 g,
kJ: 1430, kcal: 342, BE: 3,0

Für die Streusel:

20 g *Buchweizenmehl*
70 g *Butter oder Margarine*
(zimmerwarm)
50 g *Zucker*

Für den Teig:

70 g *Butter oder Margarine*
100 g *weiße Kuvertüre*
3 *Eiweiß (Größe M)*
1 Prise *Salz*
50 g *Zucker*
1 Pck. *Dr. Oetker Vanillin-Zucker*
3 *Eigelb (Größe M)*
3 EL *Sauerkirschsaft (aus dem Glas)*
100 g *gehackte Mandeln*
130 g *Buchweizenmehl*
1 gestr. TL *Dr. Oetker Backin*
1 gestr. TL *gem. Zimt*
370 g *abgetropfte Sauerkirschen*
(aus dem Glas)

Zubereitungszeit: 60 Minuten
Backzeit: etwa 45 Minuten

1. Für die Streusel Mehl in eine Rührschüssel geben. Restliche Zutaten hinzufügen und mit einem Mixer (Rührstäbe) zunächst kurz auf niedrigster, dann auf höchster Stufe zu Streuseln von gewünschter Größe verarbeiten. Streusel zugedeckt in den Kühlschrank stellen.

2. Für den Teig Butter oder Margarine bei schwacher Hitze in einem Topf zerlassen. Den Topf von der Kochstelle nehmen. Kuvertüre hacken, in den Topf geben und unter Rühren darin schmelzen lassen.

3. Eiweiß mit Salz steif schlagen. Zucker und Vanillin-Zucker nach und nach dazugeben, dabei weiterschla-

gen, bis ein Messerschnitt sichtbar bleibt und sich der Zucker aufgelöst hat.

4. Den Backofen vorheizen.
Ober-/Unterhitze: etwa 180 °C
Heißluft: etwa 160 °C

5. Das Eigelb und den Kirschsaft in einer Rührschüssel mit dem Mixer (Rührstäbe) leicht schaumig rühren. Butter-Kuvertüre-Masse und Mandeln dazugeben und kurz auf niedrigster Stufe unterrühren.

6. Mehl mit Backpulver und Zimt mischen und kurz auf niedrigster Stufe unter die Eigelbmasse rühren. Erst Eischnee, dann die Hälfte der Kirschen vorsichtig unter den Teig heben.

7. Den Teig in eine Springform (Ø 26 cm Boden gefettet, mit Backpapier belegt) geben und mit den restlichen Kirschen belegen.

8. Die Form auf dem Rost in den vorgeheizten Backofen schieben, Kuchen **etwa 20 Minuten backen.**

9. Die Form auf einen Kuchenrost stellen. Die Streusel auf dem Kuchen verteilen. Die Form wieder auf dem Rost in den heißen Backofen schieben. Den Kuchen **bei gleicher Backofentemperatur in etwa 25 Minuten fertig backen.**

10. Die Form auf einen Kuchenrost stellen. Den Kuchen erkalten lassen und in Stücke schneiden.

Schokomousse-Kirschschnitten I

Etwas Besonderes – für Gäste

30 Stücke

Pro Stück: E: 4 g, F: 15 g, Kh: 29 g,
kJ: 1128, kcal: 270, BE: 2,5

Für den Biskuitteig:

>7 Eier (Größe M)
>160 g Zucker
>170 g Weizenmehl
>30 g gesiebtes Kakaopulver

Für die Kirschfüllung:

>700 g abgetropfte Sauerkirschen
>(aus dem Glas)
>100 g Zucker
>½ TL gem. Zimt
>1 Pck. Dr. Oetker Pudding-Pulver
>Vanille-Geschmack
>500 ml Sauerkirschsaft
>(aus dem Glas)

Für die Schokomousse:

>400 g Zartbitter-Kuvertüre
>800 g Schlagsahne (mind. 30 % Fett)

>2 EL Raspelschokolade

Zubereitungszeit: 60 Minuten, ohne Kühlzeit
Backzeit: 12–15 Minuten

1. Den Backofen vorheizen.
Ober-/Unterhitze: etwa 180 °C
Heißluft: etwa 160 °C

2. Für den Teig Eier mit einem Mixer (Rührstäbe) auf höchster Stufe in 1 Minute schaumig schlagen. Zucker in 1 Minute einstreuen, dann noch etwa 2 Minuten schlagen.

3. Mehl mit Kakaopulver mischen, auf die Eiercreme geben und kurz auf niedrigster Stufe unterrühren. Teig auf ein Backblech (30 x 40 cm, gefettet, mit Backpapier belegt) geben und glatt streichen. Das Backblech in den vorgeheizten Backofen schieben. Den Biskuitboden **12–15 Minuten backen.**

4. Das Backblech auf einen Kuchenrost stellen. Den Biskuitboden darauf erkalten lassen.

5. Für die Füllung von den Kirschen den Saft auffangen und 500 ml davon abmessen.

6. Zucker mit Zimt und Pudding-Pulver in einem Topf mischen, dann mit dem Saft gut verrühren und bei starker Hitze unter Rühren zum Kochen bringen. Kirschen unterrühren und nochmals unter Rühren kräftig aufkochen lassen. Die heiße Kirschmasse gleichmäßig auf dem Biskuitboden verteilen. Den Kuchen etwa 30 Minuten kalt stellen.

7. Für die Schokomousse inzwischen die Kuvertüre in Stücke hacken, in einem kleinen Topf im heißen Wasserbad unter Rühren schmelzen. Die Kuvertüre sollte in dem heißen Wasserbad auf etwa 50 °C erhitzt werden.

8. Die Sahne portionsweise halbsteif schlagen. Den Topf mit der heißen Kuvertüre aus dem Wasserbad nehmen. Kuvertüre mit einem Drittel der halbsteif geschlagenen Sahne verrühren, bis sich die Sahne ganz mit der Schokolade verbunden hat. Dann die restliche halbsteif geschlagene Sahne zügig unterheben.

9. Die Schokomousse auf die Kirschen geben und mit einem Löffel wellenartig verstreichen.

10. Den Kuchen mit Raspelschokolade garnieren und zugedeckt etwa 60 Minuten in den Kühlschrank stellen. Anschließend den Kuchen in Schnitten von etwa 5 x 8 cm schneiden.

Tipps: Den Biskuitboden nach dem Backen mit Kirschwasser beträufeln. Den Kuchen mit Schokoladenlocken (Foto) garnieren. Dafür etwa 100 g Zartbitter-Kuvertüre in kleine Stücke hacken, in einem kleinen Topf im heißen Wasserbad bei mittlerer Hitze schmelzen, auf eine Marmorplatte gießen, etwas verstreichen und fest werden lassen. Die Kuvertüre in den Kühlschrank stellen, kurz vor dem Schaben wieder herausnehmen. Einen Spachtel in einem möglichst kleinen Winkel zur Platte halten, durch mehrmaliges, leichtes, gleichmäßiges Schaben entstehen schöne große Locken.

Schoko-Windbeutel mit Stracciatella-Sahne und Himbeeren I

Schmeckt auch Kindern

8 Stück

Pro Stück: E: 7 g, F: 32 g, Kh: 24 g, kJ: 1734, kcal: 415, BE: 2,0

Für den Brandteig:

200 ml	Wasser
60 g	Butter
120 g	Weizenmehl
1 EL	gesiebtes Kakaopulver
1 Prise	Salz
3–4	Eier (Größe M)
1 Msp.	Dr. Oetker Backin

Für die Füllung:

500 g	Schlagsahne (mind. 30 % Fett)
2 Pck.	Sahnesteif
150 g	Sahne-Pudding Vanille-Geschmack (aus dem Kühlregal)
3 EL	Raspelschokolade
200 g	Himbeeren
1 EL	Puderzucker

Zubereitungszeit: 30 Minuten, ohne Abkühlzeit
Backzeit: 30–35 Minuten

1. Den Backofen vorheizen.
Ober-/Unterhitze: etwa 200 °C
Heißluft: etwa 180 °C

2. Für den Teig Wasser mit Butter am besten in einem Stieltopf zum Kochen bringen. Mehl mit Kakaopulver mischen und mit dem Salz auf einmal in die von der Kochstelle genommene Flüssigkeit schütten, zu einem glatten Kloß rühren und unter Rühren etwa 1 Minute erhitzen. Den heißen Kloß sofort in eine Schüssel geben.

3. Nach und nach Eier mit einem Mixer (Knethaken) auf höchster Stufe unterarbeiten. Eiermenge hängt von der Beschaffenheit des Teiges ab. Er muss stark glänzen und so vom Löffel abreißen, dass lange Spit-

zen hängen bleiben. Backpulver in den erkalteten Teig arbeiten.

4. Den Teig portionsweise in einen Spritzbeutel mit großer Sterntülle füllen. 8 große Tupfen auf ein Backblech (mit Backpapier belegt) spritzen. Dabei genügend Abstand zwischen den Teigtupfen lassen. Das Backblech in den vorgeheizten Backofen schieben. Die Windbeutel **30–35 Minuten backen.** Während der ersten 20 Minuten die Backofentür nicht öffnen, da das Gebäck sonst zusammenfällt.

5. Das Backblech auf einen Kuchenrost stellen. Sofort von jedem Windbeutel einen Deckel abschneiden. Windbeutel auf dem mit Backpapier belegten Kuchenrost erkalten lassen.

6. Für die Füllung Sahne mit Sahnesteif steif schlagen. Den Pudding in einer Schüssel glatt rühren, Sahne und Raspelschokolade unterheben.

7. Die Himbeeren verlesen, evtl. kurz abspülen und vorsichtig trocken tupfen. Die Sahne-Pudding-Creme in einen Spritzbeutel mit großer Sterntülle füllen und dekorativ auf die Windbeutel-Unterteile spritzen. Die Creme mit den Himbeeren garnieren. Die Windbeutel-Deckel daraufsetzen und mit Puderzucker bestäuben. Schoko-Windbeutel sofort servieren.

Tipp: Statt Himbeeren schmecken auch frische Maulbeeren sehr gut.

Semmelbröselkuchen mit Kirschen I

Einfach – für jeden Tag
12 Stücke

Pro Stück: E: 6 g, F: 16 g, Kh: 41 g, kJ: 1400, kcal: 334, BE: 3,5

Für den Rührteig:

125 g Butter oder Margarine (zimmerwarm)
175 g Zucker
1 Pck. Dr. Oetker Vanillin-Zucker
1 gestr. TL gem. Zimt
4 Eier (Größe M)
150 g Semmelbrösel
2 ½ gestr. TL Dr. Oetker Backin

100 g Löffelbiskuits
370 g abgetropfte Sauerkirschen (aus dem Glas)

Zum Bestreichen:

2 EL Sauerkirschsaft (aus dem Glas)
1 EL flüssiger Blütenhonig

Für die Schmandcreme:

250 g Schmand (Sauerrahm)
50 ml Sauerkirschsaft (aus dem Glas)
1 Pck. Sahnesteif
1 TL Zucker

Zum Bestäuben:

etwas Puderzucker

Zubereitungszeit: 30 Minuten, ohne Abkühlzeit
Backzeit: etwa 40 Minuten

1. Den Backofen vorheizen.
Ober-/Unterhitze: etwa 180 °C
Heißluft: etwa 160 °C

2. Für den Teig Butter oder Margarine mit einem Mixer (Rührstäbe) auf höchster Stufe geschmeidig rühren. Nach und nach Zucker, Vanillin-Zucker und Zimt unterrühren. So lange rühren, bis eine gebundene Masse entstanden ist.

3. Eier nach und nach unterrühren (jedes Ei etwa ½ Minute). Semmelbrösel mit Backpulver mischen und auf mittlerer Stufe kurz unterrühren.

4. Den Boden einer Springform (Ø 26 cm, leicht gefettet) mit den Löffelbiskuits (Zuckerseite nach oben) auslegen. Den Teig daraufgeben und glatt streichen. Von den Kirschen den Saft auffangen und beiseitestellen. Die Kirschen auf dem Teig verteilen. Die Form auf dem Rost in den vorgeheizten Backofen schieben. Den Kuchen **etwa 40 Minuten backen.**

5. Zum Bestreichen 2 Esslöffel Sauerkirschsaft mit dem Honig verrühren.

6. Den Kuchen aus der Form lösen und auf einen mit Backpapier belegten Kuchenrost legen. Kirschen sofort nach dem Backen mit der Saft-Honig-Flüssigkeit bestreichen. Den Kuchen erkalten lassen.

7. Für die Schmandcreme den Schmand mit 50 ml Kirschsaft verrühren. Sahnesteif mit Zucker mischen, zu der Schmandmasse geben und cremig schlagen. Den Rand der Kuchenoberfläche mit Puderzucker bestäuben. Die Schmand-Kirsch-Creme zu dem Kuchen servieren.

Tipps: Nach Belieben die Schmand-Kirsch-Creme in Klecksen auf der Kuchenoberfläche verteilen. Den Semmelbröselkuchen mit einem Tortenguss überziehen. Dafür aus 250 ml Kirschsaft (aus dem Glas), 1 Päckchen ungezuckertem Tortengusspulver (klar) und 1 Teelöffel Zucker einen Guss nach Packungsanleitung zubereiten. Den Guss auf den erkalteten Semmelbröselkuchen geben und fest werden lassen. Dann die Schmand-Kirsch-Creme dazureichen und den Puderzucker für den Rand weglassen.

Spiegeleier-Taschen

Wunderbar saftig

10 Stück

Pro Stück: E: 5 g, F: 15 g, Kh: 28 g,
kJ: 1680, kcal: 264, BE: 2,5

> *450 g TK-Blätterteig
> (10 quadratische Platten)*

Für die Füllung:
> *1 Pck. Backfeste Puddingcreme
> 250 ml Milch
> 10 abgetropfte Aprikosenhälften
> (aus der Dose)*

Zum Bestreichen:
> *1 Eigelb
> 2 EL Wasser*

Zum Bestreuen:
> *50 g gestiftelte Mandeln*

Für die Glasur:
> *1 EL Aprikosenkonfitüre
> 1 EL Zucker
> 1 EL Wasser*

Zubereitungszeit: 35 Minuten,
ohne Auftau- und Abkühlzeit
Backzeit: etwa 15 Minuten je Backblech

1. Blätterteigplatten nach Packungsanleitung auftauen lassen. Die Teigplatten auf Backbleche (mit
Backpapier belegt) legen.

2. Den Backofen vorheizen.
Ober-/Unterhitze: etwa 220 °C
Heißluft: etwa 200 °C

3. Für die Füllung Puddingcreme mit Milch nach
Packungsanleitung zubereiten. In die Mitte jeder
Teigplatte 2 Teelöffel der Puddingcreme geben. Je
1 Aprikosenhälfte darauflegen.

4. Zum Bestreichen Eigelb mit Wasser verschlagen.
Die Teigränder damit bestreichen und mit Mandeln
bestreuen. Die Backbleche nacheinander (bei Heißluft
zusammen) in den vorgeheizten Backofen schieben.
Spiegeleier-Taschen **etwa 15 Minuten je Backblech
backen.**

5. Die Spiegeleier-Taschen mit dem Backpapier von
den Backblechen auf Kuchenroste ziehen und erkalten
lassen.

6. Für die Glasur Konfitüre mit Zucker und Wasser in
einem kleinen Topf unter Rühren aufkochen lassen.
Das Gebäck damit bestreichen, trocknen lassen.

Spritzgebäck-Kuchen mit Kirschen I

Knuspergenuss
30 Stücke

Pro Stück: E: 4 g, F: 13 g, Kh: 23 g,
kJ: 926, kcal: 221, BE: 2,0

Für den Streuselteig:

225 g	Weizenmehl
½ gestr. TL	Dr. Oetker Backin
75 g	Zucker
75 g	Zartbitter-Raspelschokolade
1	Ei (Größe M)
125 g	Butter oder Margarine (zimmerwarm)

Für den Rührteig (Spritzgebäck):

150 g	Butter oder Margarine (zimmerwarm)
120 g	Zucker
2 Pck.	Dr. Oetker Vanillin-Zucker
2	Eier (Größe M)
200 g	abgezogene, gem. Mandeln
100 g	fein gem. Zwieback
740 g	abgetropfte Sauerkirschen (aus dem Glas)

Für den Guss und zum Bestäuben:

250 ml	Sauerkirschsaft (aus dem Glas)
1 Pck.	ungezuckerter Tortenguss, klar
1 TL	Zucker
evtl. etwas	Puderzucker

Zubereitungszeit: 45 Minuten, ohne Abkühlzeit
Backzeit: 25–30 Minuten

1. Für den Streuselteig Mehl mit Backpulver in einer Rührschüssel mischen. Zucker, Raspelschokolade, Ei und Butter oder Margarine hinzufügen. Die Zutaten mit einem Mixer (Rührstäbe) zunächst kurz auf niedrigster, dann auf höchster Stufe zu Streuseln verarbeiten.

2. Die Streusel auf ein Backblech (30 x 40 cm, gefettet, mit Backpapier belegt) geben und zu einem Boden andrücken.

3. Den Backofen vorheizen.
Ober-/Unterhitze: etwa 180 °C
Heißluft: etwa 160 °C

4. Für den Rührteig Butter oder Margarine mit einem Mixer (Rührstäbe) auf höchster Stufe geschmeidig rühren. Nach und nach Zucker und Vanillin-Zucker unterrühren. So lange rühren, bis eine gebundene Masse entstanden ist.

5. Die Eier nach und nach unterrühren (jedes Ei etwa ½ Minute). Mandeln auf mittlerer Stufe kurz unterrühren. Gemahlenen Zwieback unterheben.

6. Den Teig in einen Spritzbeutel mit Lochtülle (Ø etwa 7 mm) geben und etwa 30 kleine Quadrate (Höhe etwa 2 cm) auf den Streuselteig spritzen. Von den Sauerkirschen den Saft auffangen und beiseitestellen. Die Sauerkirschen in den einzelnen Quadraten verteilen. Das Backblech in den vorgeheizten Backofen schieben. Den Kuchen **25–30 Minuten backen.**

7. Das Backblech auf einen Kuchenrost stellen. Den Kuchen erkalten lassen.

8. Für den Guss vom beiseitegestellten Saft 250 ml abmessen. Aus dem Saft mit Tortengusspulver und Zucker einen Guss nach Packungsanleitung zubereiten. Den Guss auf den Sauerkirschen verteilen. Guss fest werden lassen.

9. Den Kuchen in Stücke schneiden und nach Belieben mit Puderzucker bestäuben.

Stachelbeer-Käsekuchen I
Raffiniert
12 Stücke

Pro Stück: E: 9 g, F: 13 g, Kh: 32 g,
kJ: 1204, kcal: 288, BE: 2,5

Für den Grießboden:
- 200 ml Milch
- 50 g Butter oder Margarine
- 1 Prise Salz
- 50 g Hartweizengrieß
- 50 g gehackte Mandeln
- 2 Eier (Größe M)
- 50 g Zucker

Für die Füllung:
- 100 g gewürfeltes Zitronat (Sukkade)
- 500 g Speisequark (40 % Fett)
- 2 Eier (Größe M)
- 60 g Zucker
- 20 g Speisestärke
- 1 Pck. Dr. Oetker Finesse Geriebene Zitronenschale

Für den Belag:
- 390 g abgetropfte Stachelbeeren (aus dem Glas)

Für den Guss:
- 1 Pck. ungezuckerter Tortenguss, klar
- 2 EL Zucker
- 250 ml Stachelbeersaft (aus dem Glas)

Zubereitungszeit: 40 Minuten, ohne Abkühlzeit
Backzeit: etwa 35 Minuten

1. Für den Boden Milch mit Butter oder Margarine und Salz in einem Topf zum Kochen bringen. Grieß einrieseln lassen und unterrühren. Grieß bei schwacher Hitze etwa 2 Minuten quellen lassen. Den Topf von der Kochstelle nehmen. Mandeln, Eier und Zucker mit einem Mixer (Rührstäbe) unter die Grießmasse rühren.

2. Den heißen Grießbrei in eine Tarteform (Ø 28 cm, Boden gefettet) geben und glatt streichen. Den Grieß-

brei mit einem kalt abgespülten Löffel am Formrand hochdrücken. Den Löffel evtl. zwischendurch nochmals abspülen. Grießbrei etwas abkühlen lassen.

3. Den Backofen vorheizen.
Ober-/Unterhitze: etwa 180 °C
Heißluft: etwa 160 °C

4. Für die Füllung Zitronat noch feiner hacken. Den Quark mit Eiern, Zucker, Zitronat, Speisestärke und Zitronenschale verrühren. Die Masse auf den Grießboden geben und glatt streichen.

5. Für den Belag von den Stachelbeeren den Saft auffangen, 250 ml davon abmessen und beiseitestellen. Die Stachelbeeren auf der Quarkfüllung verteilen. Die Form auf dem Rost in den vorgeheizten Backofen schieben und den Kuchen **etwa 35 Minuten backen.**

6. Die Form auf einen Kuchenrost stellen. Den Kuchen in der Form erkalten lassen.

7. Für den Guss aus Tortengusspulver, Zucker und beiseitegestelltem Stachelbeersaft nach Packungsanleitung einen Guss zubereiten und auf dem Kuchen verteilen. Guss fest werden lassen.

Stachelbeerkuchen mit Kokos-Bienenstich I

Buffetgeeignet

20 Stücke

Pro Stück: E: 4 g, F: 19 g, Kh: 25 g,
kJ: 1208, kcal: 289, BE: 2,0

Für den Belag:

125 g *Butter*
80 g *flüssiger Honig*
65 ml *Kokosmilch*
200 g *Kokosraspel*
2 *Eier (Größe M)*

Für den Quark-Öl-Teig:

300 g *Weizenmehl*
3 gestr. TL *Dr. Oetker Backin*
80 g *Zucker*
150 g *Magerquark*
100 ml *Kokosmilch*
100 ml *Speiseöl*

720 g *abgetropfte Stachelbeeren
(aus dem Glas)*

Zubereitungszeit: 35 Minuten, ohne Abkühlzeit
Backzeit: etwa 40 Minuten

1. Für den Belag Butter, Honig und Kokosmilch in einem Topf bei mittlerer Hitze schmelzen und aufkochen lassen. Kokosraspel unterrühren. Anschließend die Kokosmasse erkalten lassen und die Eier unterrühren.

2. Den Backofen vorheizen.
Ober-/Unterhitze: etwa 180 °C
Heißluft: etwa 160 °C

3. Für den Teig Mehl mit Backpulver in einer Rührschüssel mischen. Zucker, Quark, Kokosmilch und Speiseöl hinzufügen.

4. Die Zutaten mit einem Mixer (Rührstäbe) zunächst auf niedrigster, dann auf höchster Stufe in etwa 1 Minute zu einem glatten Teig verarbeiten (nicht zu lange, Teig klebt sonst).

5. Den Teig auf einem Backblech (30 x 40 cm, gefettet, mit Backpapier belegt) ausrollen. Einen Backrahmen darumstellen.

6. Die Stachelbeeren auf dem Teig verteilen. Die Kokosmasse daraufgeben und vorsichtig auf den Stachelbeeren verstreichen.

7. Das Backblech in den vorgeheizten Backofen schieben. Den Kuchen **etwa 40 Minuten backen.**

8. Das Backblech auf einen Kuchenrost stellen. Den Kuchen erkalten lassen. Den Backrahmen lösen und entfernen. Stachelbeerkuchen in Stücke schneiden.

Tipps: Die Kuchenoberfläche nach Belieben mit Puderzucker bestäuben. Für eine noch exotischere Note ersetzen Sie die Stachelbeeren durch die gleiche Menge abgetropfte Ananasstücke (aus der Dose).

Stachelbeerkuchen mit Marzipanguss I

Sommergenuss vom Blech

20 Stücke

Pro Stück: E: 7 g, F: 16 g, Kh: 26 g,
kJ: 1170, kcal: 279, BE: 2,0

Für den Hefeteig:

      250 g Weizenmehl
      1 Pck. Dr. Oetker Trockenbackhefe
      40 g Zucker
      1 Pck. Dr. Oetker Vanillin-Zucker
      1 Prise Salz
      125 ml lauwarme Milch
              (1,5 % Fett)
      1 Ei (Größe M)

Für den Belag:

      1,2 kg Stachelbeeren
              (vorbereitet gewogen)
      100 g abgezogene, gem.
              Mandeln

Für den Guss:

      200 g Marzipan-Rohmasse
      150 g Butter (zimmerwarm)
      75 g Zucker
      1 Pck. Dr. Oetker Vanillin-Zucker
      4 Eier (Größe M)
      125 g Schlagsahne

Zum Bestäuben:

      etwas Puderzucker

Zubereitungszeit: 50 Minuten,
ohne Teiggeh- und Abkühlzeit
Backzeit: etwa 35 Minuten

1. Für den Teig Mehl in eine Rührschüssel geben und mit Trockenbackhefe sorgfältig vermischen. Zucker, Vanillin-Zucker, Salz, Milch und Ei hinzufügen. Die Zutaten mit einem Mixer (Knethaken) zunächst kurz auf niedrigster, dann auf höchster Stufe in etwa 5 Minuten zu einem glatten Teig verarbeiten. Den Teig zugedeckt so lange an einem warmen Ort gehen lassen, bis er sich sichtbar vergrößert hat (etwa 30 Minuten).

2. Den Teig auf einer leicht bemehlten Arbeitsfläche nochmals kurz durchkneten und anschließend auf einem Backblech (30 x 40 cm, gefettet) ausrollen. Den Hefeteigboden bis zur Weiterverarbeitung zugedeckt an einen warmen Ort stellen.

3. Den Backofen vorheizen.
Ober-/Unterhitze: etwa 180 °C
Heißluft: etwa 160 °C

4. Für den Belag Stachelbeeren putzen, Blüten- und Stielansätze abschneiden. Stachelbeeren abspülen und abtropfen lassen. Den Teig zuerst mit Mandeln bestreuen und anschließend mit den Stachelbeeren belegen.

5. Für den Guss Marzipan in dünne Scheiben schneiden und in eine Rührschüssel geben. Butter, Zucker und Vanillin-Zucker hinzufügen. Die Zutaten mit dem Mixer (Rührstäbe) schaumig schlagen. Eier nach und nach unterrühren. Dann die Sahne unterrühren. Den Guss auf den Stachelbeeren verteilen. Das Backblech in den vorgeheizten Backofen schieben. Den Stachelbeerkuchen **etwa 35 Minuten backen.**

6. Das Backblech auf einen Kuchenrost stellen. Den Kuchen darauf erkalten lassen und mit Puderzucker bestäuben.

Tipp: Sie können den Kuchen auch mit 720 g abgetropften Stachelbeeren (aus dem Glas) zubereiten.

Stachelbeer-Mandel-Torte I

Klassisch

12 Stücke

Pro Stück: E: 8 g, F: 28 g, Kh: 52 g,
kJ: 2090, kcal: 500, BE: 4,5

Für den Rührteig:

125 g	Butter oder Margarine (zimmerwarm)
125 g	Zucker
1 Pck.	Dr. Oetker Vanillin-Zucker
3	Eier (Größe M)
150 g	Weizenmehl
50 g	Speisestärke
2 gestr. TL	Dr. Oetker Backin

Für den Belag:

80 g	Butter
100 g	Zucker
100 g	gehobelte Mandeln
2 EL	Milch

Für die Stachelbeer-Füllung:

500 g	rote Stachelbeeren
125 ml	Wasser
50 g	Zucker
etwas	gem. Zimt
30 g	Speisestärke
2–3 EL	Wasser

Für die Pudding-Füllung:

2 Pck.	Dr. Oetker Pudding-Pulver Mandel-Geschmack
80 g	Zucker
400 ml	Milch (1,5 % Fett)
200 g	Schlagsahne (mind. 30 % Fett)
50 g	abgezogene, gem. Mandeln

Zubereitungszeit: 60 Minuten, ohne Kühlzeit
Backzeit: etwa 30 Minuten

1. Den Backofen vorheizen.
Ober-/Unterhitze: etwa 180 °C
Heißluft: etwa 160 °C

2. Für den Teig Butter oder Margarine mit einem Mixer (Rührstäbe) auf höchster Stufe geschmeidig rühren. Nach und nach Zucker und Vanillin-Zucker unterrühren. So lange rühren, bis eine gebundene Masse entstanden ist.

3. Eier nach und nach unterrühren (jedes Ei etwa ½ Minute). Mehl mit Speisestärke und Backpulver mischen und in 2 Portionen auf mittlerer Stufe kurz unterrühren. Den Teig in eine Springform (Ø 26 cm, Boden gefettet) geben und glatt streichen.

4. Für den Belag Butter und Zucker in einem kleinen Topf unter Rühren zum Kochen bringen und so lange unter Rühren leicht köcheln lassen, bis der Zucker goldbraun ist. Mandeln hinzufügen und einige Minuten mitbräunen lassen. Zuletzt die Milch unterrühren. Die Mandelmasse auf den Rührteig geben und glatt streichen.

5. Die Form auf dem Rost in den vorgeheizten Back-ofen schieben. Den Mandelboden **etwa 30 Minuten backen.**

6. Die Form auf einen Kuchenrost stellen. Den Man-delboden etwas abkühlen lassen, dann aus der Form lösen und auf dem mit Backpapier belegten Kuchen-rost erkalten lassen. Mandelboden einmal waagerecht durchschneiden.

7. Für die Stachelbeer-Füllung Stachelbeeren abspü-len, Blüten- und Stängelansätze entfernen. Stachel-beeren, Wasser, Zucker und Zimt in einem Topf zum Kochen bringen, 3–5 Minuten kochen lassen.

8. Die Speisestärke mit etwas Wasser glatt rühren. Die angerührte Speisestärke in die von der Kochstelle genommenen Stachelbeeren rühren. Stachelbeeren-masse unter Rühren nochmals aufkochen lassen. Das Stachelbeerkompott etwas abkühlen lassen, dabei ab und zu umrühren.

9. Den unteren Gebäckboden auf eine Tortenplatte le-gen. Einen Tortenring oder den gesäuberten Spring-formrand darumstellen. Das Stachelbeerkompott auf dem Tortenboden verteilen, im Kühlschrank fest wer-den lassen.

10. Für die Pudding-Füllung aus Pudding-Pulver, Zucker, Milch und Sahne nach Packungsanleitung (aber mit den hier angegebenen Zutaten und Mengen) einen Pudding zubereiten. Die Mandeln unterrühren. Pudding unter Rühren etwas abkühlen lassen.

11. Den Pudding auf dem Stachelbeerkompott verteilen und glatt streichen. Mandelboden in 12 Tortenstücke schneiden und auf die Puddingmasse legen. Stachelbeer-Mandel-Torte zugedeckt etwa 60 Minuten in den Kühlschrank stellen. Den Tortenring oder Springformrand vorsichtig lösen und entfernen.

Tipps: Anstelle der frischen Stachelbeeren können Sie 360 g abgetropfte Stachelbeeren (aus dem Glas) verwenden werden. Die Stachelbeeren in einem Sieb gut abtropfen lassen, den Saft dabei auffangen und 250 ml davon abmessen. Einen Guss aus 1 Päckchen ungezuckertem Tortengusspulver (klar), 20 g Zucker und dem Saft nach Packungsanleitung zubereiten. Die Stachelbeeren unterheben. Rühren Sie mit den Mandeln noch 2 Esslöffel Amaretto unter die Pudding-Füllung. Sehr lecker schmeckt es auch, wenn Sie den Belag für den Tortenboden mit gestiftelten Mandeln zubereiten.

Stachelbeer-Pie I

Traditionell

16 Stücke

Pro Stück: E: 4 g, F: 16 g, Kh: 34 g,
kJ: 1246, kcal: 298, BE: 3,0

Für den Knetteig:
>   350 g Weizenmehl
>   1 Prise Salz
>   50 g Zucker
>   3 EL kaltes Wasser
>   180 g Butter oder Margarine

Für die Mandel-Zucker-Masse:
>   50 g Butter
>   30 g Zucker
>   100 g gehobelte Mandeln

Für die Füllung:
>   780 g abgetropfte Stachelbeeren
>   (aus dem Glas)
>   250 ml Stachelbeersaft
>   (aus dem Glas)
>   20 g Speisestärke

Zum Bestreichen und Bestreuen:
>   1 EL Wasser
>   1 EL Zucker

Zubereitungszeit: 50 Minuten, ohne Kühlzeit
Backzeit: 30–40 Minuten

1. Für den Teig Mehl in eine Rührschüssel geben. Restliche Zutaten hinzufügen und mit einem Mixer (Knethaken) zunächst kurz auf niedrigster, dann auf höchster Stufe gut durcharbeiten.

2. Anschließend auf einer leicht bemehlten Arbeitsfläche kurz zu einem Teig verkneten. Den Knetteig in 3 gleich große Portionen teilen, in Frischhaltefolie wickeln und etwa 60 Minuten in den Kühlschrank legen.

3. Für die Mandel-Zucker-Masse Butter in einer Edelstahlpfanne zerlassen. Zucker und Mandeln hinzufügen und unter Rühren goldbraun rösten. Die Masse abkühlen lassen.

4. Den Backofen vorheizen.
Ober-/Unterhitze: etwa 200 °C
Heißluft: etwa 180 °C

5. Eine Teigportion auf der leicht bemehlten Arbeitsfläche zu einer runden Platte (Ø etwa 28 cm) ausrollen und in eine Pie- oder Tarteform (Ø 28 cm, Boden gefettet) legen.

6. Eine weitere Teigportion zu einer langen Rolle formen, auf den Teigboden legen und mit den Fingern an den Rand der Form drücken, dabei den Teig etwa ½ cm überstehen lassen.

7. Die Mandel-Zucker-Masse auf dem Teigboden verteilen.

8. Für die Füllung von den Stachelbeeren den Saft auffangen und 250 ml davon abmessen. 3 Esslöffel davon mit der Speisestärke gut verrühren. Restlichen Saft in einem Topf zum Kochen bringen.

9. Angerührte Speisestärke in den von der Kochstelle genommenen Saft rühren und unter Rühren nochmals aufkochen lassen. Topf von der Kochstelle nehmen. Stachelbeeren unter den angedickten Saft heben.

10. Die Stachelbeermasse auf der Mandel-Zucker-Masse verteilen und glatt streichen. Den überstehenden Teigrand auf die Füllung legen.

11. Den restlichen Teig zu einer runden Platte (Ø etwa 28 cm) ausrollen und auf die Stachelbeermasse legen. Den Teig am Rand andrücken. Die Teigdecke mehrmals mit einer Gabel einstechen, mit Wasser bestreichen und mit Zucker bestreuen.

12. Die Form auf dem Rost in den vorgeheizten Backofen schieben. Die Pie **30–40 Minuten backen.**

13. Die Form auf einen Kuchenrost stellen. Die Pie etwas abkühlen lassen und warm oder kalt servieren.

Tipps: Dazu passt halbsteif geschlagene Sahne. Die Stachelbeer-Pie schmeckt lauwarm am besten. Erkaltet sollte sie bald verzehrt werden, da der Boden schnell durchweicht.

Stachelbeerschnitten I

Für Gäste

16 Stücke

Pro Stück: E: 4 g, F: 20 g, Kh: 51 g,
kJ: 1694, kcal: 405, BE: 4,0

Für den Knetteig:

300 g	Weizenmehl
50 g	Speisestärke
1 gestr. TL	Dr. Oetker Backin
150 g	Zucker
1 Pck.	Dr. Oetker Vanillin-Zucker
1	Ei (Größe M)
150 g	Butter oder Margarine

Für die Füllung:

750 g	frische Stachelbeeren
200 g	Zucker
2 EL	Wasser
1 Pck.	ungezuckerter Tortenguss, klar
1 EL	Zucker
250 ml	Stachelbeersaft (von den Stachelbeeren)

Für den Krokant:

1 Msp.	Butter
1 EL	Zucker
30 g	gehackte Mandeln
etwas	Speiseöl

Für den Belag:

500 g	Schlagsahne (mind. 30 % Fett)
50 g	Zucker
1 Pck.	Dr. Oetker Vanillin-Zucker
2 Pck.	Sahnesteif
4 EL	Zitronensaft

Zubereitungszeit: 60 Minuten,
ohne Abkühl- und Durchziehzeit
Backzeit: etwa 15 Minuten

1. Den Backofen vorheizen.
Ober-/Unterhitze: etwa 180 °C
Heißluft: etwa 160 °C

2. Für den Teig Mehl, Speisestärke und Backpulver in einer Rührschüssel mischen. Restliche Zutaten hinzufügen und mit einem Mixer (Knethaken) zunächst kurz auf niedrigster, dann auf höchster Stufe gut durcharbeiten. Anschließend auf einer leicht bemehlten Arbeitsfläche kurz zu einem Teig verkneten. Sollte er kleben, ihn in Frischhaltefolie gewickelt eine Zeit lang in den Kühlschrank legen.

3. Den Teig auf einem Backblech (30 x 40 cm, gefettet) ausrollen. Den Teigboden mit einer Gabel mehrmals einstechen. Das Backblech in den vorgeheizten Backofen schieben. Die Gebäckplatte **etwa 15 Minuten backen.**

4. Das Backblech auf einen Kuchenrost stellen. Die Gebäckplatte sofort nach dem Backen längs halbieren. Dann die Gebäckhälften vorsichtig vom Backblech lösen und auf einem mit Backpapier belegten Kuchenrost erkalten lassen.

5. Für die Füllung Stachelbeeren abspülen, abtropfen lassen, Blüten- und Stängelansätze entfernen. Die Stachelbeeren in einen Topf geben, mit Zucker und Wasser zugedeckt etwa 5 Minuten dünsten.

6. Die gedünsteten Stachelbeeren in einem Sieb abtropfen lassen, den Saft dabei auffangen und 250 ml davon abmessen (evtl. mit Wasser auffüllen).

7. Aus Tortengusspulver, Zucker und Stachelbeersaft einen Guss nach Packungsanleitung zubereiten. Die Stachelbeeren unterheben und die Masse erkalten lassen.

8. Für den Krokant Butter in einer Edelstahlpfanne zerlassen. Zucker unter Rühren darin schwach bräunen lassen. Mandeln hinzufügen und unter Rühren erhitzen, bis der Krokant gut gebräunt ist. Die Masse in eine mit Speiseöl ausgestrichene Pfanne geben und erkalten lassen. Dann die Krokantmasse mit einer Teigrolle in kleine Stücke zerstoßen.

9. Eine Gebäckhälfte auf eine Kuchenplatte legen. Die Stachelbeermasse gleichmäßig drauf verteilen. Die zweite Gebäckhälfte darauflegen und vorsichtig andrücken.

10. Für den Belag Sahne mit Zucker, Vanillin-Zucker und Sahnesteif steif schlagen. Den Zitronensaft unterrühren. Die Zitronensahne auf die Kuchenoberfläche geben und glatt streichen. Nach Belieben mit einem Tortengarnierkamm oder einer Gabel ein Muster in die Sahne ziehen. Die Kuchenoberfläche mit Mandelkro-

kant bestreuen. Den Kuchen etwas durchziehen lassen, dann in Stücke (etwa 10 x 7 ½ cm) schneiden.

Tipp: Statt frischer Stachelbeeren können Sie auch 780 g abgetropfte Stachelbeeren (aus dem Glas) verwenden.

Stracciatella-Kuchen mit Himbeeren I

Schoko-fruchtig

12 Stücke

Pro Stück: E: 8 g, F: 32 g, Kh: 46 g, kJ: 2114, kcal: 505, BE: 4,0

Zum Vorbereiten:

150 g Zartbitter-Kuvertüre

Für den Teig:

150 g Butter oder Margarine (zimmerwarm)
150 g Zucker
2 Pck. Dr. Oetker Vanillin-Zucker
3 Eier (Größe M)
200 g Joghurt
250 g Weizenmehl
3 TL Dr. Oetker Backin
150 g gem. Haselnusskerne

300 g TK-Himbeeren

Für die Streusel:

100 g Butterkekse
30 g Zucker
75 g Butter (zimmerwarm)

Zum Bestäuben:

etwas Puderzucker

Zubereitungszeit: 45 Minuten, ohne Abkühlzeit
Backzeit: etwa 65 Minuten

1. Zum Vorbereiten die Kuvertüre grob hacken und beiseitestellen.

2. Den Backofen vorheizen.
Ober-/Unterhitze: etwa 180 °C
Heißluft: etwa 160 °C

3. Für den Teig Butter oder Margarine mit einem Mixer (Rührstäbe) auf höchster Stufe geschmeidig rühren. Nach und nach Zucker und Vanillin-Zucker unterrühren. So lange rühren, bis eine gebundene Masse entstanden ist.

4. Die Eier nach und nach unterrühren (jedes Ei etwa ½ Minute). Joghurt unterrühren. Mehl mit Backpulver mischen und in 2 Portionen auf niedrigster Stufe kurz unterrühren. Zuletzt die Nusskerne unter den Teig mischen.

5. Ein Viertel des Teiges in eine Springform (Ø 26 cm, Boden gefettet, mit Backpapier belegt) geben und glatt streichen.

6. Unter den restlichen Teig die Kuvertürestücke heben. Den Kuvertüreteig in die Springform geben, glatt streichen und gleichmäßig mit den Himbeeren belegen. Dabei am Rand etwa 1 cm frei lassen.

7. Die Form auf dem Rost in den vorgeheizten Backofen schieben. Kuchen **etwa 45 Minuten backen.**

8. Für die Streusel in der Zwischenzeit die Butterkekse mit einem Blitzhacker sehr fein mahlen. Keksmehl, Zucker und Butter in eine kleine Rührschüssel geben. Die Zutaten mit dem Mixer (Rührstäbe) zu Streuseln von gewünschter Größe verarbeiten.

9. Die Form aus dem Backofen nehmen und auf einen Kuchenrost stellen. Die Streusel gleichmäßig auf dem Kuchen verteilen.

10. Die Form wieder auf dem Rost in den heißen Backofen schieben. Den Stracciatella-Kuchen **bei gleicher Backofentemperatur in etwa 20 Minuten fertig backen.** Die Form auf einen Kuchenrost stellen. Den Kuchen etwa 10 Minuten in der Form erkalten lassen. Dann aus der Form lösen und mit dem Backpapier auf dem Kuchenrost erkalten lassen. Das mitgebackene Backpapier entfernen.

11. Den Kuchen auf eine Tortenplatte setzen und mit Puderzucker bestäubt servieren.

Tipp: Statt der Butterkeksstreusel schmecken auch Teigstreusel. Dafür 100 g Weizenmehl in eine Rührschüssel geben. 100 g gehobelte Mandeln, 100 g Zucker und 100 g zimmerwarme Butter hinzufügen. Die Zutaten mit dem Mixer (Rührstäbe) zu Streuseln von gewünschter Größe verarbeiten, wie beschrieben weiterverarbeiten.

Tarte Tatin | Französischer Klassiker

12 Stücke

Pro Stück: E: 2 g, F: 10 g, Kh: 31 g,
kJ: 936, kcal: 224, BE: 3,0

Für den Knetteig:

150 g	Weizenmehl
20 g	Puderzucker
1 Pck.	Dr. Oetker Vanillin-Zucker
1 Prise	Salz
1	Eigelb (Größe M)
3–4 EL	kaltes Wasser
80 g	Butter

Für den Belag:

1,2 kg	Äpfel, z. B. Boskop oder Elstar
2 EL	Zitronensaft
120 g	Zucker
50 g	Butter (zimmerwarm)

Zubereitungszeit: 30 Minuten, ohne Kühlzeit
Backzeit: etwa 40 Minuten

1. Für den Teig Mehl in eine Rührschüssel geben. Restliche Zutaten hinzufügen und mit einem Mixer (Knethaken) zunächst kurz auf niedrigster, dann auf höchster Stufe gut durcharbeiten. Anschließend auf einer leicht bemehlten Arbeitsfläche kurz zu einem Teig verkneten. Den Teig in Frischhaltefolie gewickelt etwa 60 Minuten in den Kühlschrank legen.

2. Den Backofen vorheizen.
Ober-/Unterhitze: etwa 200 °C
Heißluft: etwa 180 °C

3. Äpfel abspülen, abtrocknen, schälen, vierteln und entkernen. Apfelviertel mit Zitronensaft beträufeln.

4. Den Zucker in einer Edelstahlpfanne goldbraun karamellisieren, die Butter unterrühren. Heißen Karamell in eine Tarteform (Ø 28 cm) gießen. Die Apfelviertel mit einer glatten Seite nach unten in die Form legen.

5. Den Teig auf der leicht bemehlten Arbeitsfläche zu einer runden Platte (Ø etwa 32 cm) ausrollen, über die Äpfel legen und mit einer Gabel mehrfach einstechen. Den überstehenden Teigrand nach innen an den Rand der Form legen. Die Form auf dem Rost in den vorgeheizten Backofen schieben. Tarte Tatin **etwa 40 Minuten backen.**

6. Die Form auf einen Kuchenrost stellen. Die Tarte Tatin etwa 20 Minuten in der Form abkühlen lassen, damit sich die ausgetretene Flüssigkeit sammeln kann. Die Tarte vorsichtig auf eine Platte stürzen.

Tarte Tatin mit Aprikosen und Mangos I

Exotisch

12 Stücke

Pro Stück: E: 3 g, F: 8 g, Kh: 24 g,
kJ: 773, kcal: 185, BE: 2,0

Für den Knetteig:

200 g	Weizenmehl
2 TL	Puderzucker
1	Eigelb (Größe M)
1 TL	Dr. Oetker Finesse
	Geriebene Zitronenschale
100 g	Butter oder Margarine
2–3 EL	Wasser

Für den Belag:

400 g	reife Aprikosen
2	reife Mangos (je 300 g)
40 g	Zucker

Zubereitungszeit: 40 Minuten
Backzeit: etwa 40 Minuten

1. Den Backofen vorheizen.
Ober-/Unterhitze: etwa 200 °C
Heißluft: etwa 180 °C

2. Für den Teig Mehl mit Puderzucker in einer Rührschüssel mischen. Restliche Zutaten hinzufügen und mit einem Mixer (Knethaken) zunächst kurz auf niedrigster, dann auf höchster Stufe gut durcharbeiten. Anschließend auf einer leicht bemehlten Arbeitsfläche kurz zu einem Teig verkneten. Den Teig bis zur Weiterverarbeitung in Frischhaltefolie gewickelt in den Kühlschrank legen.

3. Für den Belag Aprikosen kreuzweise einschneiden, mit kochendem Wasser übergießen (nicht kochen lassen) und kurz darin liegen lassen. Aprikosen mit kaltem Wasser abschrecken, danach enthäuten, halbieren und entsteinen.

4. Mangos abspülen, abtrocknen, das Fruchtfleisch vom Stein lösen, schälen und in Spalten schneiden.

5. Aprikosen und Mangos dicht nebeneinander (Aprikosen mit der Rundung nach unten) in eine Spring- oder Tarteform (Ø 26 cm, Rand und Boden gefettet, mit Zucker ausgestreut) legen.

6. Den Teig auf der leicht bemehlten Arbeitsfläche zu einer runden Platte (Ø etwa 30 cm) ausrollen. Die Teigplatte auf die Früchte legen, den überstehenden Teig in die Form drücken. Teigplatte mehrmals mit einer Gabel einstechen. Die Form auf dem Rost in den vorgeheizten Backofen schieben. Die Tarte **etwa 40 Minuten backen.**

7. Den Gebäckrand sofort nach dem Backen mithilfe eines Messers vorsichtig vom Formrand lösen. Die Tarte etwa 15 Minuten in der Form abkühlen lassen. Dann aus der Form stürzen und warm servieren.

Tigerrolle I
Schmeckt auch Kindern
16 Stücke

Pro Stück: E: 4 g, F: 4 g, Kh: 18 g,
kJ: 485, kcal: 116, BE: 1,5

Für den Biskuitteig:

3	Eier (Größe M)
100 g	Zucker
1 Pck.	Dr. Oetker Vanillin-Zucker
½ Pck.	Dr. Oetker Finesse
	Geriebene Zitronenschale
100 g	Weizenmehl
¼ TL	Dr. Oetker Backin
1 TL	gesiebtes Kakaopulver

Für die Füllung:

6 Blatt	weiße Gelatine
250 g	abgetropfte Pfirsichhälften
	(aus der Dose)
2 EL	Zitronensaft
150 ml	Multivitaminsaft
200 g	Frischkäse mit Joghurt
	(13 % Fett)
40 g	Puderzucker

Zubereitungszeit: 40 Minuten, ohne Kühlzeit
Backzeit: 10–12 Minuten

1. Den Backofen vorheizen.
Ober-/Unterhitze: etwa 200 °C
Heißluft: etwa 180 °C

2. Für den Teig Eier mit einem Mixer (Rührstäbe) auf höchster Stufe in 1 Minute schaumig schlagen. Den Zucker mit Vanillin-Zucker und Zitronenschale mischen, in 1 Minute einstreuen, dann noch etwa 2 Minuten schlagen.

3. Mehl mit Backpulver mischen, auf die Eiercreme geben, kurz auf niedrigster Stufe unterrühren. Für den dunklen Teig ein Drittel des Teiges abnehmen und Kakaopulver kurz unterrühren.

4. Den dunklen Teig mit einem Esslöffel in unregelmäßigen Querstreifen auf ein Backblech (30 x 40 cm, gefettet, mit Backpapier belegt) geben. Hellen Teig in die Teigzwischenräume geben und mit einer Teigkarte vorsichtig glatt streichen. Heller und dunkler Teig sollen das Muster eines Tigerfells ergeben.

5. Das Backblech in den vorgeheizten Backofen (Mitte) schieben. Die Biskuitplatte **10–12 Minuten backen.**

6. Biskuitplatte 3–5 Minuten nach dem Backen mit dem Backpapier von der langen Seite aus aufrollen und auf einem Kuchenrost erkalten lassen.

7. Für die Füllung Gelatine nach Packungsanleitung einweichen.

8. Pfirsichhälften fein würfeln. Gelatine leicht ausdrücken und mit Zitronensaft in einem kleinen Topf bei schwacher Hitze unter Rühren auflösen.

9. Zuerst die Hälfte des Multivitaminsaftes unterrühren, dann mit dem restlichen Multivitaminsaft verrühren. Die Saft-Gelatine-Mischung in den Kühlschrank stellen.

10. Frischkäse und Puderzucker mit dem Mixer (Rührstäbe) auf höchster Stufe kurz aufschlagen.

11. Sobald die Saft-Gelatine-Mischung anfängt dicklich zu werden, Frischkäse unterrühren und Pfirsichwürfel unterheben.

12. Biskuitrolle vorsichtig abrollen. Die Füllung auf der Biskuitplatte verstreichen, dabei an den kurzen Seiten und an der oberen langen Seite einen Rand frei lassen.

13. Die Biskuitplatte von der längeren Seite mithilfe des Backpapiers aufrollen und dabei das Backpapier gleichzeitig lösen.

14. Tigerrolle zugedeckt mindestens 2 Stunden in den Kühlschrank stellen und vor dem Servieren in Scheiben einteilen.

Tipps: Nach Belieben mit Minzeblättchen garnieren. Im Kühlschrank bleibt die Tigerrolle 2–3 Tage frisch.

Traubenkuchen mit Eierguss I

Raffiniert

12 Stücke

Pro Stück: E: 8 g, F: 16 g, Kh: 34 g,
kJ: 1318, kcal: 315, BE: 3,0

Für den Hefeteig:

       200 g *Weizenmehl*
    1 Pck. *Dr. Oetker Trockenbackhefe*
       50 g *Zucker*
    1 Pck. *Dr. Oetker Vanillin-Zucker*
       50 g *zerlassene, abgekühlte Butter*
              oder Margarine
    100 ml *lauwarme Milch*
              (1,5 % Fett)

Für die Quarkmasse:

    1 Pck. *Saucenpulver Vanille-*
              Geschmack zum Kochen
      3 EL *Zucker*
    250 g *Schlagsahne*
    250 g *Magerquark*
        1 *Eigelb (Größe M)*
    300 g *kernlose, grüne und blaue*
              Weintrauben

Für den Eierguss:

        3 *Eiweiß (Größe M)*
      60 g *Butter (zimmerwarm)*
      60 g *Zucker*
        2 *Eigelb (Größe M)*
      1 TL *Speisestärke*

Zubereitungszeit: 30 Minuten, ohne Teiggehzeit
Backzeit: etwa 30 Minuten

1. Für den Teig Mehl in eine Rührschüssel geben und mit Trockenbackhefe sorgfältig vermischen. Zucker, Vanillin-Zucker, Butter oder Margarine und Milch hinzufügen. Die Zutaten mit einem Mixer (Knethaken) zunächst auf niedrigster, dann auf höchster Stufe in etwa 5 Minuten zu einem glatten Teig verarbeiten.

2. Den Teig zugedeckt so lange an einem warmen Ort gehen lassen, bis er sich sichtbar vergrößert hat (etwa 30 Minuten).

3. Den Teig auf einer leicht bemehlten Arbeitsfläche kurz durchkneten. Teig auf dem Boden einer Springform (Ø 26 cm, gefettet) ausrollen.

4. Den Springformrand darumstellen und den Teig am Rand etwa 2 cm hochdrücken. Den Teig bis zur Weiterverarbeitung zugedeckt an einem warmen Ort gehen lassen.

5. Den Backofen vorheizen.
Ober-/Unterhitze: etwa 180 °C
Heißluft: etwa 160 °C

6. Für die Quarkmasse aus Saucenpulver, Zucker und Sahne einen Pudding nach Packungsanleitung (aber mit den hier angegebenen Zutaten und Mengen) zubereiten.

7. Den Pudding kurz abkühlen lassen, dabei ab und zu umrühren. Dann Quark und Eigelb unterrühren. Die Quarkcreme auf den Hefeteig geben und glatt streichen.

8. Weintrauben abspülen, gut abtropfen lassen, halbieren und auf dem Pudding verteilen.

9. Für den Eierguss Eiweiß sehr steif schlagen. In einer anderen Schüssel Butter mit Zucker mit dem Mixer (Rührstäbe) auf höchster Stufe geschmeidig rühren. Eigelb nach und nach unterrühren.

10. Eischnee daraufgeben und mit der Speisestärke vorsichtig auf niedrigster Stufe unterrühren. Den Guss auf den Trauben verteilen. Die Form auf dem Rost in den vorgeheizten Backofen schieben. Den Traubenkuchen **etwa 30 Minuten backen.**

11. Den Traubenkuchen aus der Form lösen und auf einem mit Backpapier belegten Kuchenrost erkalten lassen.

Tipps: Den Kuchen vor dem Backen mit Mandeln bestreuen. Den Kuchen nach dem Backen sofort mit Aprikosenkonfitüre (durch ein Sieb gestrichen und glatt gerührt) bestreichen. Falls die Springform nicht dicht schließt, den unteren Formrand von außen mit Alufolie umkleiden.

Tropenfrucht-Schmand-Schnitten | Exotisch

20 Stücke

Pro Stück: E: 5 g, F: 28 g, Kh: 34 g, kJ: 1706, kcal: 408, BE: 3,0

Für den Rührteig:

200 g	Butter oder Margarine (zimmerwarm)
200 g	Zucker
1 Pck.	Dr. Oetker Vanillin-Zucker
4	Eier (Größe M)
150 g	Weizenmehl
3 gestr. TL	Dr. Oetker Backin
100 g	Kokosraspel

Für den Belag:

2	Bananen
20 g	Butter
20 g	Zucker
2 EL	Mangosaft
8 Blatt	weiße Gelatine
125 ml	Mangosaft
75 g	Zucker
600 g	Schmand (Sauerrahm)
400 g	Schlagsahne (mind. 30 % Fett)
1	Mango (etwa 500 g)
1	Papaya (etwa 500 g)

Für den Guss:

5 Blatt	weiße Gelatine
350 ml	Mangosaft
50 g	Zucker

Zum Bestreuen:

20 g	geröstete Kokosraspel

Zubereitungszeit: 60 Minuten, ohne Kühlzeit
Backzeit: etwa 15 Minuten

1. Den Backofen vorheizen.
Ober-/Unterhitze: etwa 200 °C
Heißluft: etwa 180 °C

2. Für den Teig Butter oder Margarine mit einem Mixer (Rührstäbe) auf höchster Stufe geschmeidig

rühren. Nach und nach Zucker und Vanillin-Zucker unterrühren. So lange rühren, bis eine gebundene Masse entstanden ist.

3. Eier nach und nach unterrühren (jedes Ei etwa ½ Minute). Mehl mit Backpulver mischen und in 2 Portionen abwechselnd mit den Kokosraspeln auf mittlerer Stufe kurz unterrühren.

4. Einen Backrahmen auf ein Backblech (30 x 40 cm, gefettet, mit Backpapier belegt) stellen. Den Teig auf das Backblech geben und glatt streichen. Das Backblech in den vorgeheizten Backofen schieben. Den Gebäckboden **etwa 15 Minuten backen.**

5. Das Backblech auf einen Kuchenrost stellen. Den Gebäckboden erkalten lassen.

6. Für den Belag Bananen schälen und in Scheiben schneiden. Butter mit Zucker in einer großen Pfanne leicht bräunen lassen. Die Bananenscheiben dazugeben und unterrühren. Pfanne von der Kochstelle nehmen. 2 Esslöffel Saft unterrühren. Die Masse abkühlen lassen.

7. Für den Guss die Gelatine nach Packungsanleitung einweichen. Mangosaft mit Zucker und Schmand verrühren. Die Gelatine leicht ausdrücken und in einem kleinen Topf bei schwacher Hitze unter Rühren auflösen. Aufgelöste Gelatine zuerst mit etwa 4 Esslöffeln von der Schmandmasse verrühren, dann unter die restliche Schmandmasse rühren, in den Kühlschrank stellen. Sobald die Schmandmasse anfängt dicklich zu werden, Sahne steif schlagen und unterheben.

8. Mango abspülen, abtrocknen und das Fruchtfleisch vom Stein schneiden. Das Mangofruchtfleisch schälen und in kleine Stücke schneiden. Papaya halbieren. Die Kerne mit einem Löffel herausschaben. Papayahälften schälen und in kleine Stücke schneiden. Fruchtstücke mit den karamellisierten Bananen gleichmäßig auf dem Gebäckboden verteilen. Die Schmandcreme vorsichtig daraufgeben und glatt streichen. Den Kuchen etwa 2 Stunden zugedeckt in den Kühlschrank stellen.

9. Für den Guss die Gelatine nach Packungsanleitung einweichen. Mangosaft mit Zucker verrühren. Gelatine

wie unter Punkt 7 beschrieben auflösen, mit etwas von dem Mangosaft verrühren, dann unter den restlichen Mangosaft rühren. Die Flüssigkeit gleichmäßig auf der Kuchenoberfläche verteilen. Anschließend den Kuchen zugedeckt etwa 3 Stunden in den Kühlschrank stellen.

10. Kurz vor dem Servieren den Backrahmen lösen und entfernen. Die Kuchenoberfläche mit Kokosraspeln bestreuen. Den Kuchen in Stücke schneiden.

Tipp: Statt Schmand können Sie auch Crème fraîche verwenden.

Very-Berry-Cakes I

Ohne zu backen
12 Stück

Pro Stück: E: 2 g, F: 13 g, Kh: 19 g,
kJ: 850, kcal: 203, BE: 1,5

Für die Eismasse:

    200 g TK-Beeren-Mischung
    100 g Extra Gelierzucker 2 : 1
    100 g kleine Baisertupfen
             (fertig gekauft)
    350 g Schlagsahne (mind. 30 % Fett)
    1 Pck. Dr. Oetker Vanillin Zucker

Für das Topping:

    150 g Schlagsahne (mind. 30 % Fett)
    1 TL Zucker
    24 frische Himbeeren

Außerdem:

    12 Muffin-Papierbackförmchen

Zubereitungszeit: 30 Minuten, ohne Abkühlzeit
Gefrierzeit: 6 Stunden

1. Die Mulden einer Muffinform für 12 Muffins mit den Papierbackförmchen auslegen.

2. Für die Eismasse die gefrorenen Beeren mit dem Gelierzucker in einem kleinen Topf bei mittlerer Hitze zum Kochen bringen, dabei ab und zu umrühren. Den Topf von der Kochstelle nehmen und die Beeren erkalten lassen.

3. Die Baisertupfen in einen Gefrierbeutel füllen. Den Beutel fest verschließen. Die Baisertupfen mit einer Teigrolle grob zerbröseln.

4. Sahne mit dem Vanillin-Zucker mit einem Mixer (Rührstäbe) steif schlagen. Die Sahne unter die erkalteten Beeren heben. Zuletzt die Baiserbrösel unterheben.

5. Die Eismasse gleichmäßig in der Form verteilen. Die Muffinform zugedeckt mindestens 6 Stunden in das Gefrierfach stellen.

6. Für das Topping Sahne und Zucker mit dem Mixer (Rührstäbe) steif schlagen. Die Sahne in einen Spritzbeutel mit Sterntülle (Ø 1 cm) füllen. Very-Berry-Cakes aus der Muffinform nehmen, mit der Sahne verzieren, mit je 2 Himbeeren garnieren und sofort servieren.

Tipp: Statt tiefgekühlter Beerenfrüchte können Sie auch die gleiche Menge vorbereitete frische Beeren verwenden.

Waffelkuchen I

Einfach – raffiniert

12 Stücke

Pro Stück: E: 6 g, F: 29 g, Kh: 41 g,
kJ: 1907, kcal: 456, BE: 3,5

Für den Biskuitteig:

3 Eier (Größe M)
100 g Zucker
1 Pck. Dr. Oetker Bourbon-
Vanille-Zucker
70 g Weizenmehl
1 gestr. TL Dr. Oetker Backin
100 g gem. Haselnusskerne

Für den Belag:

370 g abgetropfte Sauerkirschen
(aus dem Glas)
1 Pck. ungezuckerter Tortenguss, klar
1 TL Zucker
250 ml
+ 3 EL Sauerkirschsaft (aus dem Glas)

Für die Füllung:

125 g Butter (zimmerwarm)
60 g Puderzucker
400 g Schmand (Sauerrahm)

12 Frischeiwaffeln (250 g,
rechteckige Waffeln, 6 x 9 cm,
Fertigprodukt)

Zum Bestäuben:
etwas Puderzucker

Zubereitungszeit: 35 Minuten, ohne Kühlzeit
Backzeit: etwa 15 Minuten

1. Den Backofen vorheizen.
Ober-/Unterhitze: etwa 180 °C
Heißluft: etwa 160 °C

2. Für den Teig Eier mit einem Mixer (Rührstäbe) auf höchster Stufe in 1 Minute schaumig schlagen. Zucker mit Vanille-Zucker mischen, in 1 Minute einstreuen, dann noch etwa 2 Minuten schlagen.

3. Mehl mit Backpulver mischen und kurz auf niedrigster Stufe unterrühren. Haselnusskerne unterheben. Einen Backrahmen (etwa 28 x 26 cm) auf ein Backblech (mit Backpapier belegt) stellen. Den Teig in den Backrahmen geben und glatt streichen. Das Backblech in den vorgeheizten Backofen schieben. Die Biskuitplatte **etwa 15 Minuten backen.**

4. Für den Belag in der Zwischenzeit von den Sauerkirschen den Saft auffangen. 250 ml und zusätzlich 3 Esslöffel Saft davon abmessen. Das Backblech auf einen Kuchenrost stellen. Die Biskuitplatte erkalten lassen.

5. Die Sauerkirschen auf der Biskuitplatte verteilen. Aus Tortengusspulver, Zucker und 250 ml Sauerkirschsaft einen Guss nach Packungsanleitung zubereiten. Den Guss auf den Sauerkirschen verteilen. Den Kuchen etwa 30 Minuten in den Kühlschrank stellen.

6. Für die Füllung Butter mit Puderzucker mit dem Mixer (Rührstäbe) schaumig rühren. Schmand nach und nach unterschlagen. Die Butter-Schmand-Masse auf den Sauerkirschen verteilen und glatt streichen. Die Waffeln dicht an dicht auf die Masse legen und leicht in die Masse drücken. Den Kuchen zugedeckt etwa 60 Minuten in den Kühlschrank stellen.

7. Den Backrahmen mit einem Messer lösen und entfernen. Backpapier ebenfalls entfernen. Den Waffelkuchen in Stücke schneiden. Nach Belieben mit Puderzucker bestäuben.

Weinbergpfirsich-Schnitten mit Nuss-Pesto I

Aromatisch

20 Stücke

Pro Stück: E: 6 g, F: 16 g, Kh: 24 g, kJ: 1098, kcal: 262, BE: 2,0

Für den Rührteig:

150 g	Butter oder Margarine (zimmerwarm)
150 g	Zucker
1 Pck.	Dr. Oetker Bourbon-Vanille-Zucker
1 Prise	Salz
3	Eier (Größe M)
150 g	Weizenmehl
150 g	nicht abgezogene, gem. Mandeln
2 gestr. TL	Dr. Oetker Backin
2 EL	Milch

Für das Nuss-Pesto:

100 g	Marzipan-Rohmasse
3 EL	Orangensaft
25 g	gehackte Haselnusskerne
50 g	gehackte Pistazienkerne
1 TL	Dr. Oetker Finesse Geriebene Zitronenschale
1	Eiweiß (Größe M)

Für den Belag:

10	kleine Weinbergpfirsiche

Zum Bestreichen und Bestreuen:

3 EL	Aprikosenkonfitüre
25 g	gehackte Pistazienkerne

Zubereitungszeit: 30 Minuten, ohne Abkühlzeit
Backzeit: 25–30 Minuten

1. Den Backofen vorheizen.
Ober-/Unterhitze: etwa 180 °C
Heißluft: etwa 160 °C

2. Für den Teig Butter oder Margarine mit einem Mixer (Rührstäbe) auf höchster Stufe geschmeidig rühren. Nach und nach Zucker, Vanille-Zucker und Salz unterrühren. So lange rühren, bis eine gebundene Masse entstanden ist.

3. Eier nach und nach unterrühren (jedes Ei etwa ½ Minute). Mehl mit Mandeln und Backpulver mischen und in 2 Portionen abwechselnd mit der Milch auf mittlerer Stufe kurz unterrühren.

4. Den Teig auf ein Backblech (30 x 40 cm, gefettet) geben und glatt streichen.

5. Für das Pesto Marzipan in sehr dünne Scheiben schneiden und mit dem Orangensaft mithilfe einer Gabel zu einem Mus verarbeiten.

6. Haselnuss-, Pistazienkerne, Zitronenschale und Eiweiß hinzufügen. Die Zutaten mit einem Pürierstab zu einem cremigen grünen Pesto verarbeiten.

7. Für den Belag Pfirsiche abwaschen, abtrocknen, halbieren und entkernen.

8. Die Pfirsichhälften mit der Schnittkante nach oben im Abstand von etwa 3 cm nebeneinander auf den Teig setzen. Pfirsiche leicht eindrücken.

9. In die Mitte jeder Pfirsichhälfte etwa 1½ Teelöffel Nuss-Pesto geben.

10. Das Backblech in den vorgeheizten Backofen schieben. Den Kuchen **25–30 Minuten backen.**

11. Das Backblech auf einen Kuchenrost stellen.

12. Die Aprikosenkonfitüre unter Rühren erwärmen. Die Kuchenoberfläche damit bestreichen. Den Kuchen erkalten lassen.

13. Den Kuchen so in 20 Stücke schneiden, dass in jeder Schnitte ein gefüllter Pfirsich ist. Die Schnitten mit Pistazien bestreuen.

Tipps: Den Kuchen schmeckt auch mit Aprikosen, Reneklkoden oder Zwetschen. Für eine exotische Note ersetzen Sie die Hälfte der Pfirsiche durch in dünne Spalten geschnittenes Mangofruchtfleisch.

Weintrauben-Schneckenkuchen I

Raffiniert

12 Stücke

Pro Stück: E: 9 g, F: 19 g, Kh: 49 g,
kJ: 1703, kcal: 407, BE: 4,0

Für den Hefeteig:

>   375 g Weizenmehl (Type 550)
>   1 Pck. Dr. Oetker Trockenbackhefe
>   70 g Zucker
>   1 Prise Salz
>   120 g zerlassene, abgekühlte Butter
>   oder Margarine
>   125 g lauwarme Buttermilch
>   1 Ei (Größe M)

Für den Belag:

>   150 g Marzipan-Rohmasse
>   25 g Butter (zimmerwarm)
>   1 Pck. Dr. Oetker Vanillin-Zucker
>   1 Eiweiß (Größe M)

Für die Füllung:

>   je 200 g kernlose, blaue und grüne
>   Weintrauben
>   (vorbereitet gewogen)
>   25 g Butter
>   25 g flüssiger Honig (etwa 1 EL)
>   100 g ger. Löffelbiskuits
>
>   1 Eigelb (Größe M)
>   1 EL Wasser
>   25 g gestiftelte Mandeln

Zubereitungszeit: 50 Minuten,
ohne Teiggeh- und Abkühlzeit
Backzeit: etwa 35 Minuten

1. Für den Teig Mehl in eine Rührschüssel geben und mit Trockenbackhefe sorgfältig vermischen. Restliche Zutaten hinzufügen und mit einem Mixer (Knethaken) zunächst kurz auf niedrigster, dann auf höchster Stufe in etwa 5 Minuten zu einem glatten Teig verarbeiten. Den Teig zugedeckt so lange an einem warmen Ort gehen lassen, bis er sich sichtbar vergrößert hat (etwa 30 Minuten).

2. Für den Belag Marzipan in Stücke schneiden, mit Butter, Vanillin-Zucker und Eiweiß in einem hohen Rührbecher mithilfe eines Pürierstabs zu einer geschmeidigen Masse verrühren.

3. Für die Füllung Weintrauben abspülen, trocken tupfen und halbieren. Größere Weintrauben vierteln. Butter und Honig in einem Topf bei starker Hitze zerlassen. Weintrauben hinzugeben, unterrühren und etwa 2 Minuten bei mittlerer Hitze kochen lassen. Weintraubenmasse auf einem Teller abkühlen lassen.

4. Den gegangenen Teig auf einer leicht bemehlten Arbeitsfläche nochmals kurz durchkneten und zu einem Rechteck (etwa 30 x 45 cm) ausrollen. Marzipanmasse auf die Teigplatte geben und glatt streichen, dabei rundherum einen etwa 2 cm breiten Rand frei lassen. Unter die abgekühlten Weintrauben die Biskuitbrösel rühren, auf dem Marzipanbelag verteilen und glatt streichen.

5. Die Teigränder an den längeren Seiten etwas einschlagen. Die belegte Teigplatte jeweils von der kürzeren Seite aus bis zur Mitte hin aufrollen, sodass 2 Schnecken entstehen. Den Kuchen auf ein Backblech (30 x 40 cm, mit Backpapier belegt) legen.

6. Eigelb mit Wasser verschlagen. Den Kuchen damit bestreichen, mit Mandeln bestreuen, nochmals zugedeckt an einem warmen Ort so lange gehen lassen, bis er sich sichtbar vergrößert hat (etwa 15 Minuten).

7. In der Zwischenzeit den Backofen vorheizen.
Ober-/Unterhitze: etwa 180 °C
Heißluft: etwa 160 °C

8. Das Backblech in den vorgeheizten Backofen schieben. Den Schneckenkuchen **etwa 35 Minuten backen.** Evtl. etwa 5 Minuten vor Ende der Backzeit den Schneckenkuchen mit Backpapier belegen, damit die Oberfläche nicht zu dunkel wird.

9. Den Schneckenkuchen mit dem Backpapier auf einen Kuchenrost ziehen und erkalten lassen.

Tipp: Den Schneckenkuchen mit Puderzucker bestäuben.

Zebra-Crashtorte | Für Gäste

12 Stücke

Pro Stück: E: 7 g, F: 23 g, Kh: 35 g,
kJ: 1559, kcal: 372, BE: 3,0

Für den Teig:

3	*Eier (Größe M)*
150 g	*Zucker*
1 Pck.	*Dr. Oetker Vanillin-Zucker*
125 ml	*Speiseöl, z. B. Sonnenblumenöl*
200 g	*Weizenmehl*
3 gestr. TL	*Dr. Oetker Backin*
1 EL	*gesiebtes Kakaopulver (10 g)*
1 EL	*Milch oder Wasser*

Für die Füllung:

6 Blatt	*weiße Gelatine*
600 g	*griechischer Sahnejoghurt*
40 g	*Zucker*
300 g	*kleine Erdbeeren*
175 g	*abgetropfte Mandarinen*
	(aus der Dose)
2 EL	*Mandarinensaft (aus der Dose)*
200 g	*Schlagsahne (mind. 30 % Fett)*

Zubereitungszeit: 40 Minuten, ohne Kühlzeit
Backzeit: 35–40 Minuten

1. Den Backofen vorheizen.
Ober-/Unterhitze: etwa 180 °C
Heißluft: etwa 160 °C

2. Für den Teig Eier mit Zucker und Vanillin-Zucker
mit einem Mixer (Rührstäbe) in etwa 2 Minuten schaumig rühren. Speiseöl unterrühren. Mehl mit Backpulver mischen und unter den Teig rühren. Den Teig halbieren. Unter eine Teighälfte Kakao und Milch oder
Wasser rühren.

3. Für das Zebramuster zunächst gut 2 Esslöffel des
dunklen Teiges in die Mitte einer Springform (Ø 26 cm,
Boden gefettet, mit Backpapier belegt) geben (nicht
verstreichen). Auf den dunklen Teig gut 2 Esslöffel des
hellen Teiges geben (nicht daneben). Die Vorgänge
wiederholen, bis beide Teige aufgebraucht sind. Den
Teig nicht glatt streichen. Die Form auf dem Rost in

den vorgeheizten Backofen schieben. Den Tortenboden **35–40 Minuten backen.**

4. Den Tortenboden aus der Form lösen und mit dem
Backpapier auf einen Kuchenrost ziehen. Tortenboden
erkalten lassen, dann einmal waagerecht durchschneiden. Den unteren Tortenboden auf eine Tortenplatte
legen. Einen Tortenring darumstellen. Den oberen
Tortenboden in etwa 3 cm große Würfel schneiden.

5. Für die Füllung Gelatine nach Packungsanleitung
einweichen. Joghurt mit Zucker verrühren. Erdbeeren
putzen, abspülen, abtropfen lassen. Größere Erdbeeren halbieren. Von den Mandarinen den Saft auffangen und 2 Esslöffel Saft abmessen. Die eingeweichte
Gelatine leicht ausdrücken und in einem kleinen Topf
bei schwacher Hitze unter Rühren auflösen. Abgemessenen Mandarinensaft unterrühren. Gelatine zunächst
mit 2–3 Esslöffeln des Joghurts verrühren, dann unter
den restlichen Joghurt rühren. Sahne steif schlagen
und unter die Joghurtmasse heben.

6. Jeweils ein Drittel der Kuchenwürfel und Früchte
unregelmäßig auf dem unteren Tortenboden verteilen.
Ein Drittel der Joghurtmasse in die Zwischenräume
geben. Alle Kuchenwürfel, Früchte und Joghurtmasse
wie beschrieben verarbeiten, bis alles aufgebraucht
ist. Die Torte zugedeckt etwa 3 Stunden in den
Kühlschrank stellen.

Tipp: Die kleinen Randstücke des oberen Tortenbo-
dens nicht für den Belag verwenden, sondern fein
zerbröseln und auf den oberen Tortenrand streuen.

Zwetschenkuchen | Klassisch – fettarm

20 Stücke

Pro Stück: E: 3 g, F: 4 g, Kh: 29 g,
kJ: 721, kcal: 173, BE: 2,5

Für den Hefeteig:

> 375 g Weizenmehl
> 1 Pck. Dr. Oetker Trockenbackhefe
> 50 g Zucker
> 1 Pck. Dr. Oetker Vanillin-Zucker
> 1 Prise Salz
> 200 ml lauwarme Milch
> (1,5 % Fett)
> 75 g zerlassene, abgekühlte Butter
> oder Margarine

Für den Belag:

> 2½ kg Zwetschen

Zum Bestreuen:

> 2 EL Zucker

Zubereitungszeit: 35 Minuten, ohne Teiggehzeit
Backzeit: 20–30 Minuten

1. Für den Teig Mehl in eine Rührschüssel geben und mit Trockenbackhefe sorgfältig vermischen. Zucker, Vanillin-Zucker, Salz, Milch und Butter oder Margarine hinzufügen. Die Zutaten mit einem Mixer (Knethaken) zunächst kurz auf niedrigster, dann auf höchster Stufe in etwa 5 Minuten zu einem glatten Teig verarbeiten. Den Teig zugedeckt so lange an einem warmen Ort gehen lassen, bis er sich sichtbar vergrößert hat (etwa 30 Minuten).

2. Für den Belag in der Zwischenzeit die Zwetschen abspülen, abtrocknen, halbieren und entsteinen. Die Spitzen etwas einschneiden.

3. Den Teig auf einer leicht bemehlten Arbeitsfläche nochmals kurz durchkneten, dann auf einem Back-blech (30 x 40 cm, gefettet) ausrollen und rundherum einen Rand formen.

4. Die Zwetschen dachziegelartig – mit der Innenseite nach oben – auf den Teig legen. Teig zugedeckt noch-

mals so lange an einem warmen Ort gehen lassen, bis er sich sichtbar vergrößert hat (etwa 15 Minuten).

5. In der Zwischenzeit den Backofen vorheizen.
Ober-/Unterhitze: etwa 200 °C
Heißluft: etwa 180 °C

6. Das Backblech in den vorgeheizten Backofen schieben. Den Zwetschenkuchen **20–30 Minuten backen.**

7. Das Backblech auf einen Kuchenrost stellen. Den Kuchen etwas abkühlen lassen, dann mit Zucker be-streuen. Kuchen erkalten lassen.

Tipps: Den Kuchen mit Zimt-Zucker (2 Esslöffel Zucker und 1 Teelöffel Zimt) bestreuen. Den Kuchen mit Schlagsahne servieren.

Zwetschenkuchen mit Amarettini-Kruste I

Klassisch – einfach
20 Stücke

Pro Stück: E: 3 g, F: 3 g, Kh: 27 g,
kJ: 665, kcal: 159, BE: 2,5

Zum Vorbereiten:
1500–1750 g Zwetschen

Für den Quark-Öl-Teig:
- *300 g Weizenmehl*
- *3 gestr. TL Dr. Oetker Backin*
- *150 g Magerquark*
- *6 EL Milch (1,5 % Fett)*
- *5 EL Sonnenblumenöl*
- *75 g Zucker*
- *1 Pck. Dr. Oetker Vanillin-Zucker*
- *1 Pck. Dr. Oetker Finesse Orangenschalen-Aroma*
- *1 Prise Salz*

Zum Bestreuen:
- *100 g Amarettini (ital. Mandelmakronen)*
- *1 Pck. Dr. Oetker Vanillin-Zucker*

Zubereitungszeit: 60 Minuten
Backzeit: etwa 30 Minuten

1. Zum Vorbereiten Zwetschen abspülen, abtropfen lassen, halbieren und entsteinen. Zwetschenhälften ein-, aber nicht durchschneiden.

2. Den Backofen vorheizen.
Ober-/Unterhitze: etwa 180 °C
Heißluft: etwa 160 °C

3. Für den Teig Mehl mit Backpulver in einer Rührschüssel mischen. Quark, Milch, Öl, Zucker, Vanillin-Zucker, Aroma und Salz hinzufügen.

4. Die Zutaten mit einem Mixer (Knethaken) auf niedrigster, dann auf höchster Stufe in etwa 1 Minute zu einem Teig verarbeiten (nicht zu lange, Teig klebt sonst).

5. Den Teig auf einer leicht bemehlten Arbeitsfläche zu einer Rolle formen. Die Teigrolle in einem tiefen Backblech oder einer Fettpfanne (30 x 40 cm, gefettet) ausrollen. Den Teigboden dicht an dicht mit den Zwetschen belegen.

6. Zum Bestreuen Amarettini in einen Gefrierbeutel geben. Den Beutel fest verschließen. Amarettini mit einer Teigrolle fein zerbröseln. Die Amarettinibrösel mit Vanillin-Zucker mischen. Die Zwetschen mit der Mischung bestreuen. Das Backblech bzw. die Fettpfanne in den vorgeheizten Backofen schieben. Den Zwetschenkuchen **etwa 30 Minuten backen.**

7. Das Backblech auf einen Kuchenrost stellen. Den Kuchen erkalten lassen, dann in Stücke schneiden.

Zwetschenkuchen, Thüringer I
Wunderbar saftig
12 Stücke

Pro Stück: E: 6 g, F: 17 g, Kh: 50 g,
kJ: 1620, kcal: 388, BE: 4,0

Für den Teig:
    250 g Weizenmehl
    ½ Pck. frische Hefe (21 g)
    50 g Zucker
    4 EL lauwarme Milch (1,5 % Fett)
    1 Pck. Dr. Oetker Vanillin-Zucker
    1 Ei (Größe M)
    75 g Butter oder Margarine
          (zimmerwarm)
          abgeriebene Schale von
    1 Bio-Zitrone
          (unbehandelt, ungewachst)

Für den Belag:
    1 kg Zwetschen

Für die Eiersahne:
    2 Eier (Größe S)
    75 g Zucker
    knapp 125 g Schlagsahne
    etwas gem. Zimt

Für die Streusel:
    150 g Weizenmehl
    75 g Zucker
    ½ gestr. TL Zimt
          abgeriebene Schale von
    1 Bio-Zitrone
          (unbehandelt, ungewachst)
    100 g kalte Butter

Zubereitungszeit: 40 Minuten, ohne Teiggehzeit
Backzeit: etwa 45 Minuten

1. Für den Teig Mehl in eine Rührschüssel geben und in die Mitte eine Vertiefung eindrücken. Hefe hineinbröckeln, 1 Teelöffel von dem Zucker daraufgeben und mit der Milch und einem Teil des Mehls zu einem dicken Brei verrühren. Den Vorteig etwa 15 Minuten stehen lassen.

2. Restlichen Zucker mit Vanillin-Zucker, Ei, Butter oder Margarine und Zitronenschale hinzufügen. Die Zutaten mit einem Mixer (Knethaken) zunächst kurz auf niedrigster, dann auf höchster Stufe in etwa 5 Minuten zu einem glatten Teig verarbeiten. Den Teig zugedeckt so lange an einem warmen Ort gehen lassen, bis er sich sichtbar vergrößert hat (etwa 30 Minuten).

3. Für den Belag in der Zwischenzeit die Zwetschen abspülen, abtrocknen, halbieren und entsteinen.

4. Den Teig auf einer leicht bemehlten Arbeitsfläche nochmals kurz durchkneten. Dann in eine Springform (Ø 28 cm, gefettet) geben und als Boden in die Form drücken. Den Teig am Rand etwa 3 cm hochdrücken. Teigboden mehrmals mit einer Gabel einstechen. Die Zwetschen dachziegelartig mit der Innenseite nach oben auf den Teigboden legen. Den Teig zugedeckt nochmals etwa 15 Minuten gehen lassen.

5. In der Zwischenzeit den Backofen vorheizen.
Ober-/Unterhitze: etwa 200 °C
Heißluft: etwa 180 °C

6. Die Form auf dem Rost in den vorgeheizten Backofen schieben. Kuchen **etwa 15 Minuten vorbacken.**

7. Für die Eiersahne in der Zwischenzeit die Eier mit Zucker cremig rühren, Sahne und Zimt unterrühren. Die Form auf einen Kuchenrost stellen. Die Eiersahne über die Zwetschen gießen. Die Form wieder auf dem Rost in den heißen Backofen schieben. Den Kuchen **bei gleicher Backofentemperatur weitere etwa 10 Minute backen,** bis die Eiersahne gestockt ist.

8. Für die Streusel in der Zwischenzeit Mehl in eine Rührschüssel geben. Zucker, Zimt, Zitronenschale und Butter in Flöckchen dazugeben. Die Zutaten mit den Händen zu Streuseln vermengen.

9. Die Form auf einen Kuchenrost stellen. Streusel gleichmäßig auf den Zwetschen verteilen. Die Form wieder auf dem Rost in den heißen Backofen schieben. Den Zwetschenkuchen **bei gleicher Backofentemperatur in etwa 20 Minuten fertig backen.** Die Form auf einem Kuchenrost erkalten lassen.

Zwetschentarte
mit Karamell-Pudding I

Schnell – einfach
12 Stücke

Pro Stück: E: 3 g, F: 12 g, Kh: 20 g,
kJ: 835, kcal: 200, BE: 1,5

Für den Knetteig:

150 g	Weizenmehl
1 Prise	Salz
1–3 EL	eiskaltes Wasser
100 g	Butter
	(zimmerwarm)
30 g	Kokosfett
	(zimmerwarm)

Für den Belag:

500 g	Zwetschen
½ Pck.	Gala Pudding-Pulver
	Karamell-Geschmack
1 EL	Zucker
250 ml	Milch (1,5 % Fett)

Zum Bestreuen:

30 g	brauner Zucker
1 TL	gem. Zimt
2 EL	gehobelte Mandeln

Zubereitungszeit: 35 Minuten, ohne Kühlzeit
Backzeit: etwa 35 Minuten

1. Für den Teig Mehl und Salz in einer Rührschüssel mischen. Zunächst 1 Esslöffel Wasser, die Butter und das Kokosfett hinzufügen. Die Zutaten mit einem Mixer (Knethaken) zunächst kurz auf niedrigster, dann auf höchster Stufe gut durcharbeiten. Anschließend auf der bemehlten Arbeitsfläche zu einem glatten Teig verkneten. Sollten sich die Zutaten noch nicht verbunden haben, geben Sie nach und nach etwas kaltes Wasser hinzu. Nur so viel Wasser verwenden, dass der Teig gut zu kneten ist. Den Teig in Frischhaltefolie wickeln und etwa 1 Stunde in den Kühlschrank legen.

2. Für den Belag Zwetschen abspülen, abtrocknen, entstielen, halbieren und entsteinen. Zwetschenhälften nochmals durchschneiden.

3. Aus Pudding-Pulver, Zucker und Milch nach Packungsanleitung (aber mit den hier angegebenen Mengen) einen Pudding zubereiten. Pudding etwas abkühlen lassen, dabei ab und zu umrühren.

4. Den Backofen vorheizen.
Ober-/Unterhitze: etwa 200 °C
Heißluft: etwa 180 °C

5. Den Teig auf der leicht bemehlten Arbeitsfläche zu einer runden Platte (Ø etwa 28 cm) ausrollen. Die Teigplatte in eine Tarteform (Ø 26 cm, gefettet) legen, den Rand andrücken. Evtl. überstehenden Rand abschneiden, auf den Boden legen und andrücken.

6. Den Pudding auf den Tarteboden geben und glatt streichen. Zwetschen dachziegelartig darauf verteilen, dabei leicht in den Pudding drücken. Zucker mit Zimt mischen. Die Zwetschen damit und mit den Mandeln bestreuen. Die Form auf dem Rost in den vorgeheizten Backofen schieben und die Zwetschentarte **etwa 35 Minuten backen.**

7. Die Form auf einen Kuchenrost stellen. Die Tarte warm oder kalt servieren.

Zwetschenwähe I

Einfach – klassisch

12 Stücke

Pro Stück: E: 4 g, F: 14 g, Kh: 38 g,
kJ: 1276, kcal: 306, BE: 3,0

Für den Rührteig:

100 g	Butter oder Margarine (zimmerwarm)
100 g	Zucker
1 Pck.	Dr. Oetker Vanillin-Zucker
1 Prise	Salz
2	Eier (Größe M)
150 g	Weizenmehl
1 gestr. TL	Dr. Oetker Backin

Für den Belag:

1 ¼ kg Zwetschen

Für den Guss:

20 g	Speisestärke
100 g	Zucker
1 Pck.	Dr. Oetker Vanillin-Zucker
2	Eier (Größe M)
200 g	Schlagsahne

Zubereitungszeit: 40 Minuten
Backzeit: 40–45 Minuten

1. Den Backofen vorheizen.
Ober-/Unterhitze: etwa 180 °C
Heißluft: etwa 160 °C

2. Für den Teig Butter oder Margarine mit einem Mixer (Rührstäbe) auf höchster Stufe geschmeidig rühren. Nach und nach Zucker, Vanillin-Zucker und Salz unterrühren. So lange rühren, bis eine gebundene Masse entstanden ist.

3. Eier nach und nach unterrühren (jedes Ei etwa ½ Minute). Mehl mit Backpulver mischen und auf mittlerer Stufe kurz unterrühren.

4. Den Teig in eine Tarteform (Ø 32 cm, gefettet) geben und glatt streichen.

5. Für den Belag Zwetschen abspülen, abtrocknen, halbieren und entsteinen. Die spitze Seite etwas einschneiden. Zwetschen mit der Innenseite nach oben auf den Teig legen. Die Form auf dem Rost in den vorgeheizten Backofen schieben. Die Zwetschenwähe **etwa 25 Minuten backen.**

6. Für den Guss Speisestärke mit Zucker, Vanillin-Zucker und Eiern verrühren. Die Sahne unterrühren. Den Guss gleichmäßig auf den Zwetschen verteilen. Die Form wieder auf dem Rost in den heißen Backofen schieben. Zwetschenwähe **bei gleicher Backofentemperatur in 15–20 Minuten fertig backen.**

7. Die Form auf einen Kuchenrost stellen. Die Zwetschenwähe darin erkalten lassen. Dann vorsichtig aus der Form lösen und auf eine Kuchenplatte setzen.

Register

Für Gäste

Ohne zu backen

Schmeckt auch Kindern

Mit Alkohol

Versuch macht klug!

Selbst mitmachen und die Dr. Oetker Versuchsküche live erleben – heißt es in Bielefeld. Dort finden regelmäßig Seminare und Vorführungen statt, bei denen den Profis der Versuchsküche über die Schulter geschaut und selbst Hand angelegt werden kann.

Es gibt wertvolle Tipps und so manch raffinierter Trick wird verraten. Zum Abschluss kann das Selbstgemachte in gemütlicher Runde probiert werden. Erleben Sie einen schönen Tag in der Dr. Oetker Versuchsküche.
Wir freuen uns auf Sie.

Alle Infos unter www.oetker.de oder unter 00800 71 72 73 74 (gebührenfrei in Deutschland).

Dr.Oetker

Qualität ist das beste Rezept.

Stand 2012

Für Fragen, Vorschläge oder Anregungen stehen Ihnen der Verbraucherservice der Dr. Oetker Versuchsküche Telefon: 00800 71 72 73 74 Mo.–Fr. 8:00–18:00 Uhr, Sa. 9:00–15:00 Uhr (gebührenfrei in Deutschland) oder die Mitarbeiter des Dr. Oetker Verlages Telefon: +49 (0) 521 52 06 51 Mo.–Fr. 9:00–15:00 Uhr zur Verfügung.

Schreiben Sie uns an Dr. Oetker Verlag KG, Am Bach 11, 33602 Bielefeld oder besuchen Sie uns im Internet unter www.oetker-verlag.de, www.facebook.com/Dr.OetkerVerlag oder www.oetker.de.

Umwelthinweis Dieses Buch und der Einband wurden auf chlorfrei gebleichtem Papier gedruckt. Die Einschrumpffolie – zum Schutz vor Verschmutzung – ist aus umweltfreundlichem und recyclingfähigem PE-Material.

Copyright © 2012 by Dr. Oetker Verlag KG, Bielefeld

Redaktion Christina Langner

Innenfotos Walter Cimbal, Hamburg (S. 21, 22, 24–28, 31, 39, 41, 47, 57, 60, 63, 65, 66, 70–73, 81–85, 91, 94, 99, 105, 106, 118, 125, 137, 148, 153, 161, 163, 169, 170, 174, 181, 184, 189–194, 201, 206, 213–216, 220, 223, 235, 240, 243, 246, 248, 250, 254, 260)
Fotostudio Diercks – Thomas Diercks/Kai Boxhammer/Christiane Krüger, Hamburg (S. 5, 7, 8, 13–16, 18, 32–36, 43–46, 51–55, 69, 74–78, 89, 97, 101, 102, 107–110, 113–117, 121–123, 126, 133, 134, 138, 141–144, 147, 151, 157, 160, 164–166, 173, 177, 180, 183, 186, 187, 195–199, 203, 205, 207–210, 217, 219, 222, 227–233, 237, 238, 244, 247, 249, 257, 269–272, 275, 277, 281)
Ulli Hartmann, Halle/Westf. (S. 111, 267)
Ulrich Kopp, Sindelfingen (S. 178, 253, 276, 280)
Bernd Lippert (S. 6, 86, 156, 261, 264)
Antje Plewinski, Berlin (S. 93, 154, 263)
Anke Politt, Hamburg (S. 59, 92, 145, 204, 268)
Axel Struwe, Bielefeld (S. 23, 30, 42, 58, 79, 90, 98, 112, 120, 135, 149, 168, 185, 212, 226, 234, 251, 274)
Norbert Toelle, Bielefeld (S. 279)
Brigitte Wegner, Bielefeld (S. 12, 20, 56, 64, 103, 139, 150, 175, 224, 242, 245)
Winkler Studios, Bremen (S. 11, 17, 48, 119, 129, 130, 158, 162, 200, 239, 259)

Rezeptentwicklung und Foodstyling Alexandra Böhme, Hamburg

Lektorat no:vum, Susanne Noll, Leinfelden-Echterdingen

Nährwertberechnungen Nutri Service, Hennef

Grafisches Konzept Gestaltung und Satz MDH Haselhorst, Bielefeld
Titelgestaltung kontur:design GmbH, Bielefeld
Druck und Bindung Mohn Media Mohndruck GmbH, Gütersloh

ISBN: 978–3–7670–0779–6